제3판

인간행동과 사회환경

Human Behavior and the Social Environment

Human Behavior and the Social Environment

강세현
서혜전
오정영
임원선
전영록
공저

양 성 원

머리말

이 책에서는 각 장에서 사회복지실천과의 연관성 내용을 하나의 독립된 절로 분리하여 서술하였다. 이는 인간행동과 사회환경의 교과목 내용이 사회복지실천과 동떨어진 것이 아니라 사회복지, 보육, 상담, 청소년 지도 분야 등 다양한 실천 현장에서 필요로 하는 기초지식을 제공하는 데 도움이 되었으면 하는 바람에서다.

인간행동과 사회환경은 사회복지실천이 개인, 가족, 집단, 조직, 지역사회, 문화 등과 밀접하게 연관되어 이루어지기 때문에 사회복지사가 익혀야 할 중요한 기초 지식이다. 사회복지사는 인간행동과 사회환경 교과목에서 다루는 내용을 통해 환경 속의 인간을 기본적으로 이해하고 나아가 이를 바탕으로 사회복지실천을 위한 구체적 방법과 기술을 응용할 수 있는 능력을 함양해야 한다. 이 책의 목표는 사회복지 전문직을 준비하는 학생들에게 인간행동과 사회환경을 기본적으로 이해하는 데 도움을 주고자 하는 것이다.

오랜 기간 동안 강의를 하다 보면 자기 나름의 강의방식과 내용이 생겨나기 마련이다. 이 책은 공동 저자들이 인간행동과 사회환경의 교과목을 가르치고 배우면서 얻은 지식과 경험을 바탕으로 하여 쓴 것이다. 이 책은 총 14개의 장으로 구성되어 있다. 1장은 강의 첫 시간에 교과목에 대한 소개와 함께 인간행동과 사회환경의 학습 의의에 대해 생각해 볼 수 있는 자료 성격의 짤막한 내용을 담고 있다. 2장부터 14장까지는 한 학기 동안 1주에 한 장 정도 가르치는 데 적절한 분량의 내용들로 구성되어 있으며, 내용의 특성에 따라 3부로 나누어 서술하였다.

제1부 인간발달에서는 영유아기, 아동기, 청소년기, 성인기, 노년기의 발달 특성에

대해 논의하고 있다. 제2부 성격 이론에서는 정신역동 이론, 인지 이론, 행동주의 이론, 인본주의 이론에 대해 다루고 있다. 제3부 사회환경에서는 사회환경 관련 이론, 가족과 집단, 조직과 지역사회, 문화에 관해 살펴보고 있다. 따라서 이 책에는 인간행동과 사회환경 교재에 등장하는 주제들이 빠짐없이 두루 포함되어 있다.

공동 저자들은 역할을 분담하여 집필하였다. 강세현은 1장, 12장, 13장, 14장을, 서혜전은 2장, 3장을, 오정영은 8장, 10장을, 임원선은 7장, 9장, 11장을, 전영록은 4장, 5장, 6장을 맡았다.

강의는 교수와 학생의 상호작용이라고 한다. 강의실에서 교수와 학생은 서로 배우며 가르친다. 배우며 가르치는 일은 즐거워야 한다. 공동 저자들은 학생들이 보다 쉽고 즐겁게 인간행동과 사회환경 관련 지식을 터득하기를 바라는 마음에서 이 책을 집필하였다.

끝으로 이 책의 발행을 위해 적극적으로 성원해 주신 양성원 강철원 대표님과 직원 여러분께 감사드린다.

2020년 2월
공동 저자들의 뜻을 모아
강세현

차 례

PART 3. 사회환경

Chapter 01

인간행동과 사회환경

1. 인간행동 설명의 보기

인간행동과 사회환경, 그리고 사회복지실천의 관계를 알아보기 위해 자살 현상을 예로 들어 보고자 한다. 왜 사람들은 자살을 하는가? 사회복지 분야에서 인간과 환경을 분리된 실체가 아니라 하나의 통합된 총체로 이해하는 환경 속의 인간의 관점을 중요시하고 있다는 점을 고려한다면, 자살이라는 인간행동은 개인적 차원에서 뿐만 아니라 사회환경 차원에서도 설명되어야 한다. 다시 말해 지극히 개인적 행동으로 여겨지는 자살일지라도, 자살행동을 정확하게 설명하기 위해서는 개인심리적 요인과 사회환경적 요인을 모두 고려해야 한다는 것이다.

우선, 자살의 개인심리적 요인으로는 절망감, 우울증, 긴장, 불안, 스트레스 등을 꼽을 수 있을 것이다. 그리고 절망, 우울 등 개인심리적 요인의 발생 원인은 어린 시절의 억압된 무의식, 욕구 좌절, 강화의 부족, 잘못된 사고방식 등 성격 이론들이 제시하는 변수들로 설명할 수 있다.

다음으로 자살에 영향을 미치는 사회환경적 요인을 고려할 필요가 있다. 사회학자 뒤르켐(E. Durkheim)은 자살 가능성이 어떤 개인이 속해 있는 종교와 관계된다는 사실을 발견하였다. 프로테스탄트가 가톨릭보다 더 많이 자살하였으며, 유대인은 세 부류 중 가장 적은 자살률을 나타내었다. 자살은 각 개인이 누리고 있는 가족생활과도 관계된다. 자녀가 딸린 기혼자는 미혼자나 과부, 홀아비보다 더 적게 자살하였다. 결혼했거나 결혼했었던 여자 가운데, 자녀가 없는 사람들은 더 빈번히 자살을 저질렀다. 뒤르켐은 이러한 모든 관계들의 일반적 연관성을 알아낼 수 있었다. 그것은 사회에 대한 개인의 통합 정도였다. 개인과 하느님 사이의 직접적 관계를 강조하는 프로테스탄트 종교 신앙은 가톨릭과 같이 완전한 통합의 틀을 제공하지 못한다. 반면, 유대 종교의 신앙과 제도는 이들 가운데 가장 강력한 통합을 나타낸다. 재혼하지 않은 과부들은 가족 단위로 잘 통합되어 있지 않다(Coulson & Riddell, 1980).

자살의 개인심리적 요인과 사회환경적 요인에 대한 분석을 통해 자살의 원인을 찾아낼 수 있고, 원인 규명이 되면 자살예방 프로그램 등의 사회복지 차원의 대책을 세우고 실천해 나갈 수 있다. 인간행동의 원인을 정확히 파악하고 설명할 수 있어야 그에 기초하여 문제를 해결할 수 있는 대책을 모색할 수 있는 것이다. 따라서 사회복지실천은 인간과 환경의 상호작용에 초점을 두면서 인간행동을 얼마나 정확하게 이해하고 설명할 수 있느냐 하는 데 토대를 두고 있다. 인간행동과 사회환경에 관한 지식과 정보는 사회복지실천을 성공적으로 수행하기 위한 가장 기본적인 요건이라고 할 수 있다.

2. 인간행동

사회복지 분야에서 사용하고 있는 인간행동이라는 용어는 관찰 가능한 인간의 신체적 움직임은 물론이고 인간의 정신과 정서 등을 포함하는 심리적 측면과 더 나아가서는 개인이 처한 상황적 측면까지 모두 포괄하는 광의의 개념을 의미한다(권중돈 · 김동배, 2005). 따라서 인간행동은 여러 형태로 나타난다. 신체적 행동으로 언어, 얼굴 표정,

가벼운 손놀림, 여러 가지 움직임과 활동 따위를, 정신적 행동으로 느낌, 스트레스, 사고 따위를 들 수 있다. 이들 행동은 특정 목적을 위해 의식적으로 일어나기도 하며, 무의식적으로 나타나기도 한다(최옥채 · 박미은 · 서미경 · 전석균, 2007).

행동주의 이론은 인간행동 연구를 주로 눈으로 관찰 가능한 행동에 국한하고 있다. 즉, 인간의 행동을 자극–반응 모형으로 문제 삼으면서 주로 환경적 자극에 따라서 인간의 행동양상이 어떻게 달라지는가에 초점을 모으고 있다. 이와는 달리 정신역동 이론은 눈으로 관찰이 불가능한 정신 영역인 무의식이 인간행동에 어떻게 영향을 미치는가를 문제 삼고 있고, 인지 이론에서는 인간의 사고방식과 인간행동의 연관성에 초점을 두고 있으며, 인본주의 이론은 인간의 창조성, 자아실현 등 인간의 긍정적 측면에 중점을 둔다.

인간행동을 이해하기 위해서는 우선적으로 전 생애에 걸쳐 일어나는 인간의 신체 · 심리 · 사회적 측면이 복합적으로 작용하여 이루어지는 발달에 대해 알아야 한다. 인간발달은 일관성 있는 원리에 따라 진행되는데, 인간발달의 원리는 다음과 같다(권중돈 · 김동배, 2005).

첫째, 발달은 유전과 환경의 상호작용에 의해 이루어진다.

둘째, 발달은 전 생애에 걸쳐 이루어진다.

셋째, 발달은 민감기 또는 결정적 시기가 있다.

넷째, 발달은 일정한 방향이 있다. 즉, 발달은 상부에서 하부의 방향으로, 중심 부위에서 말초 부위로 진행된다.

다섯째, 발달은 연속적 과정이긴 하지만 발달의 속도는 일정하지 않다.

여섯째, 발달은 점성적 원리를 따른다. 즉, 이전 단계의 발달을 기초로 하여 이후의 발달이 이루어진다.

일곱째, 발달에는 개인차가 존재한다. 즉, 발달의 순서는 일정하지만, 최종적으로 이루어진 발달의 정도와 발달 속도 그리고 발달이 끝나는 시기는 각 개인마다 다르다.

이러한 발달과 유사한 의미로 사용되는 용어로는 성장, 성숙, 학습이라는 용어가 있다. 성장은 신체 크기의 증대, 근력 증가, 인지의 확장 등과 같은 양적 확대를 의미하며, 생래적으로 이미 설계되어 있는 계획표에 따라 양적 확대가 이루어지다가 일정한 시기가 지나면 정지되는 인간의 신체적 부분에 국한된 변화를 설명하고자 할 때 주로 사용되는 용어이다. 이에 비해 발달은 신체뿐만 아니라 심리적 측면과 사회적 측면에서의 변화를 모두 포함하며, 양과 질에서의 상승적 또는 퇴행적 변화를 모두 포함하기 때문에 발달이 성장보다 넓은 개념이다.

성숙은 경험이나 훈련에 관계없이 유전적 기제의 작용에 의해 나타나는 체계적이고 규칙적으로 진행되어 가는 생물학적 과정을 의미한다. 다시 말해 성숙은 부모로부터 받은 유전인자가 지니고 있는 정보에 따라 변화가 일어나는 과정이다. 예를 들면, 사춘기의 2차적 성 특성의 출현과 폐경기의 도래 등을 들 수 있다. 이에 비해 발달은 유전과 환경 사이의 상호작용에 의해 이루어지는 변화를 의미하므로 발달이 더욱 광의의 개념이다.

학습은 직접 또는 간접적 경험, 훈련과 연습의 결과로서 일어나는 개인 내적인 변화이다. 이에 비해 발달이란 경험이나 훈련은 물론 유전적 요인에 의해 일어나는 변화까지도 포함하고 있으며, 내적인 변화뿐만 아니라 외적인 변화까지도 포함하고 있기 때문에 발달이 더욱 넓은 의미를 지니고 있다.

하지만 성장, 성숙, 학습은 분리되어 있는 것이 아니라 서로 연결되어 있으며, 인간발달은 성장, 성숙, 학습이라는 세 가지 과정이 공존할 때 비로소 이루어진다. 말하자면 일생을 통해 성장, 성숙, 학습에 의해 이루어지는 복합적 과정이 바로 인간발달이다.

발달은 지속적인 역동적 변화의 과정이지만, 전 생애를 놓고 볼 때 기간에 따라서 서로 다른 신체 · 심리 · 사회적 발달 특성이 나타난다. 이와 같이 시간의 흐름에 따라 나타나는 인간의 특징적 발달 양상을 근거로 하여 그 과정을 세분화한 것을 인간발달단계라고 한다. 이러한 인간발달단계를 몇 단계로 구분하는가에 대해서는 학자 간에 이견이 존재하고 있다(권중돈 · 김동배, 2005).

한국의 경우, 권중돈과 김동배(2005)는 인간발달단계를 영아기(0~2세), 유아기(3~6세), 아동기(7~12세), 청소년기(13~18세), 성인기(19~39세), 중 · 장년기(40~64세), 노년기(65세 이상)의

7단계로 구분하고 있다. 최옥채 등(2007)은 유아기(태내기, 출생 후 초등학교 입학 전까지), 아동기(초등학교에 입학하여 중학교 입학 전까지), 청소년기(13~23세 정도), 성인기(20대 초반~64세), 노년기(65세 이상)의 5단계로 구분하고 있다. 이 책에서는 서술의 편의상 영유아기, 아동기, 청소년기, 성인기, 노년기로 나누어 인간발달의 특성을 살펴보고 있다.

인간행동은 개인의 성격에 의해 좌우되는 경우가 많으므로, 인간행동을 이해하기 위해서는 인간의 성격에 대해 알아볼 필요가 있다. 개인의 성격을 이해하게 되면 왜 그 사람이 그런 방식으로 행동하는지 그 원인을 이해할 수 있으며, 앞으로의 행동변화를 예측하고, 바람직한 행동으로 변화시킬 수 있는 방법까지도 모색할 수 있다. 성격이론은 인간행동에 대한 기술, 설명, 예측과 통제에 관련된 지식과 정보를 체계화한 것이다. 이 책에서 다루는 성격 이론은 정신역동 이론, 인지 이론, 행동주의 이론, 인본주의 이론이다.

3. 사회환경

인간은 환경과 분리하여 살아가는 존재가 아니라 환경 속의 인간(person in environment)으로서, 인간을 이해하기 위해서는 그를 둘러싸고 있는 환경과의 상호작용을 반드시 살펴보아야 한다.

환경은 인간을 둘러싸고 있는 사회환경(social environment)과 물리적 환경(physical environment)을 모두 포함한다. 물리적 환경은 다시 ① 기후와 지리적 조건 등의 자연적 환경(natural world)과, ② 건축물, 대중매체, 교통체계 등과 같이 자연적 환경 내에 인간이 만들어 낸 구조와 대상들을 모두 포함하는 인위적 환경(built world)으로 구분된다. 인간은 자연적 환경과 인위적 환경의 요구에 순응하거나 자연적 환경을 자신이 생활하기에 적합하게 바꿈으로써 환경에 적응해 간다.

한편, 사회환경은 인간의 삶과 행동에 직접 혹은 간접적 영향을 미치는 조건, 상황, 그리고 인간존재 간의 상호관계를 의미한다. 이러한 사회환경에는 개인이 접촉하는 타인, 가족, 집단, 조직, 지역사회, 문화 등이 포함된다. 개인을 둘러싸고 있는 다양한 수준의 사회환경은 인간의 삶과 행동에 직접 또는 간접적 영향을 미치며, 역으로 인간으로부터 영향을 받기도 한다.

이와 같이 인간과 환경은 직·간접적 영향을 주고받으며, 물리적 환경과 사회환경 역시 상호 간에 영향을 미치는 하나의 통합된 체계로서의 속성을 지니고 있다. 이러한 두 환경의 상호 관련성을 고려하여, 생태학적 관점에서는 이 두 가지 환경을 생태체계(ecological system)라는 용어로 통칭하고 있다. 사회복지 교육과정의 '인간행동과 사회환경'이라는 교과목 명칭에서 사용되는 '사회환경'이라는 용어 역시 가족, 집단, 조직, 지역사회, 문화 등의 사회환경만을 의미하는 것이 아니라 물리적 환경과 사회환경 그리고 이들 간의 상호작용 모두를 의미하는 생태체계와 동의어라고 할 수 있다(권중돈·김동배, 2005).

4. 인간행동과 사회환경과 사회복지실천

인간행동과 사회환경의 학습은 사회복지실천과 관련하여 여러 가지 면에서 중요한 의의를 갖는다.

첫째, 인간발달, 성격 이론, 사회환경에 대한 이해는 자신과 자신이 접촉하는 환경에 대해 성찰해 보고, 자신의 과거와 현재, 미래에 대한 인식의 지평을 넓히는 기회를 제공해 준다. 우리가 어떻게 자라 왔는지, 왜 현재와 같은 행동을 하고 있는지 또한 우리 사회의 전체적 움직임은 어떠한지 등에 관한 문제들을 보다 잘 파악할 수 있는 능력을 얻을 수 있다. 자신에 대해 보다 잘 안다는 것은 자신의 미래를 통제하고 삶의 조건을 보다 나은 방향으로 변화시킬 수 있는 계기를 만들며, 환경의 변화에 효율적으로 대응할 수 있는 힘을 기를 수 있다는 것을 의미한다.

둘째, 인간행동과 사회환경의 학습은 클라이언트의 행동과 환경체계를 이해하는 데 도움을 준다. 사회복지사는 누구보다도 클라이언트의 입장에서 클라이언트 개인의 행동을 잘 파악하고 있어야 하고, 클라이언트 개인의 행동과 연관된 가족, 집단, 조직, 지역사회, 문화 등의 환경체계에 대해서도 잘 알고 있어야 한다. 또한 개인행동의 이해를 넘어서 클라이언트로서의 가족, 집단, 지역사회 등의 특성에 대해서도 깊이 있는 이해가 필요하다. 클라이언트들의 행동과 특성에 대해 적절히 이해한다면, 우리는 그들의 문제가 무엇인지를 더 잘 이해할 수 있을 것이고, 이를 바탕으로 하여 사회복지정책 및 실천을 성공적으로 이끌 수 있을 것이다.

셋째, 인간행동과 사회환경의 학습은 사회 내의 서로 다른 집단에 대한 문화적 감수성을 높여 준다. 인간행동과 사회환경에 대한 이해를 통해 다양한 문화적 관점에서 개인과 사회를 바라볼 수 있게 되고, 그럼으로써 다른 집단에 대해 가지고 있는 편견을 없앨 수 있다. 다양한 문화적 가치를 인정하지 못하는 사람은 바람직한 사회복지사가 될 수 없다.

넷째, 인간행동과 사회환경의 학습은 사회복지 분야뿐만 아니라 보육, 유아교육, 상담, 청소년 지도 분야 등 다양한 영역에서 필요로 하는 기초 지식을 제공한다.

생각할 문제

1. 인간행동의 범주에는 어떠한 내용이 포함될 수 있는지 토론하시오.
2. 인간발달의 원리에 대해 설명하시오.
3. 사회환경의 범주에 포함될 수 있는 내용에 대해 토론하시오.
4. 자살에 영향을 미치는 개인심리적 요인과 사회환경적 요인에 대해 논의하시오.
5. 인간행동과 사회환경의 학습의의에 대해 토론하시오.

PART 1

인간발달

Chapter 02

영유아기 발달 특성

이 장에서는 영유아기의 주요 발달 특성과 발달 과제를 살펴보며, 각 시기의 중요한 발달 과제를 성취하기 위해 사회복지실천에 있어 중점적으로 다루어야 하는 분야가 무엇인지를 알아보고자 한다. 특히 영유아기를 출생 전인 태내기, 출생 후부터 만 2세까지의 영아기, 만 3세부터 취학 전 연령의 유아기라는 3개 하위 시기로 나누어 살펴보았다. 태내기를 포함한 이유는 인간발달의 기초가 10개월간의 태내기 동안 이뤄지기 때문이며, 영유아기를 영아기와 유아기로 구분한 이유는 영아기와 유아기는 인지발달, 사회성발달, 언어발달 등 영역별로 성취해야 하는 발달 과제가 다르기 때문이다.

1. 영유아기의 발달

1) 태내기 발달 특성

생물학적 측면의 인간발달은 아기가 수정이 되는 태내기부터 이미 시작된다. 이 시기는 임산부의 연령, 건강, 약물복용 및 정서적 상태까지 태아의 발달에 주요한 영향을 미친다(Zastrow & Kirst-Ashman, 2004). 임신 중 '태아'를 의학적으로 정확히 구분하면, 정자와 난자가 만나서 수정된 후 3~8주간은 태아가 아닌 '배아'라고 부르며 11주 이후부터는 '태아'라 부른다.

〈표 2-1〉 태내기의 시기별 발달 특성

개월	발달 특성	태아 신장/체중
1개월	수정란의 계속적 세포분열	배아 신장 7.5mm
2개월	태반 발달, 머리와 몸통 구별 가능	2.5cm/4g
3개월	머리와 몸, 다리로 나뉘어 빠르게 성장	7~9cm/28g
4개월	성별을 알 수 있고, 탯줄을 통해 영양분을 흡수	10~17cm/100g
5개월	팔다리를 움직이며, 외부 소리를 그대로 느낌	18~27cm/300g
6개월	얼굴 모양이 어느 정도 갖춰지고 청력 발달	28~34cm/600g
7개월	시각과 청각이 발달하며, 호흡을 연습함	35~38cm/1,000g
8개월	호흡 연습을 시작하며, 머리가 골반을 향하게 됨	38~43cm/1,700g
9개월	신체 각 기관이 완성되어 완벽한 사람의 모습을 갖춤	42~49cm/2,500g
10개월	각 기관이 완성되고, 면역 능력이 생김	평균 50cm/3,000g

출처: Ashford, J. B. et al.(2001).

정자와 난자가 결합한 수정란이 기하급수적으로 세포분열을 일으켜 난관을 통해 자궁 속으로 보내지고 수정 후 7~10일경 자궁내막에 착상하면서 임신이 성립된다. 임신 1개월에는 수정란이 계속 세포분열을 일으켜 중추신경의 근원, 심장이나 혈관, 내장, 근육 등 중요한 기관을 형성하는 조직이 만들어지기 시작한다.

임신 2개월 때(임신 4~7주)는 기관 형성기라고 해서 가장 중요한 시기로 뇌와 신경세포의 80%가 만들어진다. 심장도 움직이고, 각 기관들도 불규칙한 움직임을 시작하며 얼굴 모양이 정리되고, 머리와 몸통이 확실하게 구별된다.

임신 3개월 때는 머리와 몸, 다리로 나뉘어 빠르게 성장한다. 기초적인 안면 골격이 나타나기 시작해 서로 연결되고, 눈꺼풀, 입술, 턱, 뺨, 치근이 발달하여 슬슬 얼굴 모양을 갖추기 시작한다. 손가락과 발가락이 나타나며, 몸 전체는 머리와 몸, 다리로 나뉘게 된다. 심장도 마무리 성장을 해서 힘차게 박동하기 때문에 초음파검사를 통해 태아의 심장박동 소리를 들을 수 있다.

임신 4개월 때는 태아의 성별을 알 수 있고, 탯줄을 통해 영양분을 흡수한다. 또한 태아는 기관 형성 단계를 모두 끝내고, 심장이나 간장의 활동이 시작된다. 임신 5개월 때 태아는 팔다리를 움직이며, 외부 소리를 그대로 느끼며, 임신 6개월 때는 얼굴 모양이 어느 정도 갖춰지고 청력이 발달하며 수정 직후부터 발달하기 시작한 뇌 세포가 완성되는 시기이다.

임신 7개월 때는 시각과 청각이 발달하며, 태아는 콧구멍이 뚫려 스스로 호흡하는 흉내를 내기 시작한다. 임신 8개월 때는 아직 폐 기능은 완성되지 않았지만 호흡 연습을 시작하고 태아는 점점 커져 거의 움직이기 힘들 정도가 되며 머리가 골반을 향하게 된다. 임신 9개월 때는 신체 각 기관이 완성되어 완벽한 사람의 모습을 갖춘다. 또 이 시기가 되면 대부분 머리를 아래쪽으로 향해 분만 자세로 위치를 잡게 된다. 임신 10개월 때는 각 기관이 완성되고, 면역 능력이 생긴다. 태어나기 일주일 전부터 코르티손이라는 호르몬이 다량으로 분비되어 태아가 스스로 호흡을 할 수 있도록 준비한다.

2) 영아기 발달 특성

영아를 위한 복지실천을 위해서는 영아 발달 특성에 대한 이해가 필수적이다. 영아기는 모든 발달의 급속한 성장이 이루어지는 시기이기 때문에 영아기의 주요 발달 과제를 토대로 영아 대상의 복지 서비스 계획과 실천이 이뤄질 필요가 있다.

(1) 신체발달

출산 후 0~2세의 영아는 신체적 발달이 매우 빠른 것이 특징이다. 영아는 출생 후 2년 동안 성인 신장의 1/2까지로, 체중은 출생의 4배까지로 성장한다. 영아기는 일생 중 신체적 성장과 발달이 가장 빠른 시기로 신체의 모든 부분이 급속한 성장을 보인다.

신장은 골격의 발달과 연관되는 것으로 출생 당시 영아의 뼈는 부드럽고 유연하지만 영아기를 거치면서 서고 걸을 수 있을 정도로 단단해진다.

신체발달은 신체 크기의 변화뿐 아니라 근육 조절 능력의 발달을 포함한다. 대근육 발달의 평균 연령이 〈표 2-2〉에 제시되어 있고, 근육발달은 일정한 순서로 발달한다.

〈표 2-2〉 **대근육발달의 평균 연령**

대근육발달	영아 50% 획득(개월)	영아 90% 획득(개월)
엎드려 고개를 90°로 들 수 있다	2.2	3.2
몸을 뒤집을 수 있다	2.8	4.7
도움으로 앉을 수 있다	2.9	4.2
도움 없이 앉을 수 있다	5.5	7.8
잡고 설 수 있다	5.8	10.0
잡고 걸을 수 있다	9.2	12.7
잠시 혼자 설 수 있다	9.8	13.0
매우 잘 혼자 설 수 있다	11.5	13.9
잘 걸을 수 있다	12.1	14.3
계단을 오를 수 있다	17.0	22.0
공을 앞으로 찰 수 있다	20.0	24.0

출처: Ashford, J. B. et al.(2001).

근육발달은 뇌발달과 연합하여 자발적 운동이 증가하게 된다. 걷고, 계단을 오르고 공을 차고 하는 등의 운동 기능은 뇌신경과 근육조직의 발달로 인해 발달하게 된다. 이처럼 근육발달과 운동 기능의 발달은 뇌발달과 밀접한 관련이 있다. 출생한 신생아의 두골 중 단단하지 않은 부분인 천문은 영아기에 두개골이 성장하면서 점차 닫히게 되어 생후 18개월경에는 천문이 모두 닫혀 머리 전체가 단단한 뼈로 덮이게 된다. 이처럼 영아기는 뇌의 기본 골격이 형성되며 신경세포끼리의 연결회로가 만들어지는 시기로서 뇌의 무게뿐 아니라 모양, 뇌의 신경세포 간의 연결의 밀집도와 전달속도가 변화한다. 정상적으로 출생한 영아는 뇌의 신경세포의 기본 구조가 형성된 뇌를 가지고 출생한다. 출생 후에는 기본 구조가 형성되는 것이 아니라 뇌의 신경세포 간에 연결망이 급속도로 확장되는 것이다. 머리의 좋고 나쁨은 이 신경세포 간에 연결이 어느 정도 형성되는가에 따라 결정되는데, 그것은 영양, 경험, 정서적 안정 등의 영향을 받는 것으로 알려지고 있다(강문희 외, 2006).

영아의 신체발달은 두미 발달원칙, 근원발달원칙, 세분화 발달원칙에 의해 발달의 일정한 순서에 의해 진행된다. 즉, 발달은 머리에서 다리와 발의 방향으로, 중심에서 바깥쪽인 말초방향으로, 몸 전체 사용하는 활동에서 정밀하고 세분화된 행동으로 발달한다. 영아는 머리를 들고 자유롭게 움직일 수 있게 된 후에 걸을 수 있게 되고, 처음에는 팔 전체를 움직이다가 점차 손목, 손, 손가락의 순서대로 움직일 수 있게 된다.

출생 후 영아는 감각기관을 통해 들어오는 주변 환경의 자극을 정확히 인식하고 변별하는 지각의 과정이 생존과 적응을 위해 매우 중요하다. 지각이란 시각, 청각, 촉각 및 후각 등의 감각자극을 뇌에 저장되어 있는 구조를 통해 해석하는 것이다. 따라서 지각을 위해서는 감각발달이 선행되어야 하며 중요한 기본적 감각 능력은 생후 1년 사이에 거의 발달이 완성된다.

(2) 인지발달

인지발달은 영유아기에 급격히 발달하고 대략 2세에 이르기까지 영아의 인지능력은 감각운동과정을 통해 발달한다. 영아기의 인지 수준은 성인의 인지 수준과 다르며 나름대로 독특한 인지 특성을 갖고 있다. 이를 피아제는 '감각운동기'라고 하였다. 출생하면서 시작되는 감각운동기 단계는 만 2세까지 이어지고, 이 시기 영아는 신체활동과 감각을 통해 정보를 획득하고 환경과 상호작용함으로써 스스로 지식을 구성한다. 따라서 영아를 위해 다양한 신체활동과 오감각을 통해 느낄 수 있는 다양한 자극이 필요하다. 접하게 되는 정보와 경험이 많아지게 되면 영아의 지식은 점차 확장된다. 이를 통해 출생 시 몇 가지 빈사 기능만을 가지고 태어난 신생아는 영아기를 거치면서 급속도로 인지발달이 이루어져 목적의식을 지니고 행동할 수 있게 된다.

출생하자마자 영아는 감각기관을 통해 다양한 자극을 받게 된다. 감각기관을 통해 들어온 자극을 뇌로 전달하고 이것에 통합성을 부여하여 해석하고 경험으로 자각하는 과정을 지각이라고 한다. 인간은 자신이 속한 환경과 환경 내의 여러 대상을 정확하게 인식하고 변별해야 하는데, 이는 생존과 적응에 대단히 중요한 의미를 갖는다. 지각을 위해서는 감각발달이 선행되어야 하며, 이런 중요한 기본적 감각과 지각 능력은 생후 1년 사이에 거의 발달이 완성된다.

(3) 사회 · 정서발달

출생 초기인 영아기의 사회정서발달은 부모와의 애착형성에 기초한다. 영아기의 정서발달은 양육자와의 애착형성을 기틀로 하여 자기와 외부세계를 통제하는 능력으로 점차 발전한다.

① 정서발달

정서는 출생 시부터 인간의 행동에 작용하여 그 후 일생 동안 행동의 기저를 이루는 기본 요소 또는 개별적 특성을 말한다(정옥분, 2007). 출생 후 신생아의 정서는 미분화된 흥분 상태이고 출생 시부터 기쁨이나 슬픔과 같은 정서는 존재하나 덜 분화된 상태에 있다. 연령이 증가하면서 정서는 점차 분화되는데, 신생아는 흥분상태에서 먼저 유쾌와 불쾌의 정서가 분화되고, 그 다음에 불쾌한 정서로부터 차츰 분노, 혐오, 공포, 슬픔 등의 정서가 나타나며, 유쾌한 정서로부터 행복, 기쁨, 만족 등의 정서가 나타난다.

이런 분화의 과정을 거쳐 1세경에는 행복, 혐오, 놀람, 슬픔, 분노, 공포와 같은 기본적 정서가 형성되고, 1세경 이후에는 기본 정서 외에도 놀람, 의기양양, 좌절, 분리불안, 낯가림의 복합적인 정서적 반응을 나타낸다. 2세경에는 정서가 더 다양해지고 구체적이 되면서 자신의 정서를 더 잘 인식하게 되고, 당황, 애정, 질투심, 저항, 경멸과 같은 정서가 나타난다. 3세경이 되면 자신의 감정과 성인의 감정 간의 차이를 인식하는 등 타인에게 많은 관심을 보인다.

영아의 정서발달은 다양한 정서의 출현, 자기 정서 인식발달, 타인의 정서에 대한 이해, 자신의 정서조절 능력 등을 거치면서 발달하며, 초기에는 자신이 경험하는 모든 정서를 다 표현하지는 못하지만 시간이 지나면서 정서표현이 다양하고 복잡해진다.

연령이 증가하면서 다양한 정서표현 양식을 갖게 되는 것은 기본 정서, 상황적 맥락, 인지발달과 언어 능력과의 상호작용 결과이다. 다양한 정서가 분화되는 영아기에 영아 주위의 다양한 성인들과의 긍정적 정서 접촉을 하는 것이 영아의 정서발달에 중요하다.

② 애착발달

영아기의 가장 중요한 사회적 발달은 영아와 양육자 간에 친밀한 정서적 유대를 형성하는 애착이다. 보울비(Bowlby)는 모자 간의 유대관계를 설명하면서 영아가 어머니와 강한 정서적 유대를 맺는 것을 애착이라고 명명하였다. 에릭슨(Erikson)은 출생 후 1세까지 성취해야 하는 가장 중요한 발달 과제는 기본적 신뢰감이라고 하였다. 이 단계의 영아는 주로 어머니와의 상호작용을 통해 사회적 관계를 형성하는데, 이때 어머니가 영아의 욕구를 일관성 있고 적절하게 충족시켜 주고 따뜻하고 반응적인 양육을 제공하면 영아는 사람에 대한 기본적 신뢰감을 발달시킨다. 영아는 주 양육자와의 안정적인 애착 형성을 토대로 사회에 대한 기본적 신뢰감을 발달시키게 된다.

③ 기질발달

영아는 출생 직후부터 다른 기질적 특성을 보인다. 어떤 영아는 순한 반면, 어떤 영아는 까다롭다. 또 어떤 영아는 반응과 행동이 느린 반면, 어떤 영아는 민첩하고 쾌활하다. 많은 연구자들(Ahadi & Rothbart, 1994; Caspi & Silva, 1995)이 기질은 타고난 것으로 유전의 영향을 많이 받으며, 기질을 형성하는 심리적 특성이 성인기 성격의 토대로 보고 있다.

토마스와 체스(Thomas & Chess, 1986)는 영아의 기질을 순한(easy) 아이, 까다로운(difficult) 아이, 반응이 느린(slow-to warm-up) 아이 등 3가지 유형으로 구분하였다. 순한 아이는 수유, 배설, 수면 등 일상생활 습관이 규칙적이며 환경 변화에 대한 적응력도 높다. 대체로 평온하고 행복한 정서가 지배적이다. 까다로운 아이는 일상생활 습관이 불규칙하고 새로운 경험 적응이 어려워 낯선 사람을 보면 피하고 운다. 환경자극에 대한 반응

강도가 강하고 부정적이다. 반응이 느린 아이는 환경 변화에 대한 적응이 늦고 낯선 사람이나 새로운 사물에 대해 부정적 반응을 보인다.

영아의 기질은 주 양육자인 부모와의 관계에 영향을 미치고, 부모의 양육태도 또한 영아의 기질을 변화시킨다. 유전적 영향을 많이 받는 기질 특성도 환경의 영향에 의해 변할 수 있다. 즉, 수줍고 소심한 기질을 가지고 태어났더라도 외부 세계에 대처양식을 부드럽게 촉진시키는 환경에서 양육된 영아는 이런 속성이 점차 소멸될 수 있다. 또한 까다로운 영아의 부모가 인내심을 가지고 영아의 요구에 민감하게 대처하면 그 결과는 보다 조화로운 관계가 될 수 있다. 영아의 발달에 있어 영아 기질과 부모의 기질이 얼마나 조화를 이루는가가 아주 중요한 핵심이 될 수 있다. 부모는 영아의 기질을 제대로 파악함으로써 기질에 맞는 적절한 양육을 제공해야 한다.

3) 유아기 발달 특성

(1) 신체발달

유아기의 신체발달을 언급할 때는 실제적인 신체 성장, 그리고 다양한 대소근육 과제를 실행할 수 있는 능력 증진이라는 2개의 과정을 말한다. 영아기보다는 실제적 신체 성장 속도는 느린 편이나 신장과 체중이 꾸준히 증가하여 유아기에는 매년 신장 7cm, 체중은 2kg씩 증가하여 5세가 되면 유아는 평균 신장이 115cm, 체중은 20kg 정도 된다(정옥분, 2007).

유아기는 실제 신체 성장 속도는 둔화되지만 운동기술은 급속도로 증대된다. 특히, 걷기, 뛰기, 달리기, 올라가기, 뛰어내리기, 매달리기, 깡충뛰기, 제자리뛰기 등의 대근육운동 기술이 유아기 동안 아주 능숙해지고 더 잘 통제할 수 있게 된다. 대근육운동에는 이동운동, 균형운동, 조작운동의 3가지 유형이 포함된다. 유아기의 대근육운동 발달은 다른 사람과의 관계에서 중요한 역할을 한다. 유아는 신나는 신체적 활동을 공유하면서 자연스럽게 친구를 만들 수 있으며, 자신의 신체가 놀라운 가능성을 가지고 있다는 것을 발견하면서 자신의 잠재적 능력을 즐기고, 새로운 운동능력을 습득하면서 얻어지는 기쁨이 유아들의 자율성을 신장시킨다.

유아기는 소근육 발달도 급속히 이루어진다. 소근육 운동은 손의 기능과 관련되며 이는 적응력과 창조적이고 정서적인 표현의 기술 및 일상생활에서의 독립성 등과 밀접한 관계가 있다(Sudsawad, Trombly, & Herderson, 2002). 소근육 운동의 수행을 위해서는 눈과 손의 협응, 두 손 사용의 협응, 사물의 조작력 그리고 손가락의 기민성 및 근력을 필요로 한다. 이런 소근육 운동의 발달에는 사물잡기, 조작하기, 블록 쌓기, 젓가락 잡기, 그림 그리기, 옷 입고 벗기 및 단추 사용 등이 포함된다. 흔히 자조기술(self-help skill)로 불리는 이런 협응 기능들은 유아로 하여금 자율성과 자아존중감을 획득하는 데 중요한 영향을 미치게 된다.

대근육과 소근육운동 발달은 뇌의 성숙, 감각체계로부터의 정보, 근섬유의 수와 크기의 증가, 건강한 신경체계, 연습의 기회 등에 의해 운동능력이 정교화된다(Allen & Marotz, 1999). 또한 신체, 인지, 언어발달은 서로 밀접하게 상호보완적인 영향을 끼치며 인간이 발달을 이루기 때문에 신체발달은 유아의 인지나 사회성, 자아개념 등을 발달시키는 데 중요한 영향을 미치게 된다.

(2) 인지발달

① 유아기 사고의 특성: 전조작기

유아기에는 인지와 언어발달이 급속도로 이루어진다. 피아제는 유아기의 인지발달 단계를 전조작기로 부르면서, 전조작기 사고의 특징으로 자기중심적 사고, 직관적 사고, 상징적 사고, 물활론적 사고, 인공론적 사고, 보존개념 결여로 설명하였다.

자기중심적 사고는 이기심과는 달리 자신의 입장에 집중해 있어서 동시에 다른 사람의 관점을 생각할 수 없다는 것으로, 두 가지 이상의 차원을 동시에 고려하여 판단하기 어려워하는 특징이 있다. 이로 인해 보존개념 결여와 비가역적 사고의 한계를 보인다. 이런 자기중심성은 언어에서도 나타나 유아기는 자기중심적 언어가 많이 나타난다.

직관적 사고란 사고가 지각에 지배된다는 의미이며, 물활론적 사고란 생명이 없는 대상에게 생명과 감정을 부여하고 세상의 모든 만물에 생명이 있다고 생각하는 것이다. 유아기에는 표상활동(representational activitiy)과 상징활동(symbolic activity)이 증가한다. 이것이 인지적 면에서 영아기와 유아기의 뚜렷한 차이이다. 유아는 외부세계에 존재하는 사물과 상호작용하면서 대상영속성을 습득하고 점차적으로 복잡한 사고가 발달하게 된다.

② 지각발달

영아기에 시작된 지각발달은 유아기 동안에도 지속된다. 유아기 지각능력의 발달은 영아기에 획득된 지각능력이 보다 정교화되고, 특히 책 읽기와 그림 찾기 등의 활동에 요구되는 주의집중력이 발달한다. 대상을 체계적으로 탐색하고, 관련 속성에 선택적으로 주의를 기울이며, 여러 대상을 동시에 통합할 수 있는 유아기 지각 능력의 발달은 여러 인지적 조작이나 지적 과제 해결의 기초가 되는 중요한 발달 과제이다. 유아는 성장하면서 주변의 여러 대상들을 변별하고 분류하며, 서열이나 보존개념, 수개념 등을 형성하게 되고 인과관계에 대한 이해를 발달시키게 된다. 이런 개념들은 유아기를 통해 발달하는 매우 중요한 인지적 능력이다.

③ 언어발달

유아기에는 상상능력과 언어능력이 급속하게 발달하는데, 특히 유아의 언어능력은 양육자와의 상호작용에 의해 많은 영향을 받는다(Goldfield & Snow, 1984). 유아기에는 영아기에 비해 어휘 수가 증가하고 문법의 숙달, 탈중심화를 통해 사회화된 언어를 사용할 수 있게 되면서 의사소통이 보다 효율적으로 이루어진다.

(3) 사회 · 정서발달

① 사회성 발달

사회성 발달이란 타인과의 상호호혜적인 상호작용을 할 수 있는 기술의 습득과 그런 기술들을 상황에 적절하게 사용할 수 있는 능력을 말한다(Sarason et al., 1998). 유아기 사회성 발달의 주요 특징은 먼저, 주도성이 강해지면서 점차 독립심과 자신감을 얻게 된다. 6, 7세가 되면 유아는 능력과 기술 등이 향상되면서 부모에게서 독립하여 스스로 결정하고 행동하기 시작한다. 즉, '나'에 대한 의식이 강해지며 자기 능력에 대한 자신감도 커진다. 사회 속에서 나를 의식함으로써 자아개념 확립의 기초가 형성되는 것이다. 또한 관심의 대상이 가족에서 또래로 바뀌면서 경험의 폭이 넓어진다. 이런 또래와의 경험은 유아가 자기중심적 사고에서 벗어날 수 있도록 해 주고 자기의 객관적 모습을 보게 해 주며 폭넓은 경험을 통해 인지적 성장을 촉진시켜 주므로 집단생활의 교육적 의의가 특별히 부각되는 시기이다.

유아기는 영아기에 비해 대인관계의 폭이 넓어지고 다양해지기 때문에 사람과의 관계에 따른 정서적 긴장이 심하게 나타나며, 언어 능력의 발달로 자신의 주장을 관철시키기 위한 언어적 표현도 많이 하게 된다. 특히, 유아는 주로 놀이를 통해 사회적 관계를 형성하고 사회적 기술과 역할을 습득하게 된다.

② 정서발달

정서는 사회적인 테두리 안에서의 개개인이 타인과 맺게 되는 여러 가지 상호작용 시에 중요시되는 개념으로 정서를 표현하고, 이해하고, 조절하고 반응하는 능력이다. 유아기는 공포와 분노, 호기심과 같은 사회적으로 중요한 정서를 표현한다. 유아기에 나타나는 정서 중 가장 강하게 나타나는 것 중의 하나는 호기심이다. 호기심이란 새롭고 신기한 것을 좋아하거나 모르는 것을 알고 싶어 하는 마음으로서 '왜?'란 질문을 많이 한다. 이와 같은 호기심은 정상적인 과정이다. 또한 유아기의 대표적 정서 중 하나인 공포와 불안은 영아기에 겪었던 낯가림이나 분리불안에 더하여 유아기에는 수많은 것에 대해 공포를 느끼게 된다. 그리고 유아기에 보이는 정서 중 분노는 하고 싶은 일을 못하게 하거나 어떤 일을 강요했을 때 표출된다.

따라서 유아기 정서발달의 중요한 목표는 어떻게 사회가 용납하는 방법으로 표현하게 할 것인가가 될 수 있다. 성인들은 유아기에 보이는 이런 다양한 정서들을 이해하고, 그것을 언어적 · 비언어적인 방법으로 수용하면서 유아들의 정서가 보다 세분화되고 다양해질 수 있도록 도와야 한다(서영숙 외, 2007). 즉, 유아는 정서표현에 대해 많은 것을 이해할 수 있으며, 정서를 표현하는 단어를 사용하거나 이해하는 능력도 급속도로 증가하기 때문에(Saarni, Mumme, & Campos, 1998), 유아들의 다양한 정서를 언어적으로 받아 줄 수 있다면 유아들의 정서발달에 도움을 줄 것이다. 또한 유아기에는 정서표현을 통제하는 능력이 크게 증가하고, 특히 실망, 좌절 등과 같은 부정적 정서표현을 다른 사람 앞에서 자제하는 능력이 3세경에 생겨나므로(Cole, 1985), 유아들의 정서가 사회가 용납하는 방법으로 표현되도록 지원해야 할 것이다. 이와 관련하여 박화윤과 안라리(2005)는 정서능력이 뛰어난 유아들은 자신 및 타인의 정서를 올바르게 인식하고 적합하게 표현하며 부적절한 정서표현을 잘 조절함으로써 또래와의 상호작용에서 사교적이며, 친사회적 행동을 많이 하고 긍정적 또래 활동의 주도에 적극적으로 참여한다고 보고하였다.

2. 영유아기의 발달 과제

1) 태내기의 발달 과제

앞에서 월령별 태아발달을 살펴본 바로 태내기는 인간의 생물학적 발달뿐 아니라 모든 발달의 기초가 형성되는 아주 중요한 시기임을 알 수 있다. 태내기에 성취해야 하는 중요한 발달 과제는 정상적 수정 및 착상, 태아의 건강, 태아의 모든 발달에 영향을 주는 임산부의 건강과 정서, 정상적 출산 등으로 하나씩 살펴보면 다음과 같다.

- 정상적 수정 및 착상: 난관에서 수정한 수정란은 세포분열을 반복하고 포배가 되어 약 1주만에 자궁에 도착하여 자궁내막에 착상하게 됨으로써 임신이 성립된다. 그러나 자궁 내 또는 나팔관 문제, 배란이 안 되는 등의 여성에게 원인이 있는 경우

나 정자 운동성 감퇴, 스트레스나 환경호르몬의 영향으로 기형정자 등의 남성에게 원인이 있는 경우 등 여러 원인에 의해 불임이 되는 경우도 있다.

- 임산부 건강과 안정된 정서 및 태아 건강: 인간은 모태로부터 이미 그 삶을 시작하고 어머니의 태내에서 10개월 동안 모체에 의존하여 성장발달하기 때문에 임산부의 건강과 안정된 정서는 태아의 성품과 기질을 올바르게 형성하는 데 중요한 역할을 담당한다. 임산부의 건강에 영향을 미치는 요소는 충분한 영양, 약물복용, 음주 및 흡연, 질병, 정서 상태 등이다. 임산부의 건강은 태아의 건강과 밀접한 관련이 있다. 최근에 와서는 아버지의 음주, 흡연, 화학약품 노출, 연령 변인이 태아의 건강에 영향을 미치는 중요한 요소로 강조되고 있다.
- 정상적 출산: 분만일보다 일찍 출산되는 조산, 출산 시 태아가 산도를 통과하는 과정에서 구조적 또는 기능적 이상이 생겨 분만이 순조롭게 진행되지 않는 난산, 산도에 오래 머무르는 등의 산소결핍의 상황, 전치태반이나 태반 조기박리 등의 상황처럼 이상 분만의 문제가 발생하기도 한다. 이상분만의 문제는 태아에게 감염, 질식사, 영구적인 뇌손상 등 항후 정상적 발달을 저해할 수 있으니 정상적 출산은 태내기의 주요 과제이다.

2) 영아기의 발달 과제

사회복지사는 연령별 발달 과제(과업)에 대해 인지해야 한다. 이는 각 연령에서 이루어져야 할 발달 과업을 놓치지 않고 지원하는 복지실천을 위해서이다. 영아기의 발달 특성들을 고려해 볼 때 영아기에 이루어야 하는 주요 발달 과제를 다음과 같이 정리할 수 있다.

- 신체적 성장이 매우 급격히 이루어지기 때문에 충분한 영양공급 중요: 영아기는 급격한 신체발달이 이루어지는 시기이므로 생애 초기에 영양관리나 건강관리가 미흡하게 되면 향후 추가적인 질병이 유발되기도 한다.
- 감각기관을 충분히 활용할 자극 필요: 출생 후 영아는 감각기관을 통해 들어오는

주변 환경의 자극을 정확히 인식하고 변별하는 지각의 과정이 생존과 적응을 위해 매우 중요하다. 지각을 위해서는 감각발달이 선행되어야 하며 중요한 기본적 감각 능력은 생후 1년 사이에 거의 발달이 완성되기 때문에 감각기관을 충분히 활용할 자극이 필요하다.

- 타인과의 정서적 유대관계 및 애착과 신뢰감 형성: 영아기의 가장 중요한 사회적 발달은 영아와 양육자 간에 친밀한 정서적 유대를 형성하는 애착이고, 출생 후 1세까지 성취해야 하는 가장 중요한 발달 과제는 기본적 신뢰감이다.
- 기본적인 생리적 욕구 충족: 영아기의 기본 생리적 욕구인 수면, 배설, 섭식 등에 대해 충분히 즉각적으로 충족되는 것은 이 시기의 중요한 발달 과제이다.

3) 유아기의 발달 과제

유아기의 발달 특성을 고려해 볼 때 유아기에 성취해야 하는 주요 발달 과제는 다음과 같다.

- 대 · 소근육 운동의 발달: 운동 기능의 정상적 발달은 신경계의 기능이 정상적임을 의미하는 중요한 지표이다. 따라서 신경계가 정상적으로 발달하고 있는지를 살펴봄으로써 발달의 지연이나 장애 정도를 알 수 있다.
- 대소변 통제 및 기본적 생활습관 습득: 유아기의 중요한 발달 과제 중 하나가 바로 자조기술 습득에 관한 것이다.
- 자율성 발달, 자아통제, 자아개념과 자아존중감의 형성: 자율적 탐색의 욕구 만족할 기회를 가지고, 자신에 대한 긍정적 자존감을 형성하는 것은 유아기의 중요한 발달 과제이다.
- 놀이에 참여: 유아기 관심의 대상이 가족에서 또래로 바뀌면서 경험의 폭도 넓어진다. 특히, 유아는 놀이를 통해 사회적 관계를 형성하고 사회적 기술과 역할을 습득하게 되기 때문에 유아가 놀이에 많이 참여할 수 있도록 하는 것이 필요하다.
- 유아기에 적절한 언어사용 능력 획득: 유아기에는 영아기에 비해 어휘 수가 증가하

고 문법의 숙달, 탈중심화를 통해 사회화된 언어를 사용할 수 있게 되는 등 적절한 언어사용 능력 획득이 유아기의 중요 발달 과제이다. 이를 통해 유아기의 적절한 언어사용 능력은 효율적인 의사소통이 이뤄지도록 한다.

- 부모(양육자)와의 안정적 정서 교환: 양육자와의 안정적 정서 교환은 주요 발달 과제로서 정서의 올바른 조절과 긍정적 정서발달에 도움이 된다.
- 부모와의 정서적 독립, 안정된 분리개별화 획득: 유아기때는 부모와의 정서적 독립을 할 수 있어야 하며 이로써 안정된 분리개별화를 획득하게 된다.

3. 영유아기와 사회복지실천

1) 대내기와 사회복지실천

(1) 불임부부를 위한 복지 서비스

임신을 위해서는 난관에서 정자와 난자가 수정되어야 하며, 수정란은 약 7~10일만에 자궁에 도착하여 자궁내막에 안정되게 착상해야 한다. 그러나 여러 이유로 수성과 착상이 잘 되지 않는 경우를 통상적으로 불임 또는 난임이라고 한다. 우리나라에서는 가임여성 7명 중 1명꼴로 약 140만 쌍 부부가 불임으로 어려움을 겪고 있다고 보고되고 있다(황미나 · 황정혜 · 김지은, 2010). 불임은 저출산이라는 국가적 이슈와 함께 관심이 증대되어 2006년부터 출산지원정책의 일환으로 불임부부 지원사업을 도입하여 불임부부의 체외수정(시험관아기) 시술과 인공수정 시술에 따른 의료비 일부를 지원하고 있다. 2009년부터는 지원 횟수를 증가하였고 2010년에는 지원 대상을 확대하여 불임부부를 위한 포괄적 복지 서비스로 나아가고 있다.

사회복지사는 불임 관련 국가적 지원에 대해 안내하고 그들의 심리적 · 정서적 상담을 지원할 수 있어야 한다. 불임부부에게 시술비용을 지원하는 일 못지않게 중요한 것이 그들의 심리적 · 정서적 상담 지원이다. 시험관 시술 실패 시 3개월 정도 간격으로 재시술이 가능하나, 반복될수록 여성의 심리적 · 정서적 문제가 발생하기 때문이다. 향후 불임 가정의 신체적 · 정신적 어려움을 덜어 주기 위한 심리적 상담 지원이 확대될 필요가 있다.

(2) 임산부에 대한 복지 서비스

임산부에 대한 서비스는 진료비 지원, 건강 · 영양관리 지원 등이 있으며 사회복지사는 이런 복지 서비스를 안내하고 지역 내 임산부의 욕구를 토대로 서비스를 제공해야 한다. 현재 우리나라에서는 모든 임산부 대상으로 초음파 검사 등 임신 · 출산 관련 진료비를 지원하고 있다. 또한, 임산부 건강관리를 위해 산전검사, 풍진항체검사, 엽산제 및 철분제를 공급하고 있다. 특히 고위험 임산부 의료비 지원사업을 실시하고 있다. 또한 월평균소득 기준에 따라 산모도우미 서비스 무료 지원, 임산부 영양평가 및 지원도 이루어지고 있다.

또한 사회복지사들은 일반인들의 임산부 배려 인식을 확대하는 방안에 대해서도 노력할 필요가 있다. 임산부 배려를 위해 '대중교통의 임산부 전용좌석', '임산부 전용 주차장 확보', '학교 · 직장 등에서 임산부 배려인식 교육' 등의 서비스를 위해 관련 지역 자원과의 연계를 모색할 수 있다.

(3) 출산과정 및 이후 어려움에 대한 지원 서비스

사회복지사는 출산 이후의 변화에 대한 지원, 출산가정을 위한 사회 · 경제적 지원에 대한 서비스를 모색해 볼 수 있다. 현재 우리나라에서는 어린이집에 다니는 모든 0~5세 영유아와 유치원에 다니는 3~5세 모든 영유아에게 보육료를 지원하고 있으며, 어린이집 대신 가정에서 크는 모든 0~5세 영유아에게 양육수당을 지원하고 있다. 출산과 양육에 대한 경제적 지원은 시행하고 있으나, 출산 이후 심리적 변화에 대한 지원은 복지실천에서 다뤄지지 않고 있다. 출산 이후 많은 여성들이 심리적 어려움을 호소하고 있으므로 사회복지사는 이에 대한 관심을 가질 필요가 있다.

(4) 예비부모 및 가임기 여성, 배우자를 위한 복지 서비스

대학생 등 예비 부모, 가임기 여성을 대상으로 불임예방 교육, 자녀양육 교육 등을 계획하고 제공하는 것이 필요하다. 특히, 불임예방, 원인, 치료 등 불임에 대한 올바른 지식과 정보를 제공하여 사전에 불임을 예방하고 발생률을 최소화하기 위한 불임예방 교육 서비스는 예비부모 교육에서 잘 다뤄지지 않고 있는 분야이므로 이에 대한 서비스 계획을 세워 시행해 볼 수 있다.

(5) 선천성 장애 발생 예방 교육 및 선천성 장애아 지원

사회복지사는 선천성 장애 지원 서비스에 대한 다양한 정보와 대안을 제시하고 예방을 위한 교육적 개입을 함으로써 클라이언트를 도와야 한다. 선천성 이상은 태아 때 형성되는 형태적 · 기능적 결손 및 장애로 신체적 기형뿐 아니라 감각 이상, 염색체 이상, 대사 이상, 신경발달학적 이상 등을 말한다. 현재 우리나라는 출생아 전원에게 선천성 대사 이상 검사를 무료로 지원하고 있으며, 미숙아 및 선천성 이상아 의료비 지원은 전국 가구 월평균소득 150% 이하 가구에서 출생한 미숙아 및 선천성 이상아와 3명 이상의 다자녀 가구 출생의 경우 소득수준에 관계없이 지원된다. 장애는 사후 치료보다 예방이 중요하다. 만혼 · 만산으로 저체중 미숙아가 늘면서 선천성 장애아가 태어날 확률도 높아졌다. 사회복지사는 지역의 클라이언트에게 이와 관련된 정확한 정보를 제공함과 동시에 선천성 장애를 예방할 수 있는 교육 및 홍보 방안을 강구할 수 있어야 한다.

2) 영아기와 사회복지실천

영아기는 인생의 초기 단계로, 영아가 건강한 사회구성원으로 자랄 수 있도록 신체 · 정서 · 환경적 여건을 마련하는 것이 영아를 위한 주요 복지실천 분야이다. 즉, 발달상태를 평가하고 문제가 있을 때 조기 발견하여 개입하며, 부모를 교육시켜 영아가 양질의 양육을 받을 수 있도록 함이 필요하다.

(1) 발달상태 및 발달지체 평가

생애 초기의 발달상태와 발달지체를 평가하는 것은 영아기의 주요 복지실천 분야이다. 이와 관련하여 우리나라에는 출생 후부터 만 5세까지 영유아가 시기별로 총 6회의 건강검진을 받을 수 있는 영유아 무료 건강검진제도가 있다. 또한 12세 이하 어린이를 위한 국가예방접종의 경우 무료접종을 실시하고 있으며, 2014년부터는 기존의 13종에 폐렴구균을 포함한 전 항목 무료접종으로 바뀌었다. 이는 영유아의 성장과 발달을 미리 살펴봄으로써 이 시기에 흔한 문제들을 평가하고 예방하기 위함으로, 영아 대상의 중요한 복지실천 서비스이다. 문진 및 진찰, 신체계측, 구강검진, 발달평가 및 상담 이외에도 건강교육, 안전사고 예방과 영양에 관한 건강교육이 포함되어 있다.

(2) 신체적 질병이나 장애의 조기 발견 및 조기 개입

장애 위험에 처한 영유아를 조기에 평가하여 체계적인 교육과 개입을 실시하여 이후 시기의 중대한 결핍과 위험을 예방할 수 있도록 하는 것이 영아를 위한 주요 복지실천 분야이다. 2014년부터 우리나라는 고위험 신생아 통합치료센터를 지원하고 있으며, 저소득층 영유아 영양보충 식품 지원, 소아환자 야간진료센터 운영 지원을 실시하고 있다. 실제적으로 조기 발견에 실패하여 적절한 교육과 치료 시기를 놓쳐 장애 영유아와 가족의 어려움이 가중될 수 있으므로 영아와 관련된 사회복지사는 일반인을 대상으로 홍보 및 교육을 함과 동시에 조기 평가를 받을 수 있도록 지역자원과 연계 지원해야 한다.

(3) 영아 부모대상 교육 프로그램 실시

생후 초기의 부모-자녀 간 상호작용의 질은 영아기 발달에 결정적인 영향을 미친다. 부모가 영아 자녀와의 긍정적 상호작용을 가질 수 있도록 영아 기질과 발달 수준에 대한 이해, 감각기관을 충분히 활용한 자극 제공의 필요성과 방법, 안정된 애착형성 방법과 중요성, 한계 설정을 가진 애정적 양육 방법 등에 대한 부모교육을 마련하고 제공하는 것이 필요하다. 실제로 저소득층을 위한 드림스타트 사업에서 영아와 그 부모를 대상으로 영아부모교육 서비스를 제공하기도 한다. 지역 내 영아를 둔 부모가 많이 거주하고 있는 경우 사회복지사는 저소득층 영아의 양육환경을 향상시키고 주 양육자의 올바른 양육태도를 습득하게 하기 위해 영아부모 대상 교육 프로그램을 실시할 필요가 있다.

(4) 영아 보육 강화

취업모의 증가로 영아 보육에 대한 요구도는 더욱 높아지고 있다. 영아 보육에 대한 요구 급증은 영아기 자녀를 둔 여성의 노동참여 등 여성역할의 변화뿐 아니라 과학적 연구를 통해 인간발달 시기 중 영아기의 발달적 중요성이 새롭게 조명되었기 때문이다. 따라서 영아 보육의 요구 내용도 단순한 보호 차원을 넘어 보호와 교육 모두이다. 이런 지역 내 주민의 요구를 반영하여 지방자치단체별로 영아 보육에 대한 접근 방식도 다르다. 영아전담 보육시설을 확충하는 지방자치단체가 있는가 하면, 개별 영아 보육을 위해 베이비시터를 교육하여 각 가정별로 파견하는 지방자치단체도 있다. 이는 지역 내 주민들의 요구를 반영한 복지시책이다. 사회복지사는 영아 보육에 대한 지역 여성들의 요구가 무엇인지 조사하여 이를 잘 반영한 복지 서비스를 제공하는 역할을 담당해야 할 것이다.

3) 유아기와 사회복지실천

유아기의 발달 특성과 발달 과업을 고려해 볼 때 유아시기의 아이들을 위한 사회복지실천은 크게 건강 · 영양 · 보건복지 서비스, 교육 · 문화적 복지 서비스로 나누어 설명할 수 있다. 사회복지사는 유아기 아이들과 그 부모에게 제공할 수 있는 다양한 정보와 대안, 가능한 서비스, 연계 자원에 대해 알고 있어야 하며 이를 적절히 제시하여 클라이언트로 하여금 스스로 결정할 수 있도록 도와야 한다.

(1) 유아기의 건강 · 영양 · 보건복지 서비스

우선, 유아기도 영아기와 마찬가지로 정기적 진단을 통해 발달을 점검하고 평가하는 것이 중요하다. 영유아 무료건강검진은 우리나라 유아를 위한 주요 복지 서비스 중 하나이다.

둘째, 유아기는 영아기에 비해 성장 속도는 감소하는 반면, 신체 활동량이 많아지며 운동 기능의 발달이 빠른 시기로 이에 필요한 영양 공급이 매우 중요하다. 또한 사회인지적 기능 및 정신적 성장, 발달이 이루어지며 행동양식 등의 기초가 형성되는 시기로 이때 형성된 식사습관, 음식기호, 식사태도, 위생습관 등은 신체적 성장발달 및 정서에도 영향을 주어 평생의 식생활을 좌우할 뿐만 아니라 일생의 건강상태에 결정적인 영향을 미치게 된다(김일옥 · 최경순, 2004). 따라서 사회복지사는 유아기의 충분한 영양공급과 올바른 식습관이 유아의 신체적 · 인지적 · 정서적 발달에 중요한 요인으로 작용함을 인식하여 결식 유아 관리, 급식 지원, 지역 내 보건소 등과 연계한 영양 교육 서비스를 실시하도록 해야 한다.

(2) 유아기의 교육 · 문화적 복지 서비스

유아기의 각 영역 발달은 양육자(부모)와의 상호작용이 영향을 크게 미친다. 그리고 영유아기에 뇌발달의 대부분이 발달한다고 많은 학자들이 보고하고 있기 때문에 유아기 자녀를 둔 부모에게 효과적 부모역할, 효과적 놀이지도에 대한 훈련과 교육이 이뤄질 필요가 있다. 또한 호기심이 왕성해지는 반면 신체적 조절력은 덜 발달된 유아기에는 사고가 일어날 확률이 높기 때문에 유아 대상의 보육 및 복지시설에서 정기적 안전 점검과 평가가 이뤄질 수 있도록 제도적 시행이 이루어져야 한다. 이것은 유아의 '놀권리'를 보장하는 길이다.

생각할 문제

1. 태내기를 사회복지실천의 한 분야로 고려해야 하는지 그렇지 않은지 찬반 입장에서 자신의 의견을 제시하시오.
2. 선천성 장애의 발생 원인과 특성을 알아보고, 이를 예방할 수 있는 방안을 사회복지실천적 측면에서 모색하시오.
3. 영아의 안정된 애착 형성의 중요성에 대해 사례를 들어 토론하고, 영아기 자녀를 둔 부모를 위해 제공될 수 있는 복지 서비스에 대해 설명하시오.
4. 유아기의 주요 발달 과제가 무엇인지 알아보고 그것을 토대로 유아기를 위한 중요한 사회복지실천 분야가 무엇인지 제시하시오.
5. 영유아기의 중요한 인지발달을 위해 어떠한 사회복지실천을 해야 하는지 제시하시오.

Chapter 03

아동기 발달 특성

1. 아동기 발달

일반적으로 아동기는 초등학교 시기를 말한다. 아동기는 건강한 사회구성원으로 가져야 하는 근면성, 양심, 도덕적 판단 능력, 성역할 습득, 조작적 인지 능력 등의 발달과제를 습득해야 하는 중요한 시기이다.

1) 신체발달

(1) 신체적 성장

아동기의 신체적 성장은 이전 시기보다는 느린 속도이지만, 전체적 모습이 성인과 유사해진다. 어깨와 가슴이 넓어지고 몸과 팔다리가 길고 가늘어져 전체 신체 모습이 유아기보다 가늘어진 모습을 보인다. 아동기에는 남녀 관계없이 키가 1년에 평균 5.5cm씩 자라고, 몸무게는 평균 2.7kg씩 늘어난다(강문희 외, 2006). 아동기 초반에는 평균 신장과 몸무게가 남아가 여아보다 더 크지만, 11~13세가 되는 아동기 후반에는 여아가 남아보다 평균 키가 더 크고 몸무게도 더 나간다. 아동기 말에는 사춘기의 성장급등으로 인해 신장이 급격히 증가한다. 아동기 체중의 증가는 지방보다 근육에 집중되어 남아가 여아에 비해 근육세포가 많아 아동기 말부터 청년기에는 남자가 힘이 더 강해진다(Michael, 1990). 아동기의 성장은 유전적 요인과 환경적 요인들에 의해 영향을 받게 되는데, 환경적 요인들로는 영양, 운동, 스트레스, 질환, 수면, 사춘기 도래 시기 등 다양한 요인들이 보고되고 있다(송채훈, 2013; Hulanicka et al., 2001). 또한 자신의 신체적 특성은 자기에 대한 가치, 성격에 영향을 준다.

(2) 운동기능 발달

아동기의 운동기능은 더욱 강화된다. 유아기 말에 대근육과 소근육의 기본적 운동기능이 거의 발달하나 아동기에는 기존의 운동 능력이 더 빠르고 정교하며 유연하게 발달한다. 유아기에 잘 수행하지 못했던 자전거 타기, 스케이팅, 줄넘기, 야구, 테니스 등 여러 대근육 운동기능이 아동기에 습득된다(Cratty, 1986). 또한 중추신경계의 수초화 증가로 정보가 근육에 더 빨리 전달된다. 이에 근육을 더 잘 통제하게 만들고 아동기의 소근육 운동기능도 증가하여(Paus et al., 1999), 악기 연주, 수공예, 신발끈 매기 등이 훨씬 용이해진다.

아동의 운동능력은 연령이 증가함에 따라 향상되나, 성차가 뚜렷하다(Espenschade, 1960; 박성연 · 도현심, 2006 재인용). 운동능력에 있어 남아가 여아보다 더 뛰어나고 강한 체력을 갖고 있으며 청소년기에 접어들면서 이 차이는 더욱 뚜렷해진다. 아동기에는 거의 모든 운동기능을 수행할 수 있기 때문에 다양한 운동 기술을 익히고 증진시킬 수 있도록 여러 스포츠를 시도해 볼 수 있는 기회를 제공하는 것이 필요하다. 운동기능의 발달은 아동의 자아개념에도 영향을 미치고, 또래와의 우정관계를 형성하고 게임의 규칙 준수를 배우며 팀 구성원들과 협동하는 법을 배우게 해 주기 때문에 아동기의 다양한 운동기술의 습득은 아동에게 큰 성취감을 준다.

2) 인지 · 언어발달

아동기의 인지적 측면은 유아기와는 다른 질적 변화를 겪게 된다. 유아기의 직관적 사고에서 논리적 사고로, 중심화 현상에서 탈중심화로, 비가역적 사고에서 가역적 사고로 변하게 된다. 아동기는 인지적으로 보존개념, 유목화, 조합능력을 획득하고 자기 중심적 사고에서 벗어나 타인의 관점에서 바라볼 수 있는 시각을 가질 수 있게 되어 타인과의 의사소통이 원활해진다. 이런 인지적 발달은 도덕적 판단의 발달과도 밀접하게 관련된다.

(1) 아동기 사고의 특성: 구체적 조작기

피아제는 초등학교 시기인 아동기의 사고 특성을 구체적 조작기로 설명하고 있다. 유아기의 직관적 사고에서 벗어나 논리적 사고가 가능해지지만 구체적인 것과 자신이 직접 경험한 세계에서만 논리적 사고가 가능하며 추상적이고 가설적 개념을 이해하는 데는 한계를 보인다. 다시 말해, 구체적 조작기는 아동이 개념이나 상황을 이해하고 해결하는 방법이 눈에 보이거나 직접 경험하는 구체적 사실들에 근거하여 논리적 사고를 할 수 있는 시기란 것이다.

유아기의 전조작기와 아동기의 구체적 조직기의 중요한 차이는 아동이 문제해결과정에서 직관보다는 논리적 조작이나 규칙을 적용하기 시작한다는 것이다. 즉각적인 지각적 정보에만 주의를 기울이지 않고 주어진 정보를 유동적으로 다양한 측면을 고려할 수 있으며 외형적 사실에서 추론된 사실을 이해한다. 구체적 조작기에 있는 아동기의 사고 특징은 보존개념, 유목화, 서열화 개념의 획득 등이다.

① 보존개념 획득

아동기에는 보존개념이 획득된다. 보존개념이란 양이나 크기가 같은 어떤 물체가 모양이나 형태의 변화에도 불구하고 이로부터 빼거나 더하지 않으면 그 물체의 양과 크기는 불변하고 그대로 보존된다고 판단할 수 있는 능력이다. 유아기에는 눈에 보이는 대로 사고하는 직관적 사고 특성과 높이나 폭의 한 차원밖에 고려할 수 없기 때문에 외형이 변화하면 양과 크기도 변한다고 답하지만, 아동기에는 높이나 폭이라는 두 가지 차원을 동시에 고려할 수 있게 된다.

또한 가역적인 사고가 가능해지면서, 아동기는 관점의 변화도 가능해지며 덧셈과 뺄셈도 가역적 조작이 가능하다는 것을 이해한다.

② 위계적 분류화, 서열화 가능

구체적 조작기에 보여 주는 아동 사고 중 하나는 위계적 분류 개념이 가능하다는 것이다. 아동은 물체를 크기, 색깔, 형태 등 여러 가지 특성에 따라 다양하게 분류할 수 있다. 물체를 공통의 속성에 따라 분류하고 한 대상이 하나의 유목에 속하는 것으로 분류할 수도 있어 전체와 부분에 대한 개념도 가지고 있다. 그리고 아동기에는 물체를 한 개 이상의 속성에 따라 분류하는 것뿐 아니라 두 개 이상의 속성에 따라 분류하는 다중 유목화 개념도 습득된다.

또한 아동기는 사물을 길이, 크기, 높이 등 영역별로 순서대로 배열할 수 있는 능력을 획득하게 된다. 따라서 아동기에는 물체를 배열할 때 전체적인 구도를 그리면서 배열할 수 있게 되는데, 이런 단순 서열화뿐 아니라, 두 가지 이상의 속성에 따라 서열화할 수 있는 다중 서열화 능력도 획득한다. 서열화 능력은 산수의 기본인 수들 간의 관계를 이해하는 데 꼭 필요한 능력이다.

③ 탈중심화: 조망수용 능력 습득

아동기는 유아기의 자기중심적인 사고에서 벗어나 타인의 입장, 감정, 인지 등을 추론하고 이해할 수 있는 조망수용 능력을 습득하게 된다. 이로써 타인의 위치에서 보는 공간적 시각을 추론할 수 있을 뿐 아니라 타인의 감정을 추론하는 것도 가능해진다. 피아제는 아동은 또래들과의 관계를 통해 더 효과적으로 탈중심화된다고 하였다. 따라서 아동은 자신의 생각을 또래에게 이해시키기 위해 다른 아동의 관점을 고려하여 추론하고 타협하면서 협력하는 것을 배우게 된다. 조망수용 능력은 감정조망 수용능력만이 아니라 타인의 사고과정이나 행동 원인을 추론하고 이해하는 인지적 조망 능력도 포함하는 것으로 아동기에 획득하게 된다.

④ **공간적 추론 가능**

아동기는 공간적 거리, 방향, 사물 간의 공간적 관계 등에 대한 사고가 가능해진다. 아동기는 획득된 거리 보존개념을 토대로 거리, 시간, 속도 사이의 관계를 이해할 수 있어 같은 시간 안에 더 빨리 달리면 친구보다 더 먼 거리를 갈 수 있음을 안다. 그리고 집에서 학교까지 갈 수 있는 방법을 정확하게 제시할 수 있다.

(2) 기억발달

아동은 어떻게 기억을 저장하고 재인하는가? 정보를 잘 기억하고 재인해 내기 위해서는 먼저 그 정보에 주의집중하고, 기억을 잘 할 수 있는 다양한 기억전략을 사용하게 된다. 연령이 증가함에 따라 인간의 기억능력도 발달한다고 보고되고 있는데, 이는 다양한 기억전략의 활용이 증가함에 따른 것으로 볼 수 있다. 유아기보다 아동기는 기억에 필요한 주의집중 능력이 크게 증가하고, 다양한 기억전략을 사용함으로써 기억 능력도 크게 향상된다.

① **주의집중 능력발달**

주의집중 능력은 첫째는 중추신경계의 주의집중을 관장하는 망상체의 성숙, 둘째는 주의집중에 필요한 전략 사용과 관련된다. 연령이 증가하면서 망상체는 점점 수초화되어 가고 주의집중에 필요한 전략인 선택적 주의, 상황에 따른 주의집중 전략을 사용하게 되면서 아동기에 주의집중 능력이 크게 증가한다. 아동기의 대부분 아동들이 주의집중 능력이 크게 향상되나 반면 주의집중에 어려움을 겪는 주의력결핍 과잉행동장애(ADHD)는 학령기인 아동기에 많이 발견될 수 있다.

② **기억발달**

유아기보다 아동기에 기억 능력이 향상되는 것은 더 다양한 기억 전략을 사용할 수 있게 되며, 상위기억이 발달하고 지식기반이 확대되었기 때문이다.

기억 전략에는 시연, 조직화, 정교화 전략 등이 있다. 시연이란 정보를 기억하기 위해 이를 계속 반복하여 외우거나 소리 내어 말하는 등의 반복연습을 계속하는 것을 말한다. 조직화란 정보들을 나름의 방식으로 개념적인 범주에 따라 유목으로 묶어 기억하려는 전략이다. 정교화란 기억해야 할 두 개 이상의 정보를 연결하여 이야기를 만들거나 시각적 심상을 만들어 기억하는 방법이다. 정교화 전략은 초등학교 고학년에 가면서 점차 그 시도가 증가하게 된다. 기억전략은 연령 증가에 따라 사용의 빈도뿐 아니라 복잡성도 증가하게 된다.

상위기억(metamemory)이란 자신의 기억능력, 어떤 방식으로 기억이 이뤄지는지, 어떻게 하면 더 효율적으로 기억을 할 수 있는지에 대해 이해하는 지식을 말한다. 자신의 기억 능력을 현실적으로 예측할 수 있고 자신이 어떻게 기억하는 것이 기억하기 더 쉬운지를 알고 있어야 기억을 잘 할 수 있는 전략을 사용할 수 있게 된다. 아동기에 연령이 증가하면서 연관된 항목들을 기억하는 것, 정확한 단어보다 이야기의 요지를 기억하는 것이 더 쉽다는 것과 같은 기억의 여러 현상을 점차 이해하게 된다.

일반적으로 기억해야 할 내용과 관련된 많은 지식을 갖고 있으면 그 내용을 기억하기가 훨씬 쉽다. 아동기는 유아기보다 대부분의 주제에 대해 더 많은 지식을 가지고 있기 때문에 아동은 확장된 지식기반을 통해 기억을 더 잘 할 수 있게 된다. 어떤 주제에 대해 많이 알면 알수록 그 주제에 대한 기억과 학습이 용이해진다.

(3) 지능발달

아동의 지능은 직접적으로 관찰하고 측정할 수 없고, 일반적으로 어휘력이나 독해력 같은 언어 능력, 논리적 사고와 문제해결 능력, 그리고 환경적응 능력 등을 관찰하고 객관적으로 측정함으로써 알 수 있다. 비네(Binet)는 지능이 단일 능력이라고 믿었지만 최근에는 지능을 다차원적인 것으로 보는 경향이 우세하다. 대표적인 학자가 삼원(三元) 이론을 주장한 스텐버그(Sternberg)와 다중지능(multi-intelligence)을 주장한 가드너(Gardner)이다.

스텐버그(Sternberg, 1986)는 지능이란 구성적 지능, 경험적 지능, 상황적 지능의 하위 3가지 요소로 구성되어 있다고 하였다. 구성적 지능이란 정보를 얼마나 효율적으로 처리하는가에 관한 것으로 문제에 접근하는 방식, 해결하는 방식, 결과를 평가하는 방식에 관련된 것이다. 기존의 지능검사(IQ검사)는 이 구성적 지능과 유사하다. 경험적 지능이란 문제를 해결하는 데, 이전의 경험을 어떻게 사용하는지에 관한 것으로 새로운 문제상황을 이미 알고 있는 정보와 비교하여 과거 경험을 바탕으로 새로운 문제를 해결할 수 있는 능력을 말한다. 이 경험적 지능은 통찰력과 관련된다. 상황적 지능이란 환경에 어떻게 대처하는가에 관련된 것으로 실생활에 필요한 실제적이고 현실적인 정보를 얻는 능력을 말한다.

가드너(Gardner, 1983)는 기존의 지능검사에서 측정하는 언어, 수학, 공간 능력만을 한 사람의 지능이라고 보기는 어렵다고 말하면서 개인의 지능은 다면적 지능으로 이루어져 있다고 주장하였다. 그는 인간의 지능을 언어 지능, 음악 지능, 논리-수학적 지능, 공간 지능, 신체운동 지능, 대인관계 지능, 자기성찰 지능, 자연친화 지능으로 8가지 지능을 제시하였다.

아동의 지능은 성장하면서 변화하는가? 개인의 지능은 유전과 환경 모두로부터 분명한 영향을 받는다. 환경적 영향이라 함은 경험의 여부이다. 지능발달을 위한 적당한 자극과 경험, 지적인 격려를 강조하는 환경에서 자란 아동은 그렇지 않은 아동보다 지능이 높은 것으로 나타났다(Caughy, 1996). 따라서 지능은 자극과 경험에 따라 변화하므로 아동기에는 다양한 경험을 할 수 있도록 지원하는 것이 필요하다.

(4) 언어발달

아동기 언어발달의 특징은 유아기에 획득된 많은 언어 능력을 토대로 어휘와 문법의 확장, 의사소통 기술과 읽기 · 쓰기 능력의 발달이다.

첫째, 아동기에는 어휘와 문법이 더욱 확장된다. 아동기의 어휘는 급속히 증가하여 초등학교 졸업 시에는 약 4만 개 단어 정도를 습득하게 된다(Anglin, 1993). 어휘력 증가와 함께 단어를 더 정확하게 사용하게 되고 각 단어가 가진 여러 의미를 이해할 수 있게 된다. 즉, 단어의 이중적 의미를 파악함으로써 미묘한 은유적 표현이나 유머도 이해하게 된다(Berk, 2000). 또한 아동의 연령이 증가할수록 언어의 길이가 늘어나고 언어표현에서의 형태소의 수가 증가된다. 이런 형태론의 발달에 따라 복잡한 시제나 존댓말 등의 사용이 가능해지고 문법적으로 더욱 복잡하고 긴 구문을 사용할 수 있게 된다. 또한 문법적 규칙이나 구조를 이해하고 적절히 사용할 수 있게 된다.

둘째, 의사소통 기술이 크게 발달한다. 화용론의 발달로 의사소통에 어떻게 언어가 사용되는가를 지배하는 규칙체계인 사회적 관습을 알게 된다. 아동기에는 이런 화용론의 사용이 더욱 정교해지고 사회적 상황에 적절하게 언어를 사용할 수 있게 된다. 또한 분명한 언어적 메시지를 전달하는 능력인 참조적 의사소통 기술이 발달하여 듣는 사람에 맞게 말의 내용을 조절할 수 있게 된다.

셋째, 읽기 · 쓰기 능력이 빠르게 발달하기 시작한다. 초등학교 저학년 때는 글을 읽는 데 보다 능숙해지나 읽기를 통해 정보를 획득하는 등 읽기를 통한 학습은 그리 활발하게 이루어지지 않는다. 그러나 초등학교 고학년이 되면 글 읽기를 통해 정보를 획득하는 능력이 급속도록 발달하게 된다. 또한 이전 시기보다 학습이 강조되는 학령기에 접어들면 쓰기 능력이 발달된다. 아동기에는 바르게 단어를 쓸 수 있게 되고 자신의 생각을 글로써 표현하는 능력이 점차 발달하게 된다.

3) 사회 · 정서발달

유아기부터 향상된 자기통제 능력과 활발한 사회적 상호작용을 토대로 학령기에 들어서면서 관계에 대한 다양한 관점을 이해할 수 있게 되고, 이를 통해 사회 속에서의 자신에 대한 가치가 긍정적 혹은 부정적으로 변화하게 된다(Davis, 2004).

(1) 자아발달

자아발달이란 자신에 대한 이해, 가치, 통제와 관련된 것으로 학령기 아동은 자신에 대한 개념을 형성하게 되고 자신의 속성에 대해 긍정적 또는 부정적 가치를 부여하며, 자기 통제력이 증가한다.

우선, 자아개념(self-concept)은 신체적 특징, 개인적 기술, 특성, 가치관, 희망, 역할, 사회적 신분 등을 포함하여 나는 누구이며 무엇인가를 인식하는 것을 의미한다(정옥분, 2007). 초등학교 저학년 시기에는 자신의 신체 특성, 갖고 있는 것, 선호 놀이 등을 토대로 자신을 묘사하지만 고학년이 되면 자신의 심리 특성, 타인과의 관계 등을 중심으로 자신을 묘사한다(Montemayor & Eisen, 1977). 아동기의 자아개념은 사회적 상호작용을 통해 발달하며 이 단계에서 완성되는 것이 아니라 일생 동안 변화를 겪으면서 발달해 간다.

둘째, 자아존중감(self-esteem)이란 자신에 대한 평가로 자신에 대한 인지적 판단과 자신의 존재에 대해 긍정적 또는 부정적 견해를 가지는 감정적 측면이다. 아동의 자기 평가는 자아존중감에 영향을 주어 자신에 대해 긍정적으로 평가하면 자아존중감은 향상된다. 아동기의 자아존중감은 자신과 관련된 부모와 또래와의 상호작용, 작은 성취, 칭찬, 성공을 통해 형성되고, 부모의 양육태도, 출생순위, 사회경제적 지위, 아동이 지각한 사회적 지지 수준에 영향을 받는다.

셋째, 자기통제(self-control)란 자신을 어떻게 조절하고 통제하는가에 대한 것으로 목표 달성을 위해 순간의 충동을 억제할 수 있는 능력을 말한다. 아동기는 부모의 외적인 감독에 의해 통제되다가 연령이 증가하면서 자기 규제 기술을 습득하게 되고 내면화된 자기통제를 하게 되면서 자기통제 능력이 급격하게 향상된다.

(2) 정서발달

유아기 말이 되면 대부분의 기본적 정서는 모두 표현할 수 있지만, 아동기에도 정서 발달이 계속 이뤄진다. 아동기의 정서발달의 특징은 첫째, 성인의 피드백 없이도 자연스럽게 정서가 표출된다는 점, 둘째, 경우에 따라 자신의 감정을 솔직하게 표현하지 않는 것이 좋다는 것을 알게 된다는 점, 셋째, 얼굴표정이 그 사람의 진짜 정서를 표현하는 것이 아닐 수도 있음을 이해할 수 있다는 점, 넷째, 동시에 한 가지 이상의 정서를 경험할 수 있다는 것을 이해한다는 점 등이다. 아동기에 정서 이해에 대한 변화가 계속 발달하게 된다.

(3) 친사회적 행동발달

친사회적 행동은 돕기, 나누기, 협력하기 등과 같이 타인을 이롭게 하는 이타성이 행동으로 나타나는 것을 말한다. 친사회적 행동은 연령이 증가함에 따라 함께 증가하는데, 아동이 성장함에 따라 협조의 가치와 필요성 및 방법을 이해하는 인지적 능력이 발달하기 때문이다(강문희 외, 2007). 이타성은 감정이입 능력과 관련있는 것으로, 클라크 등(Clark et al., 1987)에 따르면 곤경이나 고통에 처한 사람에게 감정이입적 정서가 작용하면서 이타심이 더욱 증가한다. 동정적 공감 능력과 친사회적 행동은 관련이 있어 유아기보다 아동기에 더욱 자주 발생한다.

(4) 도덕성발달

아동기에는 옳고 그름을 바르게 판단하며, 자신이 속한 집단의 규칙과 기준을 준수하는 특성을 성취해야 한다. 이런 특성이 도덕성으로, 정옥분(2007)은 도덕성발달의 세 가지 측면을 제시하고 있다. 첫째, 어떤 행동의 옳고 그름을 판단하는 도덕적 판단, 둘째, 사고나 행동에 대한 정서적 반응인 도덕적 감정, 셋째, 어떤 행동이 옳은지 알고 있다고 해서 반드시 그렇게 행동하는 것은 아니므로 실제로 옳은 행동에 따라 행동하느냐 하는 도덕적 행동이 포함된다.

피아제(Piaget, 1965)는 아동의 도덕성발달 단계를 타율적 도덕성과 자율적 도덕성의 두 단계로 설명하고 있다. 아동기 초기인 7~10세경까지는 타율적 도덕성과 자율적 도덕성이 함께 나타나다가 아동기 후반에는 자율적 도덕성을 나타낸다. 타율적 도덕성은 유아기까지 주로 나타나는 것으로 규칙이나 기준은 부모와 같은 권위적 존재에 의해 만들어졌기 때문에 변경할 수 없고 이를 위반하면 벌을 받아야 하며, 행위의 의도와는 상관없이 행위의 결과만으로 선악을 판단한다. 자율적 도덕성은 규칙은 사람에 의해 만들어진 것이므로 합의에 의해 규칙이 변경될 수 있는 것으로 이해하며, 행위의 의도와 상황적 요인을 고려하여 융통성을 가지고 도덕적 판단을 하게 됨을 말한다. 타율적 도덕성에서 자율적 도덕성 단계로 발달하기 위해서는 인지적 성숙, 사회적 경험이 중요한 역할을 한다(Piaget, 1965).

콜버그(Kohlberg, 1976)는 도덕적 딜레마가 포함된 가상적 갈등 상황을 제시하고 그들이 어떤 반응을 나타내는가에 따라 3수준의 6단계 도덕성발달 수준을 구분하여 제시하였다.

〈표 3-1〉 콜버그의 도덕성발달

<table>
<tr><th>수준</th><th>단계</th></tr>
<tr><td rowspan="2">1수준: 전인습적 수준
• 사회규범이나 기대를 잘 이해하지 못하는 수준
• 타인 입장을 이해하지 못하고 자신의 욕구충족에만 관심</td><td>1단계: 벌과 복종 지향의 도덕성
• 벌을 피하기 위해 도덕적 행위를 하는 단계
• 결과만 가지고 행동 판단
• 권위자가 처벌을 하느냐 하지 않느냐가 도덕적 판단 기준</td></tr>
<tr><td>2단계: 상대적 쾌락주의 도덕성
• 모든 것이 상대적이기 때문에 각자 욕구와 쾌락에 따라 도덕적 판단과 행위를 할 수 있다고 생각하는 단계
• 자신의 흥미, 욕구 만족을 위해 규범 준수</td></tr>
<tr><td rowspan="2">2수준: 인습적 수준
• 사회규범, 기대, 관습에 순응하는 수준
• 타인 입장을 잘 이해
• 사회질서 지지, 도덕적 추론이 내면화</td><td>3단계: 착한 아이 지향 도덕성
• 착한 사람의 행위에 초점을 두고 판단
• 타인의 기대와 인정을 받기 위해 옳은 행동을 함
• 동기, 의도가 중요</td></tr>
<tr><td>4단계: 사회질서 지향 도덕성
• 사회질서를 위해 법 준수 행동이 도덕적 행동이라 생각
• 사회 공동체의 인정이 도덕적 판단 기준</td></tr>
<tr><td rowspan="2">3수준: 후인습적 수준
사회규범 이해하고 인정하나 법이나 관습보다는 개인의 가치 기준에 우선을 두는 수준</td><td>5단계: 사회계약과 민주적 법 지향 도덕성
• 법과 사회계약이 모든 사람의 행복과 권리를 보호하기 위해 만들어졌고 그것을 지키기 위해 법을 준수함
• 법도 민주적 합의 절차를 통해 변경할 수 있다고 생각
• 법적 견해와 도덕적 견해가 서로 모순되는 경험을 하게 되고 갈등상황에 놓임</td></tr>
<tr><td>6단계: 보편적 원리 지향 도덕성
• 법을 초월하는 인간의 존엄성, 평등성, 공정성, 정의 같은 보편적 원리가 도덕적 판단 기준</td></tr>
</table>

출처: Kohlberg(1976).

아동기 초기는 전인습적 수준의 도덕성을 보임으로써 규율이나 규칙이 더 이상 고정적이거나 절대적인 것은 아니라고 생각하며 자신의 흥미와 욕구를 만족시키기 위해 규범을 준수한다. 예를 들어, 약속한 선물을 받기 위해서 수업시간에 조용히 지낸다는 것이다. 아동기 후기에는 인습적 수준의 도덕성을 보임으로써 사회 규칙에 복종하는 것이 자신이 해야 할 행동이라고 생각하고 사회질서를 지지하고 사회 관습에 맞는 행동을 하게 된다.

한편 아동기의 도덕성 발달에는 또래 간 상호작용, 책과 대중매체, 부모의 훈육 방법 등이 크게 영향을 미친다. 부모에 의해 제시된 규칙, 금지사항들을 내재화함으로써 규칙에 대한 책임감도 생기고 금지된 행동에 대한 욕구조절도 배우게 된다. 또한 또래 간의 상호작용, 또래 간의 주제에 대한 논쟁 등이 도덕 추론 수준을 높이는 데 매우 효과적이며 책과 대중매체에 나오는 역할을 관찰함으로써 모델링하여 도덕적 행동을 학습하고, 이는 도덕적 가치에도 영향을 미친다.

(5) 또래관계 발달

출생 초기인 영아기의 사회성 발달은 부모와의 애착형성에 기초하지만, 아동기는 점차 학교와 또래집단과의 관계가 확대되면서 또래관계가 아동기의 중요한 인간관계이며, 아동의 성장에 여러 기능을 한다(정옥분, 2007). 우선 아동은 또래관계를 통해 또래집단의 규칙을 준수해야 하며 협력과 타협이 필요함을 알게 된다. 이는 또래관계가 사회화의 기능을 함을 의미한다. 또한 아동기의 또래관계는 태도와 가치관 형성에 영향을 미치며, 긍정적이고 안정적인 또래관계는 정서적 안정감을 제공한다. 그리고 또래관계를 통해 상호 간 지식과 정보 교환이 가능하며, 또래와의 타협과 토론을 통해 인지적 성장이 이뤄진다.

특히, 이 시기에는 단순한 놀이를 통한 또래관계에서 더 나아가 여러 명의 친구들과 깊은 정서적 유대감을 형성하는 우정을 발달시키게 된다. 아동기에는 또래관계를 지속적 관계로 인식하고, 동성 친구들과 우정을 나누는 경험은 아동의 정서와 성격발달에 의미 있는 영향을 준다.

2. 아동기의 발달 과제

아동기는 생활의 중심이 가정에서 학교로 옮겨감에 따라 또래관계와 학교생활이 중요한 역할을 한다. 또래집단의 비중이 커지고 학교생활을 통해 많은 사회적 관계를 형성한다. 또한 유아기와는 질적으로 다른 인지적 발달을 이루고 신체운동 능력과 언어 능력이 향상되고 타인과 외부세계에 대한 관심과 이해가 증진된다. 앞에서 살펴본 아동기의 신체, 인지, 사회정서발달 특성을 토대로 아동기의 발달 과제를 정리하면 다음과 같다.

1) 또래관계와 학교생활 적응

아동기에는 또래집단으로부터의 평가가 부모의 평가보다 더 중요한 의미를 갖는다. 또래집단으로부터 수용되고 인정받음으로써 부모가 제공할 수 없는 정서적 안정감을 갖게 되며 긍정적 자아개념을 형성하도록 돕는다. 따라서 아동기의 성취해야 하는 주요 과제는 또래집단으로의 수용, 학교생활 적응, 집단활동을 통한 다양한 규칙 습득, 사회적 기술 획득, 효과적 의사소통능력 개발 등이다.

2) 긍정적 자아존중감 형성

아동기는 자신에 대한 긍정적 자기평가를 토대로 긍정적 자아존중감을 형성해야 한다. 이는 타인과의 상호작용을 통한 자신의 사회적 능력의 자신감 획득이 우선되어야 한다. 이와 관련하여 자신에 대한 긍정적 이해, 긍정적 자아존중감 토대 마련, 자제력 향상, 문제해결능력 습득, 분노를 표현하는 바람직한 방법 습득 등이 주요 발달 과제이다.

3) 근면성 획득

학령기에 접어들면 안정된 공부 습관과 근면성을 획득하여 학습을 통한 성취감을 습득할 기회가 필요하다. 근면성이란 아동이 속한 사회에서 성공적으로 기능하고 경쟁하는 데 필요한 기술을 습득하는 능력이다. 아동기는 학교교육이 시작되는 시기로 읽기, 쓰기, 셈하기 등 중요한 인지적 기술과 사회적 기술을 습득해야 한다. 이와 더불어 대중매체, 컴퓨터 사용에 대한 통제 능력을 획득하고 이론적 추론 능력도 계발해야 한다.

4) 바람직한 건강관리 습관 형성

아동은 학교 등 많은 사람들과 접촉하게 되므로 전염성 질병에 노출되고, 신체적 활동량이 많아지는 등 대담한 특성 때문에 신체적 사고도 자주 발생한다. 또한 또래 영향으로 특정 음식을 선호 또는 기피하는 경향이 나타남과 동시에 계속 성장 단계에 있기 때문에 성인보다 단백질과 같은 영양이 더 많이 필요하다. 따라서 아동기에는 바람직한 식습관과 규칙적 운동을 통한 건강관리 습관 등을 갖도록 지도하는 것이 매우 중요한 과제이다. 그리고 정교한 대·소근육발달이 함께 이루어져야 한다.

5) 운동기능 발달

운동기능의 발달은 아동의 자아개념에도 영향을 미치고 또래와의 우정관계를 형성하고 게임의 규칙 준수를 배우며 팀 구성원들과 협동하는 법을 배우게 해 주기 때문에, 아동기의 다양한 운동기술의 습득은 아동에게 큰 성취감을 준다. 따라서 아동기에는 여러 운동들을 시도해 볼 수 있는 기회를 제공하여 다양한 운동 기술을 익히고 증진시키는 것이 중요한 발달과제이다.

6) 의사소통 기술 향상

아동기에는 의사소통 기술이 크게 발달한다. 의사소통에 언어가 어떻게 사용되는가를 지배하는 규칙체계인 사회적 관습을 알게 되고, 사회적 상황에 적절하게 언어를 사용할 수 있어야 한다. 또한 분명한 언어적 메시지를 전달하는 능력인 참조적 의사소통 기술이 발달하여 듣는 사람에 맞게 말의 내용을 조절할 수 있어야 한다.

3. 아동기와 사회복지실천

1) 신체적 성장에 필수적이고 적절한 영양관리 서비스

아동기의 영양 및 식습관 관리, 일상생활 관리, 운동 관리 등은 이들의 신체발달에 영향을 미칠 뿐 아니라 더 나아가 심리적인 측면이나 사회적 측면에까지 영향을 미칠 수 있으므로 통합적 관점을 견지하고 세밀한 영역에까지 민감하게 관심을 기울일 필요가 있다.

특히, 사회복지실천적 측면에서 주목해야 하는 것은 많은 선행연구에서 키와 경제적 지위와는 뚜렷한 상관관계가 있음을 밝히고 있다는 것이다. 이는 충분하고 다양한 영양 섭취, 가정의 심리적 안정성 때문으로 해석할 수 있다. 아동기는 계속해서 성장하는 시기이므로 건강유지를 위해서는 영양적으로 균형 잡힌 식사를 해야 하는데, 경제적 어려움과 가정의 불안정성은 이를 저해할 수 있다. 바렛과 프랭크(Barrett & Frank, 1987)는 자신들의 연구에서 영양이 좋은 아동은 영양실조인 아동에 비해 긍정적 정서를 나타내었고 불안 수준이 낮으며, 적극적이고 또래관계에서 더 사교적이고, 인지적 능력도 높게 나타났다고 보고하고 있다. 이는 영양적 요소가 아동의 사회정서발달과 인지발달에도 영향을 미침을 말해 준다.

신체적 크기와 특징은 아동의 성격에도 밀접한 영향을 미친다. 머슨(Mussen et al., 1979)은 키가 크고 튼튼하며 힘이 센 아동은 쾌활하고 창조적이며 적극적으로 자기를 표현한다고 지적했다. 이는 저소득층 아동의 신체적 성장을 도모하는 건강과 영양 지원 서비스가 아동 대상의 사회복지실천에 주요한 분야임을 시사한다.

2) 지능발달을 위한 다양한 경험 제공 서비스

아동의 지능은 성장하면서 변화한다. 개인의 지능은 유전뿐 아니라 환경 모두로부터 분명한 영향을 받기 때문이다. 환경적 영향이라 함은 경험의 여부이다. 지능발달을 위한 적당한 자극과 경험, 지적인 격려를 강조하는 환경에서 자란 아동은 그렇지 않은 아동보다 지능이 높은 것으로 나타났다(Clarke & Clarke, 1989). 따라서 사회복지사는 지능은 자극과 경험에 따라 변화함을 인지하고, 지적 자극과 경험이 결핍될 수밖에 없는 요보호 대상 자녀들에게 다양한 지적 경험을 할 수 있도록 지원하는 것이 필요하다.

3) 아동의 자아존중감을 향상시키는 다각적 접근 서비스

아동기의 자아존중감은 사회 · 경제적 지위와 관련이 있다고 여러 선행연구(여주경 · 정문자, 1999; Conger, Ge, Elder, Lorenz, & Simons, 1994)에서 보고된다. 즉, 사회경제적 지위가 낮은 집단은 경제적 스트레스로 인해 갈등을 경험하고 아동에게 적대적 양육행동을 보이게 된다거나 아동 스스로 또래 친구와의 비교를 통해 빈곤을 지각함으로써 사회경제적 지위가 높은 집단의 아동보다 자아존중감이 낮은 것으로 보고되고 있다. 사회복지사는 특히 사회경제적 지위가 낮은 집단의 아동에게 개입할 때 그들의 자존감을 향상시키고 긍정적 자아개념을 형성하도록 돕는 다각적 접근을 우선적으로 시도해 보아야 한다.

4) 건전한 놀이와 여가 지도 및 방임 예방 지원

아동에게 또래와 놀이는 사회관계를 맺는 주요 매체가 되므로 건전한 놀이 지도나 여가를 효율적으로 보낼 수 있도록 지도하는 것이 필요하다. 이와 관련하여 방과 후 집에 방치되어 대중매체나 컴퓨터와 인터넷 게임에 빠져들지 않고 방치되지 않게 방과 후 아동을 보호하고 교육하는 복지 서비스가 체계적으로 운영되어야 한다.

생각할 문제

1. 아동기의 또래관계 및 학교생활이 자아존중감 발달에 미치는 영향에 대해 토론하시오.
2. 아동기의 인지적 사고 특성을 살펴보고, 그 특성을 토대로 지원할 수 있는 복지 서비스가 무엇인지 제시하시오.
3. 아동기의 신체적 · 인지적 · 사회정서적 측면에 사회 · 경제적 수준이 미치는 영향이 무엇인지 논하고 저소득층 아동을 위해 어떠한 복지실천 서비스를 지원해야 하는지 설명하시오.
4. 가드너의 다중지능이론이 아동기의 사회복지실천에 시사하는 바가 무엇인지 토론하시오.
5. 아동기에 성취해야 하는 주요 발달 과제를 토대로 어떠한 아동기 대상의 사회복지 실천 분야가 있어야 하는지 제시하시오.

Chapter 04

청소년기 발달 특성

청소년기(adolescence)는 아동기와 성인기 사이의 시기이다. 13~24세 사이의 시기로서 제2성장급등기라고 할 만큼 급속한 신체변화가 일어나며, 성적으로 성숙해진다. 동시에 발달의 어느 단계보다 많은 가능성을 가지고 미래를 위한 수많은 결정을 해야 하는 중요한 시기이다.

인지발달이 이루어져 형식적 조작사고를 할 수 있게 되며, 질풍노도의 시기라고 할 만큼 정서적으로 변화가 심한 시기이다. 이 시기에는 자아정체감이 확립되며, 동년배 및 이성과의 새로운 관계를 형성하게 되고, 성역할 정체감이 발달한다. 또한 부모로부터 독립된 인격체로서 대우받기를 원하며 정서적으로 독립하고자 한다.

1. 청소년 전기

1) 개념

청소년 전기는 아동기가 끝나는 13~18세까지의 시기로서 이 시기를 사춘기(puberty)라고 부른다. 그러나 청소년기와 사춘기는 매우 다른 개념이다. 즉, 청소년기는 인생발달을 언급하는 일반적 용어로서 문화적 개념이며, 사춘기는 성적 성숙으로 생산(production) 기능을 수행할 수 있다는 신체적 개념이다(Zastrow & Kirst-Ashman, 2002). 따라서 '청소년'이라는 용어는 사춘기의 신체적 성숙뿐만이 아니라 심리적 · 사회적으로 의존에서 벗어나 독립과 책임을 수용하는 것까지 포함한다. 대부분의 문화에서 청소년 전기는 중 · 고등학생 시기로서 주로 신체적 성숙과 인지적 발달을 경험하게 된다.

2) 청소년 전기의 특성

(1) 신체적 측면

① 신체적 성숙

청소년 전기에는 신장과 체중이 급격히 증가하게 되며, 이 시기를 제2성장급등기(second grouth spurt)라고 한다. 이 시기에 신장과 체중이 급격하게 증가하는 이유는 사춘기(puberty)가 시작되면서 내분비선에서 분비하는 호르몬이 증가하기 때문이다.

성장급등(growth spurt) 현상은 일반적으로 여자가 10~12세경에, 남자가 12~14세경에 나타나 여자가 남자보다 2년 정도 앞서서 급등현상이 나타난다. 성장급등현상은 그 이후 2년 정도 지속되며, 신장이 급격히 커지고 나서 체중의 증가가 이루어진다. 청소년기의 급격한 성장은 현저한 개인차가 존재하며, 영양상태, 사회환경, 유전인자, 생활양식 등에 따라 차이가 있다.

청소년기의 신체적 성장은 여자가 16세경에, 남자는 19세경에 거의 정점에 이르게 되며, 남녀의 체형이 다르게 변모하고 신체적으로 성숙해진다. 남자는 골반에 비해 어깨가 넓어지며, 근육이 발달하여 남성다운 외모를 갖게 된다. 여자는 어깨가 좁고 골반이 넓어지며, 피하지방이 발달하여 여성다운 외모를 갖게 된다. 신체에서 머리가 차지하는 비율이 작아지고, 몸통에 비하여 다리가 길어지며, 팔과 다리에 비해 손과 발이 상대적으로 커진다. 얼굴 모양이 길쭉하게 바뀌고 코와 입이 크고 넓어져 얼굴 윤곽이 달라지면서 성인과 같은 모습으로 성숙해진다.

여성에게 나타나는 사춘기의 분명한 징후는 생리(menstruation)이다. 초경(menarche)은 일반적으로 12~13세에 시작되며 일반적으로 생리주기는 여성의 기분과 감정변화에 상당한 영향을 미치게 된다.

남성들은 급격한 신체적 성숙 때문에 한동안 혼란스러움을 경험하기도 하지만, 신장이 커지고 근육의 힘이 절정에 달하면서 운동 활동과 경쟁력을 증가시켜 긍정적인 신체상을 낳게 된다. 또한 목소리도 굵어지고 수염이 자라며 체모가 생기고 음경이 자라면서 사정(ejaculation)을 경험하는데, 일반적으로 청소년의 80% 정도가 월 1회 몽정을 경험한다.

청소년기에 일어나는 이러한 급속한 신체적 변화로 청소년들에게 미치는 심리적 영향은 다음과 같다(이인정 · 최해경, 2001).

첫째, 청소년들로 하여금 자신을 더욱 성인에 가깝게 해 준다.

둘째, 성역할에 대한 동일시를 강화한다. 즉, 청소년기의 신체적 변화는 남자는 좀 더 남자로서, 여자는 좀 더 여자로서 자신을 받아들이도록 한다.

셋째, 신체적 변화 중에서도 특히 성적 성숙에 따라 일어나는 현상들을 청소년들로 하여금 양면적인 감정으로 반응하게 한다.

넷째, 이와 같은 급속한 자신의 신체적 변화에 관심이 집중되어 청소년들은 자기도취적인 상태에 빠지는 경향이 있다.

② 성적 성숙

사춘기가 시작되면서 성호르몬 분비가 증가함에 따라 성적 성숙이 이루어진다. 성적 성숙은 일차성징(primary sex characteristics)과 이차성징(secondary sex characteristics)으로 나누어진다. 일차성징은 생식을 위해 필요한 기관들을 말하며, 여성의 난소, 나팔관, 자궁 및 질을 비롯하여 남성의 고환, 음경, 음낭, 정낭 및 전립선을 말한다. 사춘기 동안 이러한 기관들은 커지고 성숙해진다. 이차성징은 성적 성숙의 생리적 징후로서 여성의 가슴의 발달과 남성의 넓은 어깨를 비롯하여 변성, 근육발달, 음모, 체모 등에 변화를 가져오는 것이다(Papalia, Olds, & Feldman, 1988).

성적 성숙의 징후로서 여성의 경우에는 초경(menarche)이 나타나고, 남성의 경우에는 몽정(nocturnal emission)이 나타나게 된다. 몽정은 성애와 관련된 꿈꾸는 과정에서 자극을 받아 자신도 모르는 사이에 사정을 하게 되는 것이다. 초경은 대개 12~13세에 시작되며, 몽정은 일반적으로 13세경에 나타난다.

성적 성숙에는 개인차가 있지만 발달의 순서는 일정하다. 여성은 초경 전에 가슴발육이 먼저 시작되며, 초경이 나타날 즈음에 음모가 나오고 이어서 겨드랑이 체모가 나타난다. 남자는 고환이 커지고 나서 음모가 나타나며, 목소리가 굵어지고 겨드랑이 체모와 수염이 나타난다.

성적 성숙으로 사춘기의 여성과 남성은 새로운 변화에 대해 민감하게 반응하게 된다. 여성의 초경은 임신을 가능하게 하여 성인이 되고 있다는 자부심을 갖게 하지만, 성인이 되는 것에 대한 거부감, 불편함, 행동적 제약, 생리통 등 부정적 경험을 하기도 한다. 그러므로 월경에 대한 부정적 태도를 갖지 않게 하기 위해서 부모나 교사가 초경에 대한 사전 지식과 태도를 준비시키고 건강하게 성숙되는 것에 대한 보람을 이해할 수 있도록 지도해야 한다(이옥형, 2002).

(2) 인지적 측면

① 형식적 조작사고

청소년은 아동과 다른 방식으로 세계에 대한 개념을 형성하기 시작한다. 청소년은 자신의 지각과 경험보다는 논리적 원리에 의해 지배되기 때문에 보다 추상적 사고

(abstract thinking)가 가능해지며, 가설 연역적 추리(hypothetical-deductive reasoning)를 할 수 있다. 또한 청소년은 조합적 사고(combination thinking)를 할 수 있으며, 관련 변인의 연결능력을 갖게 되고, 다차원적인 사고를 할 수 있게 된다.

청소년은 사물이 눈앞에 존재하든 존재하지 않든 간에 그 사물에 대하여 머릿속으로 생각할 수 있는 추상적 사고가 가능하다. 이러한 추상적 사고 능력의 향상은 사회적 · 이념적인 문제에 대하여 논리적 · 진보적으로 추론할 수 있게 한다(이옥형, 2002).

청소년은 주어진 문제를 해결하는 방안에 대해 체계적으로 가설을 설정하고, 그 검증을 통해 결론을 도출하는 가설 연역적 추리를 할 수 있다. 이것은 직접 관찰 가능한 것 외에도 현재 존재하고 있지 않지만 가능한 것에 대하여 추론할 수 있어야 가능하다. 청소년은 하나의 문제에 직면했을 때 가능한 한 모든 해결책을 논리적으로 궁리해 봄으로써 결국은 문제해결에 이르게 되는 조합적 사고를 할 수 있다. 이것은 조작의 수준을 보다 높은 수준에서 조직화하려는 것으로, 요인들을 분리시키고 검증하는 체계적 접근 방법을 여러 내용 속에서 사용할 수 있는 능력이다(허혜경 · 김혜수, 2002).

청소년은 관련된 변인들을 연결시킬 수 있는 능력을 갖게 되며, 여러 명제 간의 논리적 추론을 이끌어 내는 명제적 사고를 할 수 있게 된다. 그들은 한 가지 측면의 사고에 국한되지 않고 다차원적인 사고 능력이 발달함에 따라 다른 사람의 관점에서 사고할 수 있으며, 대인관계에서 상대방의 의도를 더 잘 이해할 수 있다.

② 사회인지의 발달

사회인지란 다른 사람이 어떤 생각을 하고 있는지, 어떤 감정을 가지고 있는지, 그 의도는 무엇인지 등과 같은 타인과의 사회적 관계를 이해하는 능력이다. 청소년기에는 자신과 사회적 관계를 고려할 수 있는 능력이 발달한다. 그들은 보다 정확하게 타인의 느낌이나 사고 또는 의도를 추론하기 시작하며, 인지적 성장에 따라 자신의 생각은 물론 타인의 생각을 보다 잘 인식할 수 있게 된다(김태련 · 장휘숙, 1996).

청소년기에 개인의 인지적 발달은 계속되지만, 청소년기의 자아중심성에 의해 사회인지 발달이 방해를 받게 된다. 청소년의 자아중심성은 자신의 독특한 세계와 타인의 보편적인 세계를 구분하지 못하고 자신이 특별한 존재라는 착각에 빠져 자신에 대한 강한 자의식(self-consciousness)을 보이는 것이다. 이것은 청소년기의 발달 속성의 하나이며, 15~16세경에 정점을 이루다가 다양한 대인관계의 경험을 통해 자신과 타인에 대한 객관적인 이해가 이루어지면서 서서히 사라진다(이근홍, 2007).

청소년의 자아중심성이 강하게 나타나는 특징적 행동으로는 상상의 청중과 개인적 우화가 있다. 상상의 청중(imaginary audience)은 청소년 자신이 타인들에게 집중적으로 관심과 주의의 대상이 되고 있다고 믿는 것이다. 청소년은 상상의 청중을 즐겁게 하기 위해서 많은 힘을 기울이며, 타인이 눈치를 채지 못하는 작은 실수로도 번민하게 된다. 상상의 청중에 대한 자신의 위신을 손상시킨다고 생각되면 작은 비난에도 심한 분노를 느낀다. 이러한 상상의 청중은 청소년의 다양한 사고와 행동에서 나타난다.

개인적 우화(personal fable)는 청소년이 자신은 특별하고 독특한 존재이므로 자신의 감정이나 경험의 세계는 다른 사람과 근본적으로 다르다고 믿는 것이다. 즉, 청소년은 자신의 우정, 사랑 등은 다른 사람이 결코 경험하지 못하는 것으로 생각하며, 다른 사람이 경험하는 죽음, 위험, 위기가 자신에게는 일어나지 않으며, 혹시 일어나더라도 피해를 입지 않을 것으로 확신하고 있다. 개인적 우화는 이와 같이 청소년기의 자기과신에서 비롯된 것으로 자신의 독특성에 대한 비합리적이고 허구적인 관념이다. 청소년의 개인적 우화는 그들에게 자신감과 위안을 부여하는 측면도 있으나, 심하면 자신의 존재의 영속성을 믿게 됨으로써 과격한 행동에 빠져들게 될 위험이 있다(송명자, 1996).

(3) 심리적 측면

청소년기에는 정서가 매우 강하고 변화무쌍하며, 극단적인 정서변화를 경험하게 된다. 이러한 정서적 특성 때문에 청소년기를 질풍노도(storm and stress)의 시기라고 한다. 청소년은 낙관과 비관, 자랑과 수치심, 사랑과 증오 등 극단적인 정서변화를 가져오게 되며, 이것은 급속한 신체성장 및 성적 성숙으로 인하여 정서적으로 불안정하기 때문에 나타난다.

청소년기에는 자아의식이 서서히 발달하면서 청소년은 홀로 있고 싶어 하며 고독에 빠지기 쉽다. 또한 자신을 타인과 비교해서 부족하다고 느끼고 타인 앞에서 위축되는 느낌이 강화되어 열등감에 휩싸이기도 하며, 이상과 현실 사이의 괴리를 목격하고서 실존적 공허감에 빠지기도 한다.

청소년기는 불안, 분노, 질투, 열등감, 수치심, 우울, 죄책감 등과 같은 부정적 정서를 경험하는 경우가 많다. 청소년기는 자기의 능력이 부족하거나, 신체적 변화에 결함이 있거나, 자기의 욕구가 충족되지 못하거나, 장래에 대한 확신이 부족할 경우에 불안을 느낀다. 또한 자신과 타인이 대립되어 있거나, 신체적으로 매력이 없다고 느끼거나, 성적인 관심과 근심이 있을 경우에도 불안을 느낀다.

청소년기의 분노는 자신의 욕구좌절, 간섭, 압박, 불공평한 취급, 무시, 개인적 자유의 속박 등에서 나타나며, 강한 분노는 주로 사람과 관계된 사회적인 것이다. 남성은 여성보다 더 많은 분노를 폭발하며, 발로 물건을 차거나, 물건을 던지거나, 문을 쾅 닫고 밖으로 나가는 등 신체적으로 분노를 표현한다. 여성은 울거나, 자기 방에 틀어박혀 나오지 않는 것 등으로 분노를 표현한다(이근홍, 2007).

청소년기의 질투는 남녀관계, 경쟁의식 등에서 많이 나타나며, 공포는 물질적 대상보다는 사회적 사태에 관한 것이 많다. 호기심은 새로운 것이나 미시의 것에 대한 탐색에서 나타나며, 자신과 이성의 신체적 발달에도 많은 관심을 갖는다.

청소년이 정서적으로 잘 적응하면 가정생활과 학교생활에서 즐거움을 느끼며, 활동을 적극적으로 하려는 동기가 생기게 된다. 그러나 청소년이 정서적으로 적응하지 못하고 긴장상태가 지속되면 소화불량, 식욕부진, 두통, 체중감소, 불안정, 주의집중장애 등을 초래한다. 이러한 정서적 문제가 심화되면 성격 부적응을 가져와 회피행동, 비협조적 태도, 공격적 행동 등을 초래한다. 따라서 청소년기에는 자신의 정서변화에 대한 인내심을 길러야 하며, 타인의 반응에 지나치게 민감한 반응을 보이지 않도록 노력해야 한다(김동배 · 권중돈, 1998). 또한 청소년은 자신의 정서를 사회적으로 인정되는 방향으로 표현하도록 해야 하며, 자신의 욕구와 사회적 기대를 동시에 만족시킬 수 있는 방향으로 정서를 표현해야 한다.

(4) 사회적 측면

① 가족관계

청소년 전기는 가족으로부터의 지지와 보호, 그리고 지도가 필요한 동시에 자기 충족과 독립을 준비하는 단계이다. 이러한 과정 속에서 불가피하게 가족과의 갈등이 야기된다. 자기 자신과 친구에게 의존하기 시작하면서 부모와 가족으로부터 점차 멀어지기 시작한다.

애정과 의존의 대상인 부모에게 애착을 나타내면서도 다른 한편으로는 청소년기에 다시 일어나는 오이디푸스 콤플렉스(Oedipus complex)로 인한 두려움과 불안으로 인해 점점 더 부모로부터 멀어지려고 한다.

또한 청소년은 독립된 인격체로서 부모에게 대우받기를 원하며, 자율성을 추구하고자 하는 욕구가 강해진다. 그와 더불어 청소년이 신체적으로 성장하면서 부모의 물리적인 처벌이나 통제가 어려워지며, 인지발달로 인하여 부모가 제시하는 규칙이나 가치관에 대해 의문을 제기하기도 한다.

이러한 갈등은 청소년기의 본질적인 문제이므로 청소년뿐만 아니라 청소년 자녀를 둔 부모의 대부분이 중년기의 또 다른 위기에 직면해 있으므로 부모의 안정된 결혼생활과 부모-자녀 간 개방적인 의사소통이 필요하며, 청소년을 가진 부모는 아동기와는 달리 보호자로서의 역할을 재정립할 필요가 있다.

청소년은 자율성과 함께 부모와의 애착이나 통제 사이의 균형을 유지해야 하는 새로운 과제에 직면하게 된다. 이러한 과정에서 부모와 청소년 자녀 사이에 갈등이 존재하며, 이것은 청소년의 독립성과 자아의 확립을 위해 필요한 요소이다. 갈등은 청소년에게 도덕적 규칙, 태도, 관념, 가치관 등에 대한 의문을 제기하게 하며, 그 결과 자신과 세계에 대한 보다 나은 이해를 획득하도록 한다는 것이다(김태련 · 장휘숙, 1996).

청소년기 부모자녀 관계에서 가장 중요한 것은 행복하고 안정된 가정생활을 영위하면서 부모와 자녀의 의사소통의 기회를 확대하고 서로 간의 차이를 발견하고 해결해 나가는 것이다. 한편, 청소년기에는 형제자매 간의 경쟁이 점차 감소되고 형제자매를 인생에서 중요한 타자들로 생각하는 경향이 증대된다.

② 교우관계

아동기와는 달리 청소년기가 되면서 부모와 성인으로부터의 지지보다 동년배(the same age bracket)들로부터의 지지와 이해가 더 필요하며, 이러한 동년배로부터의 지지와 이해를 통하여 사회성이 발달한다. 동년배와 만나 이야기를 나누거나 다양한 활동을 함께 하면서 그들과 지내는 시간이 많아지며, 그들로부터 많은 영향을 받게 된다. 청소년기의 동년배와의 관계는 아동기와는 달리 좀 더 구조화되고 통합된 형태를 보이며, 그들과의 관계를 매우 중요시한다.

동년배는 청소년에게 정서적 안정을 제공하며, 우정을 통하여 자신을 표현하고 타인을 이해할 수 있게 한다. 그들은 청소년에게 흥미 있는 정보와 즐거움을 제공하며 지지, 격려, 환류 등을 통하여 청소년이 스스로 유능하고 매력적이며 가치 있는 사람이라고 느낄 수 있도록 돕는다. 또한 동년배는 청소년들이 서로를 비교하여 자신이 어떤 위치에 있는가를 알 수 있는 정보를 제공하며, 청소년으로 하여금 자신을 노출하고 타인과 따뜻하고 친근하며 신뢰할 수 있는 관계를 맺을 수 있게 한다(허혜경 · 김혜수, 2002).

그러나 청소년은 동년배와의 관계에서 갈등이나 긴장을 초래할 수 있으며, 이것이 지속되면 청소년에게 고통과 혼란을 안겨 준다. 또한 동년배는 청소년에게 개성을 억누르면서 집단의 규율에 일치하도록 강요하기도 하며, 청소년에게 바람직하지 않은 행동을 학습시키기도 한다.

③ 이성관계

청소년기는 동성의 친구들과 긴밀한 관계를 형성하고 우정을 나누면서 이성에게도 관심을 보이는 시기이다. 청소년 초기에는 동성에 대하여 강한 애착을 보이다가 점차 청소년 후기로 접어들면서 이성에 대한 호기심이 생기게 되어 동성애착에서 이성애착으로 변화된다.

청소년기의 이성과의 접촉은 대개 집단활동을 통해 이루어지다가 점차 개별적으로 발전한다. 이성교제는 청소년의 성역할을 명백하게 해 주며, 남성이나 여성으로 자신을 가치 있는 존재로 인식할 수 있게 한다. 그러나 이것은 청소년으로 하여금 학업을 소홀히 하게 하거나, 비행과 접할 수 있는 기회를 증진시키는 부정적인 영향도 있다.

특히, 입시제도의 압박과 과중한 학습 부담으로 집단활동에 참여할 기회나 시간이 부족하며, 부모나 주위 사람들이 이성교제를 부정적으로 보는 시각 때문에 청소년의 이성교제가 제한되어 있다. 그러나 청소년의 이성교제를 부정적으로 보고 무조건 막기보다는 건전한 방향으로 이루어질 수 있도록 해야 할 것이다.

2. 청소년 후기

1) 개념

청소년 후기는 청소년 전기 이후부터 성인기 이전까지를 의미한다. 이는 일반적으로 18세에서 22~23세까지를 말한다. 이 시기의 특징은 부모로부터 심리적으로 독립하기 시작하며 대학 진학, 군 입대, 취업 등을 하게 된다.

청소년 후기는 신체적 · 지적 측면에서 가장 정점에 있는 시기라고 할 수 있다. 심리사회적인 측면에서는 다른 사람을 사랑하고 보살피는 능력이 심화되는 시기이며, 청년기를 결정하는 기준으로 연령 · 신체적 · 생리적 · 사회적 성숙 등 여러 가지가 있다. 신체적 성숙도를 기준으로 했을 때는 성적 성숙이 이루어지는 시기, 그리고 심리적 성숙도를 기준으로 했을 때는 자아정체감(ego identity)이 확립되는 시기를 청소년 후기로 본다. 발달에 대한 잠재력은 전 생애에 걸쳐 존재하지만 청소년 후기 이후의 발달은 새로운 신체적 기능이나 인지적 능력의 획득에 의해 일어나기보다는 주로 사회적 · 문화적 요소에 의해 주도된다(이종복 · 전남련, 2005).

청소년 후기는 부모로부터 독립하면서 청소년 전기에 겪었던 부모와의 갈등이 해소되고 점차 부모와의 관계가 긍정적으로 회복된다. 청소년 후기의 성공적인 발달에는 지능, 행복한 아동기, 풍족한 집안배경과 같은 요인보다는 훌륭한 지도자와 역할 모델의 존재가 더 큰 영향을 미치는 것이다.

설리반 등(Sullivan & Sullivan)의 연구 결과에 의하면 부모와 청소년 후기 자녀 간의 물리적 거리가 멀수록 심리적 거리는 더 가까워지며 갈등이 감소되고 자녀 스스로 의사를 결정할 수 있는 기회가 많아지기 때문에 더 유익하다고 하였다. 그러므로 집을 떠나 있는 경험은 자율성 획득과정에서 중요한 촉매 기능을 하기 때문에 후기 청소년들에게는 한번 시도해 볼 만한 가치가 있는 경험이다(김태련 · 장휘숙, 1996).

레빈슨(Levinson)은 청소년 후기에 다음과 같은 발달 단계를 성취해야 한다고 주장하고 있다.

첫째, 아직 현실에 기반을 두지 못하고 다소 과장된 목표로 구성되어 있는 꿈과 희망을 명확히 정의해야 한다.

둘째, 청년의 목표를 인정해 주고, 기술이나 지혜를 가르쳐 주며, 청년이 자신의 경력에서 전진하도록 영향력을 발휘하고 자신감을 갖게 해 주는 지도자를 발견해야 한다.

셋째, 직업을 선택하고 나아가 경력을 쌓고 발전시켜 나가야 한다.

넷째, 친밀한 관계를 형성해야 한다. 청년은 여성과 관련하여 자신에 대해 계속해서 학습하고 30대에 비로소 진지한 이성관계의 능력이 생긴다고 한다.

2) 청소년 후기의 특성

(1) 신체적 측면

인간의 신체적 발달은 25~30세가 가장 강건한 시기이며, 30세가 지나면 신체적 기능이 감퇴되기 시작하여, 육체적 동작이 점차적으로 둔감해지기 시작한다. 인간의 신체적 성숙은 청소년 후기에 거의 완성되며, 이 시기에는 신체적 활기는 물론 건강의 최고 수준을 보이며 근육과 내부 기관의 기능도 이 시기에 최고 수준에 달한다.

청년기는 아동기보다 더 건강하고 질병률도 낮으며 이러한 최적의 신체발달의 시간적 차이로 인한 청소년 전기의 어색한 모습은 사라지고 청소년 후기에는 균형 잡힌 모습을 갖추게 된다. 육체적인 힘은 25~30세 사이에 최고조에 이르며 그 후에는 점진적으로 쇠퇴하나 대부분의 신체적 능력과 기술은 규칙적으로 사용하기만 하면 그 기능이 청년기 이후에도 지속된다.

(2) 인지적 측면

피아제(Piaget)는 청소년 전기에 형식적 조작 사고가 발달한 이후에는 인지발달이 거의 이루어지지 않는 것으로 보는 반면, 아를린(Arlin, 1975)이나 리지(Riege, 1973)는 그 이후에도 인지발달은 지속적으로 이루어진다고 하였다. 최근에는 인지 능력 중 기계적 암기나 지적 과제의 수행속도 등은 10대 후반이 가장 뛰어나지만 판단, 추론, 창의적 사고 등은 전 생애를 통하여 발달하는 것으로 알려져 있다.

발테스와 샤이에(Bultes & Schaie)는 연령에 따르는 지능의 변화에 관한 종단적 연구에서 지능을 다음과 같이 4가지 유형으로 구분하고 이 네 차원의 지능 중에서 시각-운동적 융통성은 청소년 후기, 즉 25세 전후를 정점으로 하여 쇠퇴하였으나 인지적 융통성에는 변화가 없었으며 결정성 지능과 시각화 능력은 오히려 연령이 증가함에 따라 향상되었다고 한다.

① 결정성 지능

언어적 이해력, 수에 관련된 기술, 귀납적 추론과 같이 교육과 경험의 축적을 통해 습득되는 능력은 연령이 증가함에 따라 향상된다.

② 인지적 융통성

동의어나 반대어를 생각해 내는 것처럼 익숙한 지적 운용의 맥락에서 한 사고로부터 다른 사고로 전환하는 능력은 변화가 없다.

③ **시각-운동적 융통성**

시각과 운동 능력의 통합을 요구하는 과제에서, 익숙한 방식에서 새로운 방식으로 전환할 수 있는 능력은 청년기를 정점으로 쇠퇴한다.

④ **시각화**

복잡한 그림에서 간단한 형상을 찾아내거나 불완전한 그림을 확인해 내는 것처럼 시각적 자료를 조직하고 처리하는 능력은 연령이 증가함에 따라 향상된다.

(3) 자아정체감 측면

정체감(identity)이란 능력, 신념, 추진력 및 개인적 경력이 내면적으로 자기구성화된 역동적인 체제이다(Marcia, 1980). 자아정체감은 시간이 흐르거나 상황이 바뀌어도 여전히 본질적으로 불변하는 자기 자신에 대한 인식으로서, 역할, 목표, 가치 및 이념에 있어서 자기가 지니고 있는 고유성에 대한 지각과 이에 부합되는 자기 통합성과 일관성을 견지해 나가려는 노력을 의미한다.

자아정체감(ego identity)을 확립하기 위해서는 인간으로서의 존엄성, 신뢰성, 의지, 자기통제력을 갖고 있어야 하며, 남성 또는 여성으로서 자신을 수용하고 성에 적합한 행동과 태도를 인식하고 행해야 한다. 또한 타인과의 가치, 흥미, 동기 등을 어느 정도 공유하고 있다고 하더라도 자신은 타인과 다른 독특하고 특별한 개인이라는 자각이 있어야 하며, 시간의 흐름과 경험의 변화 속에서도 자신은 동일한 사람이라는 자기지각의 일관성이 있어야 한다. 이와 같이 자아정체감이 확립된 사람은 자기 자신을 타인과 분리된 독특한 개인으로 지각하고, 자신의 특성을 조화롭게 통합해 나가고자 하는 의지의 능력이 있으며, 자기 자신을 지각하는 일관성을 소유하고 있다(이옥형, 2002).

따라서 자아정체감이란 자기 자신을 타인과 구별되는 독립된 고유한 존재로 인식하고, 자신의 능력, 신념, 가치, 동기, 경력 등을 조화롭게 통합하며, 어떠한 변화에도 자신을 일관성 있게 지각하고자 하는 내면화된 역동적인 체제라 할 수 있다(이근홍, 2007).

자아정체감의 상태에 대해 에릭슨(Erikson)은 정체감 형성과 정체감 혼미로 구분하였다. 마르시아(Marcia, 1980)는 에릭슨의 정체감 발달이론을 기초로 하여 청소년의 직업선택, 종교 및 정치이념에 대한 위기(crisis)와 수행(commitment)의 경험 여부를 조사하여 정체감의 상태를 정체감 유예, 정체감 유실, 정체감 혼란 및 정체감 성취의 4가지 수준으로 구분하여 설명하고 있다.

① 정체감 유예

정체감 유예(identity moratorium)는 정체감 위기상태에 처하여 자아정체감을 확립하기 위한 다양한 역할, 신념, 행동 등을 실험하고 있는 상태로서 의사결정을 하지 못한 상태를 말한다. 즉, 정체감 유예에 속한 청소년들은 대안적인 역할과 신념들을 시험해 봄으로써 개인적 정체감을 정의하려고 적극적으로 노력하지만, 아직 수행을 하지 않았거나 매우 일시적으로 시험적인 수행만을 하고 있는 상태이다.

정체감 유예상태의 청소년들은 대부분 정체감 성취로 옮겨 가지만 그 중에는 정체감 혼미 쪽으로 기울어지는 사람도 있다. 그들은 정체감 성취 수준의 청소년들보다 참여의 안정성과 만족도가 떨어지지만, 위기를 성공적으로 극복하고자 노력하고 있다.

② 정체감 유실

정체감 유실(identity foreclosure)은 부모나 사회의 가치관을 자신의 것으로 그대로 선택하므로 위기도 경험하지 않고 쉽게 의사결정을 내리지만 독립적인 의사결정을 하지 못하는 상태이다. 즉, 이것은 직업, 이념 등을 탐색하려는 적절한 기회를 갖고자 하는 위기를 경험하지 않고 선택의 여지도 없이 무조건 의사결정을 내린 상태이다.

정체감 유실상태에서의 수행은 부모 또는 중요한 타자들에 대한 동일시 내지는 부모나 다른 사람들의 사회화 노력, 압력, 주입에 의해 이루어진 것이다. 이것은 부모가 좋은 직업이라고 하면 자신의 적성을 탐색해 보지도 않고 선택하는 것과도 같다. 정체감 유실 수준의 청소년은 정체감 성취나 유예 수준의 청소년에 비해 자신에 대한 사려가 깊지 못하며, 의존적이고 자신감이 적지만, 부모와 강한 애착관계를 유지하고 있다.

③ 정체감 혼란

정체감 혼란(identity diffusion)은 정체감 위기나 수행을 아직 경험하지 않았을 뿐만 아니라 직업이나 자신의 신념에 대한 의사결정도 하지 않은 상태를 말한다. 즉, 이것은 정체감 문제에 대한 관심이나 필요성을 아직 느끼지 못하여 그것이 중요한 쟁점이 아니거나, 쟁점이 되었다 하더라도 결코 해결되지 않은 상태이다.

개인적 신념체계를 확립하지 못하여 자기 자신의 능력에 대해 회의를 품고 있으며 직업역할을 수행하지 못하는 형태이다. 정체감 혼란은 의사결정을 내리지 못한 면에 있어서는 정체감 유예와 비슷하지만 위기의 상태를 해결하려는 노력이 없다는 점에서 차이가 있다. 정체감 혼란 수준의 청소년은 정체감 성취나 유예 수준의 청소년에 비해 자존심, 자발성, 자제력 등이 떨어지며, 부모와는 독립적이지만 상대적으로 유대가 적다.

④ 정체감 성취

정체감 성취(identity achievement)는 위기를 성공적으로 극복하여 자신의 신념, 삶의 목표, 개인적 이념체계 등에 대해 자기 스스로 의사결정을 할 수 있는 상태를 말한다. 즉, 이것은 직업, 이념, 가치 등에서 위기를 경험하고 대안의 탐색을 통하여 청소년 스스로 확고한 신념체계를 확립한 상태이다.

자아정체감을 성취한 청소년은 확고한 개인적 정체성을 갖고 있으며, 인성발달의 모든 분야에서 성숙한 면모를 보인다. 그들은 부모를 포함한 다른 사람들과의 인간관계에서 현실적이고 안정감이 있으며, 자존심이 강하고 스트레스에 대한 저항력이 높으며, 자기 확신과 자기 주도적인 경향이 강하다(이근홍, 2007).

〈표 4-1〉 마르시아의 정체감 4가지 상태

선택과 신념, 이념체계	정체감의 상태			
	정체감 혼미	정체감 유실	정체감 유예	정체감 성취
위기	없음	없음	있음	있음
수행	없음	있음	없음	있음

출처: 이근홍(2007: 104)에서 재구성.

(4) 심리 · 사회적 측면

① 이성교제 및 결혼

이성에 대한 관심은 청소년 후기가 되면서 인생의 동반자를 구하는 애정으로 발달하게 된다. 이 시기에는 정서지향적이고 낭만적인 사랑에서 벗어나서 영속적인 관계를 유지할 수 있는 동반자를 구하기 위해, 자아정체감과 성역할 정체감을 형성하게 되나 자아정체감이 확립되면서 영속적인 관계를 유지할 수 있는 인생의 동반자를 구하게 된다. 그러나 성역할 정체감, 자아정체감이 정립되어 있지 않은 경우에는 애정을 자기가 느끼고 있는 불안의 도피처로 활용하는 신경증적 사랑을 하는 경우가 많다. 청년기의 이성교제는 평생의 동반자를 탐색하고 결정하는 결혼을 전제로 하는 이성교제이기 때문에 더욱 큰 의미를 갖는다(이종복 · 전남련, 2005).

청소년 후기의 이성교제와 배우자 선택은 결혼을 위한 마지막 단계이며 행복한 결혼생활을 위해서는 현명한 배우자 선택이 필수 조건이라 할 수 있다. 배우자 선택을 위해서는 자신을 알아야 하고, 상대방의 욕구, 성격, 관심, 가치관을 파악해야 한다. 그리고 두 사람 관계가 타인에게 미칠 영향을 고려해야 하며, 서로의 일치성을 확인해야 하고, 사랑이 있어야 하며, 결혼의 지속성 여부를 고려해야 한다.

루이스(Lesis, 1973)는 배우자 선택과정을 유사성(similarity)단계, 라포(Rapport)단계, 자기공개(self-disclosure)단계, 역할탐색(role taking)단계, 역할조화(role fit)단계, 상호결정단계의 6단계로 제시하였다.

- 유사성단계: 상대방의 사회적 배경, 가치관, 성격 등이 유사함을 지각한다.

- 라포단계: 상대방에 대해 긍정적인 평가를 하고 호감과 친밀감을 느낀다.
- 자기공개단계: 상대방에 대한 신뢰감이 증진되며 서로 자유롭고 솔직한 자기표현을 한다.
- 역할탐색단계: 서로에 대한 역할을 신중히 탐색하며, 신뢰를 얻고자 노력한다.
- 역할조화단계: 서로에 대한 역할 기대와 역할 수행이 상호보완적인 조화를 이루어 간다.
- 상호결정단계: 서로의 역할을 수용하여 확정하고 동반자로서의 정체감과 일체감을 느낀다(곽형식 외, 2002).

배우자 선택 6단계를 여과이론에 접목하여 보면 근접성 여과(propinquity filter), 매력여과(attractiveness filter), 사회적 여과, 일치여과(consensus filter), 상보성 여과, 준비성 여과(readiness filter) 등으로 설명할 수 있다.

첫째, 근접성 여과란 지리적으로 가까운 것을 의미한다.

둘째, 매력여과란 현대사회에서 매력을 결정하는 특성들, 즉 신장, 체중, 연령, 용모를 통한 여과이다.

셋째, 사회적 여과란 사회경제적 배경요인이며, 이는 당사자보다 부모들에 의해 더욱 강조되는 것으로, 특히 중매혼에서 절대 고려되는 사항이다.

넷째, 일치여과는 심리학에서 확고하게 정립된 사실 중의 하나로 자신의 견해, 태도를 같이 하는 사람들을 좋아한다는 것이다.

다섯째, 상보성 여과는 욕구 및 성격특성에서 서로 보완되는 정도가 중요시된다. 즉, 반대되는 것이 매력을 끈다는 통념과도 통한다.

여섯째, 준비성 여과는 결혼 상대자의 범위를 정하는 요인으로 연령을 들 수 있다.

그러나 앞의 여섯 가지 요인 중 어떤 요인을 더욱 중요시하는가는 개인에 따라 다르다(이소희 외, 2005).

결혼을 하게 되면 결혼 초기의 몇 년은 상호적응의 과정이다. 실제 이 시기를 보내는 것이 매우 어려운데, 이는 결혼 초기에 오는 긴장이나 갈등이 존재하리라고 예상하지 못했기 때문이다. 이것은 결혼 후 2~4년 사이에 이혼율이 가장 높다는 보고에서도 알 수 있다. 결혼 초기에 긴장의 원인이 될 수 있는 것은 사회계층적 · 문화적 배경에 차이가 있을 때 여러 가지 결정을 내리는 것이 둘 사이의 타협을 요구하기 때문에 이것이 긴장을 유발할 수 있다.

결혼 초기에 부부들은 결혼 생활의 문제를 가장 예민하게 의식하며 배우자로서 부적합하거나 어색한 감정을 느끼는 경향이 있다고 한다(이인정 · 최해경, 2001).

② 직업의 선택

프로이트는 건강한 성인의 척도를 일과 사랑으로 보았다. 이처럼 청소년 후기에 달성해야 할 중대한 과업 중 하나가 직업 선택이다. 청소년 후기에는 직업 선택에 따라 성인기의 삶의 방식이 결정되기 때문에 직업선택을 신중히 하고 자신이 원하는 직업을 갖기 위해 노력해야 한다.

직업을 선택하고 준비하는 과정을 직업발달이라고 하며 이런 과정에서는 개인의 인성 특성과 사회적 · 경제적 · 직업적 현실과의 조화를 맞추는 것이 가장 이상적이다(이종복 · 전남련, 2005).

긴즈버그(Ginzberg)는 개인이 직업을 선택하는 세 가지 단계를 설명하였다(김태련 · 장휘숙, 1996 재인용).

- 환상기: 이는 개인적 소망을 근거로 직업 선택을 고려하는 시기로 자신의 능력이나 직업 기회와 같은 현실적 문제를 전혀 생각하지 않는다. 주로 아동기의 직업관이 여기에 해당 된다.
- 시험기: 이는 청소년 초기의 직업 선택으로 자신 스스로 현실적인 문제를 고려하며 다양한 직업에 대해 심사숙고하고 직업선택을 위한 진학문제를 심각하게 고려한다. 그러나 우리나라의 현실은 진학과 전공 선택이 적성보다는 학교 성적으로 결정되는 경우가 많아 직업선택의 과업이 오히려 지연된다.
- 현실기: 이는 청소년 후기에 해당되는 시기로 실제적인 경험이나 교육과 훈련을

통하여 특정한 직업을 선택한다. 이러한 단계는 남자, 여자 청소년 모두가 동일하게 거치는 단계이지만 여자는 육아와 가사의 중요성 때문에 더 복잡한 현실기를 거쳐 직업을 선택하는 경향이 있다. 그러나 오늘날 여성의 사회참여가 많아지고 그들의 권리가 신장되면서 직업선택이 남성 못지않게 중요한 의미를 갖는다.

슈퍼(Super)는 직업선택은 자아개념의 발달과 밀접한 관계가 있다고 하면서 직업선택 과정을 5단계로 나누어 설명하고 있다.

- 직업개념 형성기(14~18세): 직업 활동을 하는 자신의 이미지를 자아개념에 포함시킨다. (결정 단계)
- 희망직업 세분화 단계(18~21세): 선택가능한 직업의 범위를 좁히고 그에 필요한 기술과 전문 지식을 습득한다. (구체화 단계)
- 직업수행 단계(21~24세): 직업훈련과 교육을 마치고 직업세계로 진입한다. (실행 단계)
- 안정화 단계(25~35세): 자신에게 적합하다고 평가한 직업에서 어느 정도 안정을 이룬다.
- 공고화 단계(35세 이후): 자신이 선택한 직업 분야에서 높은 지위를 획득하고 능력을 인정받으며 성공한다.

여기서 구체화 단계와 실행 단계, 안정화 단계는 청소년 후기에 속하며 직업에 대한 준비와 선택의 중요한 시기이다.

(5) 성역할 정체감 확립 측면

성역할 정체감(sex-role identity)은 개인 정체감의 한 부문으로서 사회가 그 성에 적절하다고 인정하는 특성이나 태도를 동일시하는 것을 의미한다. 성인이 된 이후에 사회적 역할을 적절히 수행하기 위해서는 청소년 후기에 성역할 정체감(sex-role identity)을 형성해야 한다. 즉, 성역할 정체감이란 사회가 특정 성에 적절하다고 인정하는 (남자 또는 여자로서 특정지어질 수 있는) 특성, 태도, 가치관, 흥미 등을 동일시하는 과정으로 그 성에 따른 사회의 역할 기대를 내면화하는 과정이다.

따라서 남성은 그 사회가 여성적 특성이라고 보는 감정표현(예: 울거나 입을 가리고 웃는 것 등)을 수치스러워 하고, 여성에게 성적 매력을 느끼거나 이를 표현하는 것에는 거침이 없고 공격적이며, 경쟁적인 작업을 수행하는 것에 익숙하도록 사회화된다. 반대로 여성은 정서적이고 관계 지향적이며 타인에 대해 배려하는 것을 우선시하고 일보다 가사에 더 많은 관심을 갖도록 사회화된다. 이처럼 사회적으로 규정하고 있는 성역할을 정형화된 성역할이라 한다(최옥채 외, 2007).

성역할(sex-role)을 정신분석이론에서는 프로이트(Freud)의 성심리 발달이론 5단계 중 3단계인 남근기에 남자아이는 오이디푸스 콤플렉스(Oedipus Complex), 여자아이는 엘렉트라 콤플렉스(Electra Complex)를 경험하게 되는데, 이러한 콤플렉스를 해결하기 위한 수단으로 성역할 동일시가 이루어지면서 형성된다고 하였다.

사회학습이론에서는 성역할은 직접학습과 관찰학습, 즉 어떤 모델을 보고 학습한다고 한다. 직접학습이란 부모, 교사, 친구가 성에 적합한 행동은 강화하고 성에 적합하지 않은 행동은 벌을 줌으로써 학습이 이루어진다고 보고 있다. 그리하여 남아는 단호하고 경쟁적이며, 여아는 얌전하고 협동적으로 자기 성에 적합한 행동을 학습하고 이러한 행동 유형은 강화를 통해서 내면화된다고 한다.

인지발달이론에서는 한 인간을 자기 성에 적합한 역할을 하도록 키우는 것은 자녀의 성별에 따라 부모가 다르게 대하여 자기 자신의 성을 인식하는 데 있다고 본다(이소희 외, 2005).

이러한 성역할은 아동기부터 형성되기 시작하는데, 성에 따라 성역할 정체감은 남성과 여성이 서로 다른 특성을 지니고 있다. 남성의 경우 아동기에는 신체적인 힘과 공격성, 정서표현의 억제 등과 같은 전통사회의 남성다움과 동일시하려 하지만, 청소년 후기부터는 경제적 성취, 정서적 통제와 정서적 민감성의 겸비, 자기주장 능력 등과 같은 현대사회의 남성다움과 동일시해야 하므로 성역할 정체감 형성에 많은 갈등과 긴장을 경험한다. 여성의 경우 아동기에는 성과 관련된 제약을 적게 받지만 청소년 후기에 이르게 되면 엄격한 성역할을 강요당한다.

그리고 청년기가 되어서 전통적 여성상인 현모양처와 현대적 여성상인 유능한 여성이라는 두 가지 성역할 사이에 갈등과 긴장을 경험한다(김동배 · 권중돈, 2005). 현대사회에서는 전통적으로 여성의 고유한 특성으로 간주되는 온화함, 이해심, 부드러움 등 감정표현뿐 아니라 모험심, 지성, 야망, 성취 등과 같은 남성적 특성을 고루 갖추는 것이 보다 바람직하다는 주장이 우세해지고 있다.

3. 청소년기와 사회복지실천

청소년 전기는 아동기에서 청소년 후기로 전환하는 과도기로서 이 시기의 발달 과업을 성공적으로 수행할 수 있어야 성인이 되었을 때 행복한 삶을 영위해 갈 수 있다. 그러나 우리사회는 입시제도상의 문제와 과중한 학습으로 청소년의 건전한 성장발달에 별다른 관심을 기울이지 못하고 있다. 우리사회의 이러한 무관심과 소극적 대처는 각종 청소년문제를 비롯한 사회적 문제를 야기시키고 있다. 그러므로 사회복지 실천과제로서 청소년기의 발달과 관련하여 몇 가지 언급하면 다음과 같다.

첫째, 청소년기는 신체적 성숙과 더불어 성적인 성숙이 특징적으로 나타나는 시기이다. 최근 청소년의 임신과 출산, 성매매, 원조교제 등이 사회문제가 되고 있는 것은 기성세대들이 생각하는 것처럼 청소년이 성에 대해 더 이상 순진한 어린 아이가 아니라는 것을 보여 준다. 따라서 보다 실질적인 성교육이 실시되어야 하고 부모와 교사는 개방적으로 청소년들과 의논하고 소통할 수 있는 기회를 많이 가져야 한다. 뿐만 아니라 성으로 인해 야기되는 심리적인 문제를 해결할 수 있는 지속적인 상담도 필요하다.

둘째, 청소년기는 급격한 신체구조의 변화로 인해 일시적 신체불균형 현상을 경험하게 되며 이로 인해 부정적인 신체적 이미지를 형성할 가능성이 크다. 따라서 사회복지

기관 및 의료기관 등과 연계하여 청소년기의 신체적 변화에 대해 올바른 이해를 돕는 교육 프로그램 운영, 식이요법 지도, 몸매관리 프로그램 등을 개발 · 시행함으로써 청소년들의 건강한 신체발달을 지원하여야 한다.

셋째, 최근 급속히 증가하고 있는 인터넷중독, 약물중독 등도 심각한 사회문제로 대두되고 있다. 이러한 중독 증세가 있는 청소년들은 상대적으로 자존감이 낮고 외부의 평가에 민감하며, 외부 자극을 주관적으로 인지하고 해석하는 데 왜곡될 가능성이 높다. 또한 또래집단과의 관계에서 스스로 위축되고 소외감을 가지게 될 우려가 많다. 그러므로 사회복지적 측면에서 청소년들의 건전한 여가활동을 돕고 제도권 밖으로 일탈된 청소년들이 건전한 사회적 역할을 경험하고 학습할 수 있도록 다양한 프로그램을 개발하여 적극적으로 개입하여야 한다.

넷째, 청소년기의 비행문제는 심각한 수준에 이르고 있으나 예방적 측면보다는 사후 대책에 국한되어 있다. 따라서 가족복지정책, 학교사회사업 등을 통한 청소년비행의 발생을 사전에 차단하고, 처벌 위주보다는 사회 내 처우를 통한 비행성과 행동의 교정을 통해 사회복귀에 초점을 둔 사회복지적 개입이 필요하다. 또한 비행 또는 범죄 청소년의 사회복귀를 지원할 수 있는 각종 직업훈련 프로그램이나 대안학교와 같은 교육 · 훈련 프로그램 등을 확대 실시할 필요가 있다.

다섯째, 청소년기의 가장 중요한 발달 과업은 자아정체감을 형성하는 것이다. 따라서 청소년들의 자아정체감 형성을 지원하기 위한 각종 상담 프로그램 개발, 자원봉사활동, 진로지도, 자아발달 프로그램 등을 개발 · 시행하여 청소년들이 다양한 형태의 사회경험을 통하여 스스로의 개성과 잠재 능력을 발견할 수 있도록 지원하여야 한다.

청소년 후기는 일반적으로 2년 정도 병역의무를 지고 군생활을 해야 하며, 조직적인 군대생활은 기존에 자신이 영위했던 행동양식과는 전혀 다른 새로운 행동양식을 요구하기 때문에 많은 부적응 문제를 발생시킬 수 있다. 군대생활 중에 종종 일어나는 부적응과 관련된 일련의 사건들은 우리나라가 아직 군사회복지(military welfare)가 제대로 이루어지지 않고 있기 때문에 발생하는 사건으로 볼 수 있다. 그러므로 군입대 전 군에 대한 다양한 정보를 제공하고 군생활을 하는 청년들의 생활 실태를 파악하고 그들의 복지욕구를 분석하여 군사회복지 실천모델을 개발하여야 한다.

청소년 후기에는 직업선택과 준비가 중요한 과업 중에 하나이므로 자신의 적성, 취미, 흥미, 성격, 가치관, 태도, 자아 기대 등에 맞추어 자신에게 알맞은 직업을 선택할 수 있도록 직업에 대한 다양한 정보와 전문적인 자질을 갖출 수 있도록 환경을 마련해 주는 것이 무엇보다도 중요하다. 청소년 후기에 선택한 직업에 따라 성인기의 삶의 방식이 결정되기 때문에 개인의 인성과 사회 · 경제적 · 환경적인 면을 고려하여 자신에게 알맞은 직업을 선택할 수 있도록 지원해야 한다. 그러므로 지역사회에서는 다양한 네트워크를 통해 청년들을 위한 직업적성검사, 직업훈련, 고용정보 제공, 취업 알선 등을 전개해 나가야 한다.

청소년 후기에는 이성교제와 결혼도 중요한 발달 과업 중의 하나이므로 청년기의 사랑과 결혼생활에 대한 다양한 정보 제공과 예비부모 교육 프로그램, 예비부부교실 운영 등의 프로그램을 실시하여 행복한 가정생활과 부부생활을 영위할 수 있도록 적극적 지원이 필요하다.

생각할 문제

1. 청소년기의 발달 특성을 정리하시오.
2. 자아정체감에 대해 설명하고 자신의 자아정체감 형성을 위한 방안을 정리하시오.
3. 남성과 여성이 갖추어야 할 성역할 정체감을 설명하시오.
4. 청소년 후기에 해결해야 할 가장 중요한 과업이 무엇이며 왜 그러한지 자신의 의견을 정리하시오.
5. 청소년기의 발달 특성과 관련하여 사회복지실천과의 관계에 대해 정리하시오.
6. 에릭슨이 주장한 청소년기의 발달 단계에 대해 설명하시오.

Chapter 05

성인기 발달 특성

성인기는 일반적으로 청소년기가 끝나는 20대 중반에서 노년기가 시작되는 65세까지로 볼 수 있다. 성인기는 무엇보다 신체적 · 심리적 · 사회적으로 부모로부터 독립하여 자신의 가정을 이루거나 직업을 갖고, 일생에서 가장 활발한 활동을 펼치는 시기이다. 그러나 모든 사람들이 성인기의 발달 과제를 성공적으로 성취하지는 못한다. 때론 발달 위기를 경험하기도 하고 이러한 위기를 어떻게 극복하는가에 따라 새로운 발전의 계기가 되기도 하며, 혹은 성인기와 그 이후의 삶의 질을 위협하는 부정적인 경험이 되기도 한다.

특히 이 시기는 배우자를 선택하여 가정을 이루고, 배우자와 원만한 인간관계를 맺으며, 자녀를 양육하고 부모로서의 역할을 수행하면서 가정생활을 조정해 나간다. 또한 경제적으로 독립의 필요성을 느끼고 직업생활을 시작하며, 직장에서 자기 일을 만족스럽게 수행하고, 사회인으로서의 책임과 의무를 다하는 시기이다.

따라서 본 장에서는 성인기를 초기 성인기(20대 초반에서 40세 이전)와 중기 성인기(40세 이후에서 65세 이전)로 나누어 살펴보고자 한다.

1. 초기 성인기

1) 개념

초기 성인기 연령의 범주를 어떻게 규정할 것인지 한마디로 정의하기에는 어려움이 있다. 이는 성인기로 접어드는 시기가 과도기적 특성이 있기 때문에 이 시기의 범주를 명확하게 구분하기가 쉽지 않다는 것이다. 그렇기 때문에 이 연령군에 대하여 학자들마다 다양한 견해를 갖고 있다. 레빈슨(Levinson et al., 1974)은 초기 성인기를 세부적으로 구분하였는데, 17~24세까지는 집을 떠나서 독립적으로 되어 가는 시기이고, 22~28세까지는 성인의 세계로 들어가는 시기이며, 30세경에는 자신의 나머지 인생을 어떻게 꾸려 갈 것인가를 결정하는 시기이고, 32~40대 사이의 연령은 안정되고 정착하는 시기라고 하였다.

연령의 규정이 중요한건 아니지만 일반적으로 우리사회의 통념상 '중년'이라는 용어를 인용해 볼 때, 초기 성인기를 20대 초반부터 40세 이전의 연령에 속한 사람이라고 잠정적으로 규정하고자 한다. 초기 성인기에 이르면 신체적 변화뿐 아니라 사회적인 역할의 변화를 경험한다. 일반적으로 성인이란 경제적 독립, 생산성, 양육자의 역할을 해야 하는 사회적 기대를 받는다. 그러나 성인 초기에 있는 사람들의 사회적 발달은 과도기적인 면이 많다.

성인 초기에 사회적 · 경제적인 역할은 중요한 것으로 사회가 기대하는 바를 어떻게 수행하고, 자신의 역할과업을 어느 정도 효율적 · 효과적으로 수행하느냐에 따라 성인기의 삶의 만족도와 행복지수는 달라진다.

2) 초기 성인기의 특성

(1) 신체적 측면

사람의 신체적 발달은 25~30세가 제일 강건한 시기이다. 30세가 지나면 신체적 기능이 감퇴하기 시작하며, 여러 가지 신체적 기능이 20세경에 최고에 달했다가 40세 정도가 지나면 점차 나빠지기 시작한다.

만약 사회경제적으로 어려움이 있는 가정이나 개인이라면, 신체적 · 정신적 건강에 문제가 있을 때 이를 해결하기 위한 의료 · 보건 서비스의 접근에 한계가 있을 수밖에 없으며, 질병을 조기에 발견하여 치료하는 기회를 놓칠 수가 있다. 특히, 취약계층일수록 의료 서비스에 대한 접근성이 용이하지 않기 때문에 사회복지사들은 열악한 환경이 신체적 · 정신적 건강에 미치는 영향에 대해 민감하게 인식해야 하고, 취약계층에 있는 사람들의 삶의 질을 증진시키기 위한 보편적 사회복지 서비스에 대한 체계적 지원과 환경의 변화와 조정에 관심을 기울여야 한다.

(2) 친밀감과 자아정체감 측면

에릭슨(Erikson)은 조기 성인기의 중요한 인생과제는 친밀감 또는 소외감이라고 하였다. 자신에 대한 합리적인 자아정체감을 가진다면 다른 사람들과 진정한 친밀감을 형성할 수 있다. 진정한 친밀감이란 성적 친밀감을 포함하고 있는데, 이는 다른 사람과의 상호관계에서 진실된 심리적인 친밀감을 발전시키는 능력이다. 어떤 사람이 자신에 대한 정체감이 확실하지 않다면 대인관계에서 친밀감을 형성하기 어렵게 되고, 그 반대의 경우에는 우정, 지도력, 사랑 등의 형태로 친밀감을 형성한다(최옥채 외, 2003).

가정은 서로의 약점과 의존성을 공유할 수 있는 장소인 동시에 확신감과 사랑을 표현하는 적절한 공간이다. 그러나 각기 다른 환경에서 성장한 개인들이 결혼 후 가정을 일구어 나가는 데 있어서 처음부터 친밀감을 형성하기는 쉽지 않은 것이며, 상호 간의 지속적 노력은 물론, 변화와 도전에 함께 능동적으로 대처할 수 있어야 한다.

친밀감이란 상대방과 가깝게 되는 과정에서 자신의 정체감을 잃지 않고서도 상대방과 개방적이고 지지적이며, 신뢰성 있는 관계를 맺는 능력이라 할 수 있다. 서로의 욕구에 대한 인식뿐 아니라 공감할 수 있는 능력을 말한다.

성인기의 친밀감은 결혼상대와 애정을 나눌 수 있으며, 사회생활에서 우정을 나눌 수 있는 관계를 포함한다. 친밀감은 일반적으로 결혼관계에서 형성되지만, 결혼 초기의 상호적응, 자녀의 출산, 부모와 친척의 기대 등이 부부의 친밀감을 저해할 수 있다.

친밀감이 형성되지 못하면 각 개인은 자신의 안정감을 위하여 자신과 타인 간에 장애물을 설치한다. 이러한 경우 아동기의 누적된 경험을 통해 연약한 자기개념을 발달시켜 경직되고 완고한 자아정체감을 형성한다. 또한 지나치게 친밀하거나 의존성이 심한 경우에는 자아정체감에 위협을 주기도 하며, 특히 의존성이 심한 사람들은 성인기에서 필요한 독립성을 스스로 획득하지 못하기 때문에 정체감의 혼돈뿐만이 아니라 배우자를 선택함에 있어서 의존할 수 있는 대상을 선택하는 경향이 있다.

초기 성인기에 이르면 직장을 선택하고 준비하는 것 이외에도 사회적으로 책임 있는 행동을 수행해야 하고, 자신의 삶에 있어서 도덕적 · 윤리적 · 사회적 · 경제적 · 정치적 능력을 발달시켜야 하는 과제를 갖게 된다. 성인은 바람직한 성격적 기질을 촉진시키고, 의사소통 기술, 그리고 결혼생활을 위한 올바른 준비와 태도를 갖추어야 한다. 궁극적으로는 사회에 적응하기 위한 가치와 역할을 획득해 가야 하는 과제를 안고 있다.

성인기에서의 자기상(self-image)은 가족, 집단, 지역사회의 가치를 내재화하면서 이전보다는 더욱 안정되고 균형 잡힌 자기상을 찾아간다. 그러나 오늘날과 같이 도덕성의 기준이 복잡하고 비구조화된 환경 속에서 자기상을 발견한다는 것은 매우 어렵다. 그 이유는 사람들의 삶을 이끌어 줄 절대적인 지침이나 기준이 부재하기 때문이다. 무엇이 바람직한 것인지에 대한 지침이 없이 자신이 하는 일만 강조하기 때문에 사람들은 자신을 안정되게 만드는 가치에 적응하기 위해 시행착오를 겪기도 한다(최옥채 외, 2007).

(3) 결혼과 성 · 배우자 선택 측면

① 결혼과 성

결혼은 성인기에 친밀감이 형성되고 성숙한 사회적 관계가 확립되면서 배우자를 선택하여 새로운 가족을 형성하는 것이다. 이것은 성인기의 생활에서 사랑의 실현, 정서적 안정, 경제적 안정, 성적 만족, 자녀의 출산 등에 기여한다. 결혼은 책임과 의무가 수반되는 인생의 중요한 결정사항이기 때문에, 결혼을 하기 위해서는 심리적 · 사회적 · 경제적 준비가 되어 있어야 한다.

결혼을 하기 위해서는 결혼상대에 대해 관심과 애정을 가질 수 있고, 친밀감을 나눌 수 있으며, 상대의 개인적 특성을 현실적으로 이해할 수 있고, 상호 간의 정서생활에 관심을 기울일 수 있어야 한다. 또한 결혼 후에 일어날 경제적 문제에 현실적으로 대처할 수 있는 자신감과 능력이 있어야 하며, 개인적인 계획에 상대를 고려할 수 있고, 자신의 능력을 최대한 발휘하여 결혼생활에 기여할 마음의 자세와 준비가 되어 있어야 한다. 그 외에도 기꺼이 성적 상대가 될 수 있어야 하며, 남편과 아내로서의 위치를 받아들일 준비가 되어 있어야 한다(Duvall, 1977).

결혼은 남성과 여성이 모두 육체적으로나 정신적으로 성숙한 시기에 하는 것이 바람직하다. 그러나 육체적 · 정신적 성숙도는 개인차가 크기 때문에 결혼에 적합한 연령을 정확히 판단하기는 어렵다. 결혼에 적합한 연령은 대체로 남녀 모두 25~30세 정도라고 할 수 있지만, 이러한 연령도 사회적 · 문화적 변화에 따라 달라질 수 있다.

매슬로는 인간의 성에 대한 욕구는 식욕이나 휴식의 욕구와 더불어 인간에게 가장 강렬한 욕구라고 하였다. 사람은 혼자 살거나 결혼한 상태에 있든지 이혼한 상태에 있더라도 모든 성인들은 어느 정도의 성욕과 성적인 친밀감을 가지고 있으며, 어떤 경우는 이러한 성적 욕구가 해결되지 않은 채 남아 있다. 청소년기의 성이란 다소 혼돈되고, 당혹스럽고, 압도적인 면이 있는 반면에 성인기에서의 성은 신체적인 성욕만을 지나치게 강조하지 않고 정서적인 유대감이 내포된 성적인 관계를 선호한다.

성에 대한 관심과 성행동은 인생의 시기에 따라서 표현되는 양상이 다르지만, 결혼과 더불어 부부간의 성생활은 관례적으로 인정되고 있으며, 결혼생활에 대한 만족과 부부간의 성생활은 서로 밀접한 관계가 있다. 과거에 비해 성에 대한 논의가 공개적으로 다루어지고 부부간의 성적인 불화나 갈등의 해결에 대한 관심이 대중매체를 통해서 다루어지고 있기 때문에, 부부간의 성적인 문제가 더 이상 숨겨 둔 채로 방치되지 않아야 한다는 사회적 분위기가 확산되고 있기는 하다. 그러나 여전히 부부간의 성에 대한 주제는 손쉽게 다루어지기 힘든 부분이라고 할 수 있다.

부부간의 관계를 맺는 횟수보다는 관계의 질적인 측면이 더욱 중요하다. 즉, 일방적인 성행위를 지양하고, 상호 간에 성적으로나 심리적으로 만족감과 안정감을 느끼는 성관계가 더욱 중요하다.

성적 행동은 그 사회의 문화와 관련이 많다. 예를 들어, 전통적인 유대 문화에서 부부가 결혼하기 전에는 서로를 잘 모르지만 결혼을 하면 갑작스럽게 친밀해진다. 이러한 현상은 결혼 전에 교제를 통하여 서로에 대해서 충분히 알고 나서 결혼하는 서구 사람들의 시각에서 보면 이상하게 보인다. 그러나 사람들은 그들 자신의 문화에서 받아들여지는 환경에 적응하게 되고, 그들에게 유용한 생활 스타일을 수용하는 경향이 있다.

우리나라의 경우에는 산업화 · 정보화 등 시대적 변화에 따라 과거에 비해 성에 대한 인식과 성적인 행동에서 큰 변화가 나타나고 있다. 특히, 인터넷 매체를 통한 성폭력 문제나 성인기 남성과 미성년자와의 성매매 현상은 최근 들어 심각한 사회문제로 대두되고 있다(최옥채 외, 2007).

청소년 성매매에 관련되어 있는 30~40대 성인 남자들은 사회적 활동이 가장 활발한 시기이다. 이 시기에는 사회적으로 안정된 위치에 있고 경제적인 여유가 있는 시기인 반면에 성생리적인 면에서는 30대 후반부터 성적인 전성기가 급격하게 떨어지는 시기이기 때문에 자신의 존재를 확인하고 싶은 욕구를 가지기 쉽다. 자신의 존재의식을 건전하게 확인하기보다는 왜곡된 성관계를 통해 확인하고 싶어 하는 보상심리가 깔려 있다. 또한 성 개방 풍조로 인한 젊은 세대들의 왜곡된 성문화와 물질만능주의의 사회 현상이 맞물려 성인 남성들의 성적 일탈을 자극하고 있다.

또한 성에 대한 이중적인 태도나 혼전 성관계 경험, 혼외정사 등도 과거에 비해 변화된 우리 사회의 성문화라고 할 수 있다. 부부간에 이혼사유가 다양하나 그 중에서 배우자의 외도로 인한 이혼이 증가하고 있는 현실을 볼 때 우리 사회의 성문화가 가정생활에까지 영향을 미치고 있음을 알 수 있다.

② 배우자의 선택

배우자의 선택은 결혼생활의 안정과 행복의 가장 중요한 요소이다. 그러므로 배우자를 선택할 때에는 상대방에 대한 다양한 사항들을 고려하여 신중하게 결정해야 한다. 배우자의 선택에서 이상적 이성상, 부족한 부분에 대한 보상적 욕구, 환경의 동질성, 성향의 동질성 등은 선택의 동기로 작용할 수 있다. 배우자의 선택에서 고려해야 할 주요사항으로는 신체적 · 정신적 건강, 성숙한 성격, 사회적 · 경제적 · 문화적 배경을 포함한 성장배경, 건전한 이념과 가치관, 연령, 경제적 능력 등이 있다(유안진 · 김혜선, 1996).

배우자의 선택에서 개인차가 있기는 하지만 대개 남성은 여성의 외모와 성격을 중요시하고, 여성은 남성의 경제적 능력과 장래성을 중요시하는 경향이 있다. 그러나 최근 여성의 경제적 능력의 향상을 비롯한 다양한 사회적 변화로 인하여 배우자 선택의 중요 요소들이 변화되고 있다.

배우자의 선택에서 결혼 동기가 건전하지 못할 경우에는 결혼을 결정하지 않는 것이 바람직하다. 만일 결혼 동기가 연애에 실패한 후 상처를 치유하기 위해서, 동정심에서, 외로움을 이길 수 없어서, 불행한 가정에서 탈출하기 위해서, 경제적 이득을 위해서, 혼전 임신으로 등과 같이 부정적인 경우에는 결혼생활이 행복해질 수 없기 때문이다. 한편, 정서적 불안정, 낮은 자아 정체감, 지나친 열등감, 지나친 우월감, 냉혹함, 무계획, 무책임, 독립심 등이 부족한 사람은 배우자로서 적합하지 않다.

(4) 가족생활 측면

가족은 친밀한 인간관계를 통해서 서로의 애정, 신뢰, 위안, 존경 등 심리적 · 정서적 만족을 얻을 수 있는 관계이다. 그러나 결혼과 더불어 가족생활은 수많은 결정과 적응, 상호 이해를 필요로 하는 일이 많으면서 여러 가지 어려움에 직면하게 된다. 결혼한 젊은 부부는 가족생활에서 직면하게 될 갈등이나 긴장을 예상하지 못했기 때문에 처음 몇 년 동안은 더욱 어려운 시기를 보내게 된다.

결혼 초기의 긴장과 갈등은 사회적 · 경제적 · 종교적 · 교육적 배경이 서로 유사하지 않을 경우에 더 많이 존재하며, 이러한 배경들을 서로 공유하고 있을지라도 결혼생활은 긴장과 갈등이 존재한다. 특히, 경제적 어려움은 부부 상호 간의 정서적 안정을 해치고 상호의존의 느낌을 감소시키며, 부부 각자의 부모들의 요구도 결혼생활의 어려움을 증가시킨다(김태련 · 장휘숙, 1996).

따라서 결혼 후 처음 몇 년간은 부부 상호 간의 적응 및 부부와 관련된 다른 사람들과의 관계형성을 위해서 상호 간의 적극적인 노력이 요구된다. 부부간에는 수면 유형, 음식기호, 일하는 습관, 취미생활, 신앙생활, 욕실사용 습관 등에 대해서도 적응해야 하며, 금전의 지출에서도 의견의 일치를 보아야 하고, 만족스런 성적 관계를 확립하기 위해서 노력해야 한다. 특히, 남편은 아내가 새로운 생활에 익숙할 때까지 격려할 수 있어야 하며, 아내에게 안정감을 제공해야 한다.

(5) 부모역할 측면

① 자녀출생

성인 초기에는 어떻게 성인으로서의 삶을 살아야 할 것인지를 결정한다. 결혼을 할 것인지 혼자서 살 것인지, 자녀를 가질 것인지 그렇지 않을 것인지에 대하여 고민한다. 일반적인 인생과정이라면 한 개인이 성장한 후에는 원가족(origin family)을 떠나서 서로가 새로운 반려자와 가정을 이룬다. 결혼하게 되는 이유도 다양하며, 그 이유는 자녀 출산, 경제적 안정, 사회적 지위, 사랑, 부모의 기대, 도피의 수단, 혼전 임신, 교제, 성적 매력, 공통된 관심사, 모험, 사회적 기대, 심리적 보상 등이 있다. 이러한 다양한 이유 중에서 대표적인 것은 결혼을 통하여 얻을 수 있는 정서적 지지와 협력, 안정감, 애정,

사랑 그리고 우정을 들 수 있다.

자녀의 출생은 부부의 인생에 있어서 중요한 전환점이 된다. 부부만의 친밀한 관계로부터 전적으로 의존적인 인물을 포함하는 가족관계가 되어 간다는 것을 의미한다.

결혼 후 첫 아이가 태어나면 부모는 부모역할(parenting role)을 시작하게 되고, 이로 인해 그들의 삶의 형태와 관계가 변화된다. 자녀의 출생은 부모가 되는 기쁨과 함께 결혼생활의 만족감과 행복감을 저해할 수도 있다. 자녀 출생 후 몇 개월 동안 부모들은 수면부족 때문에 고통을 겪는 동시에 새로운 의무감과 가사의 분담문제에 직면하게 된다. 신생아를 돌보는 일에 대한 자신감의 부족과 양육방식의 차이는 잠재적 갈등의 원인이 된다. 신생아는 부부간의 질투심을 자극하기도 하며, 맞벌이 부부의 결혼생활에 더 많은 긴장과 갈등을 불러일으킨다. 자녀의 출생으로 부부간의 애정표현과 대화가 줄어들고 여가활동을 함께하는 일도 줄어든다.

자녀출생과 함께 부부는 많은 어려움을 겪게 되지만, 자녀는 결혼관계를 안정시키며 가족생활의 만족과 행복을 가져다주는 원천이 되기도 한다. 자녀출생의 어려운 시기를 서로 협력하며 참고 견딘 부부는 영아에 대한 애착을 바탕으로 부모자녀 간의 깊은 애정을 형성하며, 그 이후의 가족생활에서 배우자와의 강력한 유대관계를 형성할 수 있다.

② 자녀양육

성인 초기의 중요한 발달 과업 중의 하나는 배우자를 선택하고 자녀를 양육하는 것이다. 자녀양육은 정서적 · 인지적 학습이 요구되는 어려운 과정이다. 자녀양육과 부모의 역할에 대한 충분한 지식과 경험이 부족한 젊은 부부들은 자녀양육에 대해 긴장하고 허탈해 한다. 그러나 부부가 자녀를 보호하고 양육하는 데 협력하면서 그들의 특성과 욕구에 효과적으로 대처할 수 있는 능력을 획득하게 된다.

아이가 성장하고 발전하는 과정 속에서, 부모로서 영향을 주며 사회화시켜 가는 과정을 지켜볼 수 있는 것은 큰 장점이자 즐거운 일이다. 반면에 양육과 훈육의 역할을 해야 하고, 증가하는 경제적 · 사회적 책임을 감당해야 하며, 자녀의 발달 단계에 따라 필요한 다양한 욕구들을 채워 주어야 하는 과제를 감당해야 하는 부담을 안게 된다.

때로는 아이를 양육하는 과정에서 위기가 발생하는데, 이러한 위기가 해결되지 않고 지속적인 문제에 직면하는 경우에는 역기능적인 가족관계가 발생한다. 어린아이를 양육하기 위해서는 지속적이고 집중적인 보호와 관심이 필요하다. 대체로 아버지들은 아이를 예뻐하고 사랑스러워하지만, 어머니에 비해 아이를 돌보고 양육에 필요한 구체적이고 섬세한 관심을 가지지 못하는 경향이 있다. 부부가 맞벌이를 할 경우 여성들은 직장생활 후에도 가사활동과 육아를 담당해야 하는 이중고를 겪는다. 이러한 양육과정에서 남편의 관심과 도움이 없다면, 부부간에 불화가 생기고 부부관계에 균열이 생길 수 있다. 대부분의 가족은 소위 정상적인 가족위기(family crisis)를 경험한다. 가족위기는 첫 아이를 키울 때뿐 아니라 성인 자녀가 결혼을 하거나 집을 떠날 때도 일어나는데, 이 위기를 의미 있게 잘 대처하면 성숙한 발달을 위한 기회가 된다. 그러나 위기에서 발생하는 갈등을 잘 해결하지 못하면 가정 내에 문제가 생기고 가족 간의 관계가 와해되거나 가족원이 정신건강의 문제를 경험하기도 한다.

자녀가 성장함에 따라 부모의 양육방식에도 변화가 일어나게 된다. 영아기에는 계속적인 부모의 보호와 관심이 필요하며, 유아기에는 자율성을 획득할 수 있도록 노력해야 하므로 부모의 각별한 훈육방법과 인내가 요구된다. 아동기에는 또래집단과의 관계형성 및 기술획득과 재능발휘를 위해 부모의 도움이 필요하며, 자신의 능력을 확장시키고 가정 밖의 새로운 세계에 대한 탐색을 위하여 새로운 경험이 요구된다. 특히, 성격발달과 지적 발달이 유아기와 아동기에 거의 완성되기 때문에 부모의 양육태도와 훈육 방법은 자녀의 발달에 큰 영향을 미치게 된다.

자녀양육은 부모가 자녀의 성장발달에 관한 지식과 기술을 터득하여 무기력하고 나약한 자녀로 하여금 독립된 인간으로 성장할 수 있는 능력을 갖추도록 하는 것이다. 또한 이것은 자녀가 속한 사회에 생활양식, 가치체계, 행동규범, 사회적응을 배우도록 지원하는 것이며, 사회에 적응을 통한 사회적 역할을 수행할 수 있도록 하는 것이다. 따라서 성인 초기의 부모는 자녀의 욕구에 성공적으로 대처하면서 자녀양육에서 다양한 역할을 수행해야 한다.

최근에는 이혼이나 별거, 배우자와의 사별이나 질병 등으로 인하여 한부모세대가 증가하고 있다. 한부모세대가 직면하는 주된 문제는 가정 내에서 해야 할 일이 과도해지는 것이다. 만약 가족이 잘 조직되어 있고 적절한 지지체계가 있다면 적합한 과업수행이 유지될 수 있지만, 가족이 잘 조직되어 있지 않다면 가족을 더욱 와해시키는 경제적인 문제나 심한 불안감, 과업수행의 어려움을 초래할 수가 있다. 그러므로 가족의 주된 기능 중 하나는 사회적 관계망(social network)을 유지하는 것으로 이는 매우 중요한 일이다.

(6) 직업의 선택과 유지 측면

성인 초기에는 직업 현장에 머무르는 경우가 많다. 그러므로 직업환경은 성인발달에 중요한 영향을 미친다. 일반적으로 사람들은 상대방이 그들의 직업에 만족하는가 그렇지 않은가에 따라 지도력과 대인관계 적응 수준을 판단한다. 그 사람에 대한 평가는 일의 수행 능력과 다른 사람의 판단에 의하여 이루어지므로 타인으로부터의 피드백은 그 사람을 판단하는 중요한 요소이다. 피드백이 건설적일 때 성장과 학습이 이루어지지만, 직장동료나 상관이 그 사람의 실제적인 수행 능력을 평가절하할 때는 그 결과로 인하여 혼란과 분노가 발생한다.

일에는 가치와 태도가 포함되어 있으며, 어떤 직업이든 거기에는 행동과 기술뿐 아니라 사회가 기대하는 사회적 역할이 내포되어 있다. 그들은 전문직에 필요한 지식과 기술뿐 아니라 그들의 직업이 요구하는 일반적인 태도와 윤리를 배운다.

개인에게 있어서 직업 선택은 중요한 과제임에도 불구하고 사람들은 자신의 능력이나 사회적 여건 때문에 직업 선택에 대한 확고한 의지 없이 방황하는 경우가 많다.

직업에 대한 선호도는 시대적 변화와 인식, 그리고 산업 구조에 따라서 달라지며, 그 사회의 문화상태와 가치에 따라서 변화한다. 그러므로 자신에게 맞는 직업을 선택하기 위해서는 자신의 흥미나 적성, 지식과 능력, 성격과 가치관 등 다양한 요소를 고려하여 결정해야 하며, 직업을 통한 자기개발과 자아실현이 무엇보다 중요하다.

이 시기에 직업생활이 안정되면 결혼을 비롯한 새로운 형태의 생활에 적응하는 능력에 긍정적인 영향을 미친다. 그러나 사람에 따라서는 다양한 직업 선택의 변화과정 속에서 오랫동안 시행착오를 경험하기도 한다.

2. 중기 성인기

1) 개념

중기 성인기 또는 중년기 연령의 범주는 다양하게 구분된다. 일반적으로 40~64세 사이의 시기로서 인생의 목표를 성취해 가는 인생의 절정기이다. 이 시기에는 노화가 시작되는 자신의 신체적 · 생리적 변화를 인정하고 적응하며, 사회에 공헌하고 생산성을 획득해 나가면서 중년기의 위기에 대처한다. 성숙한 부모의 태도를 소유하고 자녀를 지도하며, 부부간의 동반자 의식을 신장시키고, 노부모를 부양한다. 또한 직업안정을 통하여 경제적 안정을 누리고 여가를 활용하며, 은퇴에 대비해 나간다.

에릭슨은 이 시기의 인생과제를 생산성 대 정체(generativity vs. stagnation)라고 하였다. 생산성이란 한 세대가 다음 세대에 물려줄 문화와 사회질서를 발전시키며 살아갈 기초를 구축하는 것을 의미한다. 그러므로 사람들은 자녀를 보호하고 직업생활에 능동적으로 대처하며 가정과 사회의 발전을 위해서 관심을 갖고 살아간다. 정체란 심리적인 성장이 결핍되고 자신의 에너지와 능력을 자기만족만을 위해서 사용한다는 의미이다. 사람들은 자신의 무능력이나 열악한 환경 조건으로 인하여 자기가 생각하는 인생의 목표를 달성하는 것에 실패하고 사회를 위해서도 의미 있는 기여를 하지 못했다고 느낄 때 정체를 경험한다. 굴드(Gould, 1975)는 중년기에 있는 사람들이 벗어나야 할 다섯 가지 비합리적인 가정(assumption)이 있다고 하였다(이인정 · 최해경, 2001). 그 유형은 다음과 같다.

첫째, 안전이 영원히 지속될 것이라는 가정은 비합리적인 것이다. 그 이유는 중년기에는 부모로부터의 보호를 상실하게 되며 부모가 생존해 있다고 해도 역할전환(role reversal)이 일어나기 때문이다.

둘째, 자신과 자기가 사랑하는 사람들에게 죽음이 일어나지 않을 것이라는 가정은 비합리적인 것이다. 이 시기에는 부모가 병에 걸리거나 사망하며, 이로 인하여 중년기에 있는 자신의 죽음에 대해서도 신호를 받게 된다.

셋째, 배우자 없이 사는 것이 불가능하다는 가정은 비합리적인 것이다. 그 이유는 중년기의 여성들은 배우자 없이도 살 수 있다는 생각을 하게 되고, 더욱 광범위한 사회적 접촉을 하고 인격의 발달을 할 수 있기 때문이다.

넷째, 가족 밖에서는 어떠한 생활이나 변화도 존재하지 않는다는 가정은 비합리적인 것이다. 오히려 중년기에는 자신을 재 정의하고 결혼생활에 대한 새로운 협상을 함으로써 가족 밖에서의 생활과 자신의 변화 가능성을 발견하는 것은 의미 있는 일이다.

다섯째, 자신만은 순수하다는 가정은 비합리적인 것이다. 자신 이외에 대부분의 사람들이 시기, 경쟁, 탐욕과 같은 속성을 지니고 있다고 생각해 왔으나, 중년기가 되면 자신에게도 그러한 속성이 있음을 깨닫게 되고 자신의 장점과 단점을 알게 된다.

이 시기는 사람에 따라서 길게 느껴질 수도 있고, 혹은 짧게 느껴질 수가 있다. 어떤 사람들은 자신이 노년기로부터 분리되어 있고 청소년기로부터도 분리되어 있다고 느끼며, 어떤 사람들은 자신이 영원한 청년이 될 수 있다고 생각한다. 이러한 의미에서 이 시기에 속한 사람들을 소위 '샌드위치 세대'라고 부른다. 이들은 자라나는 자녀들과 노화되어 가는 부모들에 대하여 중요한 책임감을 수행해야 함과 동시에 새로운 대처방법을 발전시켜야 하는 부담을 안고 있다.

또한 이 시기에는 자신이 적응해 왔던 생활 스타일을 받아들이고, 자신의 한계성을 수용하며, 자신을 행복하게 만드는 삶의 형태를 발전시키고 자신이 지금까지 해 왔던 것에 대하여 현실적인 만족감을 느끼기 시작한다.

결혼한 부부는 자신의 배우자에 대하여 있는 그대로 수용하는 법을 배움으로써 이전의 생활에서 배우자를 변화시키려고 했던 생각들을 어느 정도 포기하기도 한다. 결국은 배우자를 인간적인 한계성을 지닌 사람으로 수용하기 때문에 긍정적인 면에 대해서는 칭찬을 하고 격려를 하지만 부정적인 측면들에 대해서는 간과한다.

중기 성인기에는 자신이 하는 일이 향상되기도 하다가 하향곡선을 그리기도 한다. 이 시기는 외부세계를 능가하는 능력을 얻기 위해 시도하는 시기이다. 또한 이 시기는 심리적이고 사회적인 단서를 획득하는 시기이다. 직업과 가족에 대한 중요한 결정을 내리고, 자신의 미래는 무한한 가능성을 더 이상 가지지 못한다는 사실을 깨닫는다. 그러나 어떤 사람들은 이러한 도전에 대하여 자신 있게 직면하지만 어떤 사람들은 위기의식을 경험하기도 한다. 어느 정도 나이가 든 여성들은 자녀가 가정을 떠난다는 사실을 알게 되고, 자녀가 떠난 이후에 자신의 나머지 인생을 어떻게 살아갈 것인가에 대하여 질문하며 고민한다. 이 시기에 여성들은 다시 직업을 가지거나 학업을 새롭게 시작하는 경우가 많은데, 이러한 현상들은 자기의식(a sense of self)을 발전시키려는 시도라고 볼 수 있다(최옥채 외, 2007).

중기 성인기는 흔히 자녀양육이라는 전통적인 역할을 수행하는 것과 보호제공자가 되는 것 사이에 위치해 있다. 이 시기는 부부가 적합한 생활의 기준을 설정하여 유지시키는 시기이고, 성인으로서 여가활동을 개발해야 하고, 신체적인 변화에 적응해야 하며, 노화되어 가는 부모들에게 적응해야 하는 시기이다. 이 시기에 있어서 가장 중요한 도전은 외부세계에 대한 책임감을 감당해야 하는 동시에 자신의 내적인 충동을 잘 관리하는 것이다. 스펙트와 크래그(Specht & Craig, 1982)는 이 시기를 노인세대의 권력을 위임받고, 젊은 세대의 장래를 책임져야 하는 세대라고 하였다.

2) 중기 성인기의 특성

(1) 신체적 측면

중년기 성인들은 대부분 양호한 건강과 삶의 에너지를 지니고 있다. 그러나 신체적 능력과 건강은 나이가 들어감에 따라서 점차로 감소되기 시작하며, 중년기에 있는 많은 사람들은 신체적인 어려움에 처한다. 신체적으로 지방조직이 증가하고 근육조직이 감소하며, 에너지의 활력이 제한된다. 중년기에는 감각기관의 변화가 현저하게 일어나는데, 가장 현저한 변화 중의 하나는 시력이다.

이 시기의 주된 건강문제는 신체적인 힘과 지구력이 현저히 감소하여 활력을 잃어가며, 질병에 대한 저항력이 약해지고 회복하는 데 더 많은 시간이 소요된다. 심장의 탄력이 감소하고 혈액의 양이 줄어들며, 폐의 탄력성도 떨어진다.

또 다른 신체적 변화로는 천식, 관절염, 류머티즘, 골격의 경직, 위의 기능 감퇴, 신장 기능의 약화를 들 수 있으며, 남성들의 경우에는 전립선이 비대해져서 비뇨기 계통의 문제나 성적인 문제가 발생하고, 여성들의 경우에는 중년기 후반에 폐경을 경험한다. 남성의 경우에도 갱년기를 경험하며 자신의 결혼과 가족생활에 대하여 재평가를 한다. 이 시기에는 불안정감, 성적 활동의 저하, 우울감, 기억력의 감퇴, 성적 관심의 저하, 수면장애, 관심과 자기 확신의 상실 등을 경험하며, 남성에게 있어 갱년기는 생리적인 요소와 심리적인 요소가 결합하여 발생한다.

이런 신체적 변화뿐 아니라 내적인 변화도 일어난다. 특히 이 시기에는 맛, 냄새, 통증 등에 대한 민감성이 감소한다. 반응시간이나 감각운동기술과 같은 생리적인 기능도 감소하기 시작한다. 그러나 운동기술은 감퇴되더라도 오랫동안 학습해 오고 사용해 온 기술들은 오랜 경험의 결과로 인하여 지속적으로 유지되는 경향이 있다.

중기 성인기의 주된 사망 원인은 암, 심장질환, 뇌졸중 등이며, 중년기에 발생할 수 있는 신체적 질병에 대한 검진을 정기적으로 실시하여 질병을 조기에 발견하고 적절한 치료를 받을 수 있는 기회를 제공해야 한다.

중년기에는 이러한 신체적 변화에 스스로 적응해야 하고 특별한 경우를 대비하여 자신의 에너지를 잘 비축해 두어야 한다. 예를 들어서, 자신의 신체적 능력과 에너지 수준에 알맞은 다양한 여가활동, 취미생활, 운동을 통하여 건강을 유지할 필요가 있다.

(2) 성적 측면

중기 성인기가 되면 성별로 차이가 있긴 하나 남녀 모두 생리적 변화로 인하여 성적 능력이 저하된다. 남자나 여자가 50세 전후가 되면 호르몬의 불균형이 발생하여 갱년기가 찾아오는데, 이 시기에 가장 두드러진 현상이 성적인 기능감퇴이다.

여성에게 심각한 변화는 생리 현상이 중단되는 것이다. 이러한 폐경기의 증상으로는 자궁이나 질의 위축, 가슴의 위축, 두통과 현기증, 메스꺼움, 의욕의 감퇴, 골반이나 유방통증, 여러 가지 신경성 질환 등 신체적이고 심리적인 징후가 나타난다. 남성의 경우에는 남성 호르몬인 테스토스테론의 생산이 점차로 감소하여 남성의 성적 기능이 저하된다. 발기부전과 정력감퇴 현상, 호르몬 분비의 감소, 성욕 감퇴 등 남성으로서 갱년기를 경험한다. 남자는 여자에 비해 일반적으로 5~10년 늦게 갱년기에 도달하지만 그 속도는 지속적이어서 60대까지도 계속되는 경우가 있다. 남자에게 있어 갱년기 현상으로는 무력감, 불안감과 절망감, 허무감 등의 심리적 현상과 신체적 통증, 두통, 현기증, 식욕감퇴, 불면증 등 신체적인 증상을 수반하기도 한다. 특히, 이 시기에 부부간의 이해 부족과 성적 부조화는 부부갈등을 유발하거나 갱년기에서 겪을 수 있는 고통을 더욱 심각하게 만들 수 있으므로 부부 상호 간에 배우자로서의 중요성을 재인식하는 노력이 필요하다.

이 시기가 되면 여성들은 신체적인 변화뿐 아니라 여성으로서 심리적인 변화를 겪는다. 즉, 폐경에 따르는 심리적 어려움을 경험하지만, 그렇다고 모든 여성들이 동일한 어려움을 겪는 것은 아니다. 폐경이 되기 전에 정서적으로 잘 적응해 온 여성이라면, 폐경에 따르는 심리적인 어려움을 별로 겪지 않는다(Hyde & Delamater, 1997). 그 이유는 폐경에 따르는 심리적 반응이란 삶의 변화를 받아들이는 자신의 의지와 신념에 달려 있기 때문이다. 반면에 어떤 여성들은 폐경을 부정적으로 생각하여 불안, 우울, 자존감의 상실, 성취감의 결여와 같은 정서적인 반응을 나타낸다. 자신들은 더 이상 신체적인 매력이 없으며, 성생활을 상실한 것으로 받아들인다.

이 시기는 자녀들이 집을 떠나는 시기와 맞물려 있고, 자신이 직장생활을 중단했거나 아예 직장이 없는 경우도 많기 때문에 이러한 부정적인 심리적 반응은 더욱 가속화된다. 특히, 배우자를 상실한 경우이거나 별거 혹은 이혼한 경우에도 심리적 변화가 더욱 심해질 수 있다. 따라서 이러한 여성들은 자신의 괴로움을 잊거나 벗어나기 위해 술이나 담배에 심취하거나, 새로운 남자 파트너를 찾아 나서기도 하며, 어떤 사람들은 외부세계와 고립되어서 혼자 지내거나 또는 우울한 상태가 지속되어 자살에 이르기도 한다.

(3) 인지적 측면

중기 성인기는 자기의 경험, 지식, 기술 등을 통하여 인생의 목표를 성취해 나가는 인생의 절정기이다. 이 시기는 인생이 보다 완숙해지고 통합적이며, 생산적이고 풍요로워지며, 자아실현을 위해 노력한다. 또한 자기 자신에 대해 보다 정확히 하고 객관적으로 알게 되어 자기에 대한 신뢰감을 가지게 된다. 이것은 중년기에 접어들게 되면 그동안의 축적된 지식과 경험을 통해서 사물과 사건에 대해 보다 객관적으로 볼 수 있게 되고, 의사결정 과정에서 감정에 의해 좌우되지 않으며, 사실과 이성에 의해 판단하기 때문이다(유안진 · 김혜선, 1996).

그리고 정신적 기능은 중년기에 최고조에 달한다. 중년기에도 새로운 기술을 지속적으로 학습할 수가 있고, 이미 알고 있는 것을 기억할 수 있다. 또한 언어 능력에 있어서도 어휘력을 발전시킬 수 있다. 그러나 대부분의 중기 성인기는 자신의 지적인 능력을 충분히 활용하지 않고 과거의 다양한 경험으로부터 얻은 지혜를 가지고 대처하고 보상하려는 경향이 있다(Papalia et al., 1998). 또한 중년기에는 통합된 방식으로 사고하는 경향이 있다. 즉, 자신이 보고 듣고 읽은 것을 개인적이고 심리적인 의미로 해석할 뿐 아니라 자신의 학습과 경험을 통하여 정보를 여과시키는 경향이 있다. 40대와 50대 중년들이 통합적으로 생각하는 것은 실천적인 문제해결 능력에 있어 다른 시기와 비교되는 탁월성을 나타낸다.

인간의 지적인 기능은 18~25세 사이에서 최고조에 달하며, 이후에 나이가 들어감에 따라서 지적 기능이 변화한다. 일반적으로 지적 능력에는 두 가지 유형이 있다. 첫째 유형은 유동성 지능(fluid intelligence)으로서 광범위한 기능 영역을 차지하는데, 신경적인 요소와 신체생물적 요소의 속도와 효과성에서 주로 나타난다. 이러한 영역은 운동속도, 새로운 정보를 인지적으로 다루는 것, 기억 등과 같은 지적 능력을 포함하고 있다. 유동적이라는 말은 지적 기능이 다양한 형태의 지적 활동–지각, 인식, 새로운 정보를 인지적으로 처리하는 것으로 전달할 수 있다는 것을 의미한다. 유동성 지능은 청소년기 때까지 증가하다가 이후로는 점점 쇠퇴한다. 그러나 중년기가 끝나는 시기에도 청년기의 중간 정도의 수준을 유지할 정도로 유동성 지능의 감퇴 정도가 적다.

둘째 유형은 결정성 지능(crystallized intelligence)으로서 정보를 처리하고 기록하는 능력이라고 말할 수 있는데, 이 기능은 공식적이고 비공식적인 교육을 통하여 획득될 수 있다. 유동성 지능과 달리 결정성 지능은 전 생애를 통해 증가하기 때문에 중년기에도 계속 증가한다. 인생경험을 통해서 증가하는 결정성 지능은 40대와 50대에 유동성 지능이 감소하더라도 초기의 전반적인 지적 수준을 유지시켜 주는 역할을 한다. 여기에서 예외적인 것은 다양한 정신운동과정을 통하여 획득한 기술은 인생 후반기에는 점점 쇠퇴한다는 것이다. 특히, 기억과 관련된 지적 수행능력은 중년기 이후에도 더욱 현저하게 변화한다(최옥채 외, 2007).

그리고 중기 성인기는 가장 생산적인 시기로서 자신을 확대·발전시키고 여러 분야에서 성취를 이루고자 한다. 이 시기에 자신의 분야에서 성취를 이루기 위해서는 성실성, 모험심, 혁신의식, 책임감, 자신감, 창의성, 미래지향성 등을 유지·발전시켜야 한다.

(4) 가족생활 측면

① 부부관계

중기 성인기는 부부간에 적응과정의 어려움을 극복하고 진정한 동반자로서의 의식을 강화시켜 나가는 시기이다. 중기 성인기가 되어 자녀들이 어느 정도 자율적으로 생활하게 되면서 부부가 전보다 더욱 친밀한 관계로 발전해 간다. 이 시기에 부부간 상호 진정한 노력을 통해 참다운 동반자로서 인생의 새로운 즐거움과 만족을 경험할 수 있다. 그러나 상대방에 대한 지식과 이해의 부족, 친밀감 부족과 소통의 결여 등은 상호 간에 불신과 함께 인생의 무의미를 느끼게 되는 요소가 될 수 있다.

중기 성인기의 결혼생활의 만족도는 성별에 따라 다소 차이가 있으나, 일반적으로 남성이 여성보다 높게 나타난다. 이 시기에 여성의 주된 불만은 남편이 너무 의존적이라는 것이다. 또한 중년기의 여성들은 친구나 또는 성장한 자녀를 주된 의논 상대로 여기는 반면에 남성들은 연령이 증가하면서 배우자를 더욱 중요하게 인식한다(정옥분, 2000).

부부관계는 모든 가족관계에서 가장 기본이 되며 매우 중요하다. 부부관계는 역동적인 것으로 부부의 성숙, 가족구성원의 변화, 가족의 위기나 사건의 발생과 같은 요소에 따라 변화한다. 뉴만과 뉴만(Newman & Newman, 1975)은 건강한 결혼관계를 유지하기 위한 조건으로 다음과 같이 제시하고 있다.

첫째, 부부는 각자의 개인적인 성장과 부부로서 성장을 위한 헌신을 하여야 한다.

둘째, 부부는 효과적인 대화체계를 개발해야 한다. 직업이나 자녀양육과 같은 역할에만 몰두하면 부부 상호 간의 대화기회가 감소하고 고립되기 때문에 부부간의 효과적인 대화체계를 만들어서 서로에 대한 불만이나 갈등을 해소할 수 있는 장을 만들어야 한다.

셋째, 갈등을 창의적으로 활용해야 한다. 각자의 개별성과 동등성을 인정하는 결혼에서 갈등은 필연적으로 존재한다. 이러한 갈등을 이해하고 의견의 불일치가 있을 수 있다는 것에 동의하며 갈등을 해결하기 위한 전략을 개발해야 한다(Cole & Cole, 1985).

부부관계를 건강하게 유지하기 위해서는 개인 각자의 정서적 안정감, 서로에 대한 신뢰감, 지속적인 관심과 이해가 동반되어야 가능하다. 과거 우리나라 가족은 대체로 3대가 함께 사는 확대가족이 많았으나, 산업화와 도시화의 발전과 이혼율의 증가로 인하여 가족의 구조가 변화되었고 최근에는 부모와 자녀세대만 함께 사는 핵가족이 많아졌다. 이 핵가족을 통하여 부모는 자녀들에게 모델을 제공하기 때문에 가정은 사회 내에서 중요한 역할을 감당하게 된다. 그러나 과거에 가정 내에서 이루어졌던 다양한 기능들이 이제는 가정 밖에서 이루어지는 경우가 많아졌다. 예를 들어, 직업, 취미활동, 종교활동, 사회활동 등은 주로 가정 밖에서 이루어진다. 현대사회에서 가정의 중요한 역할이란 의식주와 관련한 기본적인 것을 제공하고, 경제적인 단위로서 기능하며, 가치나 규범을 가르치는 역할을 담당하고 있다.

② 가정운영

가정에서 중년기의 역할이란 십 대 자녀를 가정 밖으로 내보냄과 동시에 나이 든 부모를 부양해야 하는 것이다. 많은 사람들이 자신의 부모를 부양해야 할 필요를 느끼지만 손자나 조부모는 함께 사는 것을 거부하는 경향이 있다.

부모와 자녀가 함께 살 때 부모와 자녀 간에는 갈등이 일어난다. 이러한 갈등이 해결되지 않으면 가정 내에 위기를 경험한다. 중기 성인기에 있는 성인의 부모가 만성적인 질병이 있거나 부모 중 한 사람이 사망하면 부모와 자녀의 역할은 전환되어 중기 성인기 성인은 그들의 부모를 부양하고 보살펴야 하는 역할을 맡게 된다. 성인 자녀는 자신의 부모를 위해서 재정적인 지원을 하고, 이동수단을 제공하며, 주말에는 시간을 함께 보내고, 그들을 위하여 집안일을 도와주는 역할을 한다. 더욱이 부모가 장애가 있거나 건강악화로 인하여 혼자 살 수 없는 경우에는 자녀의 개입이 필수적이다. 부모를 같은 집에서 모시거나 때로는 요양원(nursing home)이나 다른 친척집으로 보내기도 하고, 부모 집을 왕래하면서 보호하기도 한다. 만약 자신의 집에서 부모를 부양하는 경우에는 엄청난 인내가 필요하다. 평소에 부모와 성인 자녀의 관계가 좋았다면 서로에 대하여 적응하는 과정에서 현실적인 기대를 하면서 큰 문제가 발생하지 않을 수 있다. 그러나 중기 성인기에 부모를 모셔야 하는 상황이 되면 새로운 가족원의 유입에 따르는 상호간의 적응문제가 발생할 수 있기 때문에 재결합에 따르는 다양한 문제를 해결하기 위한 사회복지의 제도적 서비스가 필요하다.

특히, 50대 중반 이후에는 성인 자녀들이 결혼을 하여 집을 떠나 독립을 하기 때문에 중년기 부부만 남는 시기이다. 자녀들이 집을 떠난 후 부부만 남는 상태를 '빈둥지(empty nest)'라고 하는데, 이러한 상황에 잘 적응하지 못하는 경우에는 여러 가지 문제가 발생한다. 남성은 사회생활과 직장의 일로 바쁜 반면에, 여성이 직업이 없으면 하루 종일 집안에만 있게 되고 자신이 살아온 과거의 삶에 대한 회한과 후회를 느끼는 경우에는 소외감과 고립감 등 심리적 고통을 경험한다. 소위 갱년기 우울증과 같은 심리적 상태가 이 시기에 많이 발생하는데, 이러한 현상을 빈둥지증후군(empty nest syndrome)이라고 한다. 그러므로 성인 자녀의 출가 이후에 부부간에 정서적 유대감을 발전시키고 관심을 유지시키는 것이 그 어느 시기보다 중요하다.

(5) 직업생활 측면

중기 성인기는 직업생활을 안정적으로 유지하는 시기이다. 이 시기에는 그들의 직업적 야망을 달성하였거나, 기대했던 만큼 못 미치더라도 현지에 정착하게 된다. 중기 성인기에는 자신의 직업에서 성공하며, 경제적으로 여유가 생기게 되고 많은 영향력을 행사하며, 다른 어느 시기보다도 직접적으로 존경을 받는 시기이다.

또는 중기 성인기에 자신들의 인생 유형을 재평가하는데, 그들 중 일부는 자신이 해 왔던 일을 청산하는 경우가 있다. 기술의 급속한 발전으로 인해 어떤 직종은 더 이상 필요가 없게 되고 이로 인해 사람들은 비자발적인 실직 상태에 처하게 된다. 다시 일을 갖기 위해서는 다른 업종의 일에 참여하거나 새로운 기술을 배워 새로운 직업에 도전해야 한다.

직업과 가치 그리고 태도는 상호 관련되어 있다. 일반적으로 사람들은 자신의 가치체계에 맞는 일을 선택한다. 예를 들어, 빈곤에 처한 사람과 가정에 대해서 깊은 관심이 있는 사람은 그들을 원조하는 직업을 가지려고 한다. 그 사람의 가치체계가 직업을 선택하는 데 영향을 주는 것처럼 직업은 사회적 규칙, 직업환경, 그리고 분위기를 통하여 그의 가치체계를 형성하는 데 영향을 끼친다.

중기 성인기는 대부분 직업생활에서 지위를 얻고 그에 상승하는 수입을 얻는다. 성공적인 직업 선택과 에너지의 투입으로 인하여 생산적인 결과를 얻는다. 그러나 어떤 사람들은 중년기에 전혀 다른 직업을 시작하는 경우도 있다. 예를 들어, 지금까지 해온 일을 유지하기에는 더 이상 신체적인 능력으로 볼 때 불가능한 경우이다. 이러한 직업에 해당하는 사람은 일을 수행하기 위해 필요한 신체적 기술 수준과 건강을 향상시켜야 하는 과제에 직면하게 된다.

중기 성인기에는 자신의 직업에 대한 불만족이 생기는 시기이기도 하다. 직업의 유지와 상실은 그 사회의 노동정책이나 직업기회와 관련이 있다. 물론 직업군에 따라 은퇴의 시기에 차이가 있지만 주로 직업으로부터의 은퇴는 50대 중반 이후부터 60대 초반에 많이 이루어진다. 은퇴의 이유는 직장 내에서의 구조조정이나 개인의 신체적 건강의 이유, 사고, 노화 등 다양하다.

본인이 직업을 유지하려는 동기가 있고 신체적으로 건강함에도 불구하고 본인의 의지와는 상관없이 조기퇴직이나 명예퇴직을 하는 경우에는 개인적인 문제뿐 아니라 가정적 · 사회적인 문제를 야기시킬 수도 있다. 그러므로 50대 후반에서 65세 이전의 연령군에 속해 있는 중기 성인기를 대상으로 한 재취업 훈련이나 직업 프로그램의 개발은 매우 중요하다.

3. 성인기와 사회복지실천

초기 성인기에 속한 대부분의 사람들은 사회가 그들에게 기대하는 것을 행하고, 자신에게 부과된 역할을 어떻게 수행할 것인가를 스스로 평가한다. 이 시기에 있어서 역할기대란 결혼, 부모역할, 직업 그리고 사회적 가치 등이 우선시된다. 이러한 역할수행은 내적 확신뿐 아니라 타인들로부터 인정을 받는 요소가 된다. 우리사회는 이상적인 가족 모델을 제시하면서 부부간의 사랑을 유지하는 동시에 부모역할과 자녀양육에 있어 부부간의 협조를 강조한다. 그러므로 젊은 부부가 서로의 인생 목적을 공유하지 않을 때는 새로운 정체성에 대한 갈등이 발생한다.

결혼한 젊은 부부의 경우, 결혼 초기에 발생할 수 있는 적응문제를 해결하기 위해 사회복지사의 도움을 필요로 한다. 특히, 자녀출생과 양육, 그리고 가정관리를 위한 기술이 필요하다. 사회복지사는 그들의 문제를 해결하기 위하여 클라이언트의 능력과 기대, 욕구를 수용하고 이해해야 한다.

초기 성인기에 성적 역기능을 경험하는 사람들에게 사회복지사는 부부상담이나 성상담을 통하여 전문적인 도움을 주어야 한다. 최근 들어 여성의 사회 진출과 경제적 활동이 증가하면서 여성의 자기인식과 부부관이 과거와는 크게 다른 패턴을 보이고 있다. 행복하지 않다고 생각하는 경우에 이혼을 하는 비율이 점차 증가하고 있다. 결혼 초기에 이혼이란 쌍방 간에 고통스러운 경험이다. 사회복지사는 이혼의 위기에 처해 있는 부부들을 위해 위기개입을 통한 사회복지 서비스를 제공해야 한다.

특히 최근에는 이혼과 맞물려 한부모세대가 증가하고 있어, 경제적인 문제뿐 아니라 사회적 지지에서 어려움을 경험할 수 있다. 자녀들은 부모의 영향을 많이 받기 때문에 부모의 위기는 곧 자녀들의 위기로 이어져 그들의 성장에 중대한 영향을 미친다.

중기 성인기에는 다양한 인생문제에 직면하는데, 이들은 이전에 사용하던 대처방식이 더 이상 기능적이지 않을 때 도움을 요청하는 경우가 많다. 이런 경우에 사회복지사는 그들이 과거의 경험과 판단에만 집착하지 않고 현실 상황을 극복하는 새로운 사고와 대처방식을 발견하고 이를 수용할 수 있도록 지원하여야 한다.

중기 성인기의 가장 중요한 위기 중의 하나가 건강문제로서 이에 대한 개입, 그리고 직업에 대한 불만족 문제, 조기퇴직에 대한 심리적 위축 및 가족관계 개입과 직업훈련 · 재취업 알선, 중년여성이 겪을 수 있는 좌절감 · 상실감 · 고립감 · 우울증 등에 대한 개입 등 성인기에서 겪을 수 있는 다양한 욕구불만과 문제에 대해 능동적 · 체계적인 사회복지 서비스가 제공되어야 한다.

중년기 성인의 부모가 신체적인 질환 상태에 있는 경우에는 재정적인 부담뿐 아니라 간병으로 인해 신체적 활동이 제약받는다. 또한 지나친 정서적 부담으로 인해 우울, 불안, 좌절과 무력감을 느끼며 부모를 보호하는 데 많은 시간을 소비해야 하기 때문에 자신을 위한 여가활동이나 사회활동을 위한 시간이 줄어들게 된다. 따라서 사회복지사들은 지역사회 내에서 신체적인 어려움을 겪고 있는 노인이나 치매노인을 위한 주간보호시설을 통해 도움을 줄 수 있고, 가정봉사원(home helpers) 파견을 통해 가족들을 원조할 수 있다.

생각할 문제

1. 초기 성인기와 후기 성인기의 발달 특성에 대해 간략히 정리하시오.
2. 성인 후기 여성들이 겪게 되는 갱년기에 대해 설명하시오.
3. 뉴만과 뉴만이 주장한 건강한 결혼관계를 유지하기 위한 조건은 무엇인지 정리하시오.
4. 결혼의 조건과 성적 행동에 대해 자신의 생각을 정리하시오.
5. 성인기의 발달 특성과 관련하여 사회복지실천과의 관계에 대해 정리하시오.
6. 성인 초기의 특성과 관련하여 자신의 직업관을 설명하시오.

Chapter

06 노인기 발달 특성

인간의 발달 단계를 생애주기로 구분할 때 노년기는 성인기 이후부터 죽음까지를 일컫는다. 노년기의 시점에 관한 견해는 다양하여 노년기의 시작 연령을 일률적으로 규정하기는 어렵지만 일반적으로 65세 이상으로서 신체적 노화 현상이 나타나고 감각 기능이 쇠퇴하는 시기이다. 노년기에 들어서면 성인기에서의 생활로부터 급격한 삶의 변화를 가져온다. 또한 임종을 포함하여 죽음을 맞이하는 노인들은 본인뿐 아니라 가족을 포함한 주변인들에게 적지 않은 영향을 미친다. 취업활동을 포함한 노년기의 제반 사회활동이 하향곡선을 그리면서 생활환경이 바뀌고, 노화로 인하여 제반 활동이 줄어들고, 기억력이 감퇴되며, 학습과 문제해결에 느린 반응을 보이고, 성격이 다소 변화되어 노인들만의 어떤 독특한 성격 특성을 보이기도 한다. 배우자, 자녀, 친구 등과 친밀감을 나누고 유대관계를 강화해야 하며, 배우자의 죽음에 적응해야 한다. 또한 은퇴 이후의 생활에 적응해야 하며, 자아통합을 성취하고 죽음을 수용해야 하는 시기이다.

1. 노년기

1) 개념

개인별 차이는 있겠지만 대체로 노년기를 맞이한 노인들은 신체의 노화와 함께 심리적 불안감, 그리고 사회적 소외로부터 적지 않은 생활의 변화를 겪으며 임종과 죽음에 이르게 된다.

노년기는 65세부터 죽음에 이르기까지 인생의 마지막 단계로서 신체적 능력의 쇠퇴와 사회적 관계의 축소 그리고 사회경제적 지위의 하락과 같은 쇠퇴가 일어나는 시기이다(김동배 · 권중돈, 1999).

노년기에 관한 일반적 의미는 인생주기의 마지막 단계로 사회활동의 제한 혹은 중단과 급격한 건강의 쇠퇴, 그리고 죽음을 맞이하는 인생의 황혼기라고 볼 수 있다. 이 같은 노년기의 특성을 고려하여 헐록(Hurlock)은 노년기를 '제2의 아동기'라고 부르기도 하며, 성인기 이후부터라고 규정할 수 있으나 연령의 기준으로 노년기를 한마디로 규정하기는 어렵다. 이는 사회의 변화와 함께 노년기에 있는 노인들의 건강과 역할 그리고 지위가 달라지기 때문이다. 의료기술이 발달하지 못한 과거에는 50세 미만이 되어도 이들은 노인으로 불리었으나 수명의 연장과 함께 노년기의 시작 연령은 갈수록 높아지고 있다. 오늘날 우리나라에서는 '인생은 70부터'라는 표현이 통용되고 있기도 하다.

그러나 노년기의 시점을 노인복지법이 정하는 65세로 규정할 필요가 있다. 왜냐하면 노인복지법은 노인을 위한 제반 서비스의 대상자를 연령으로 규정함으로써 노인의 연령에 대한 사회의 인식을 조성하고 있기 때문이다.

2) 노년기의 특성

(1) 신체적 측면

노년기의 생물학적 측면을 포함한 신체적 측면의 특성은 노화(senescence)로 집중된다. 노인들의 노화는 외모, 감각, 정신운동 기술, 지적 기능, 항상성, 신경계, 소화계, 성 등에서 잘 나타나고 있다(Zastrow & Kirst-Ashman, 2001). 이를 요약하면 다음과 같다.

첫째, 노인들의 신체적 외모의 변화는 늘어나는 주름살, 줄어드는 민첩성, 구부정한 어깨, 불편한 거동, 가늘어진 머리카락, 이상(異狀) 확장의 정맥 등에서 볼 수 있다. 특히, 피부가 주름지는 현상은 조직의 탄력성과 피부의 지방층 상실에 의해 일어난다.

둘째, 감각의 예민함은 대체로 외모의 변화 이후에 악화된다. 촉감은 나이가 들면서 떨어지는데, 이는 피부가 건조해지고, 주름이 생기고, 단단해지기 때문이다. 뿐만 아니라 노인들의 피부는 체온의 변화에 민감해진다. 신체기능의 자동조절 반응이 무디어지기 때문에 노인들은 추위를 더 심하게 느낀다. 이 외에도 청각, 시력, 미각, 균형감각 등의 쇠퇴를 가져와 노인들의 활동에 지장을 초래한다.

셋째, 정신운동 기술에서도 노인들은 젊은이들에 비해 현저하게 떨어진다. 노인들은 젊은이들이 하는 일을 모두 할 수는 있으나 중앙신경계에 의한 정보처리 속도가 늦기 때문에 모든 행동이 더딜 뿐 아니라 사고를 유발하기도 한다. 예컨대, 노인들은 자동차를 운행할 때 '더듬운전'을 할 수밖에 없고, 교통사고로 인해 사망하는 비율도 다른 주기에 비해 높다.

넷째, 지적 기능이 노화와 함께 전적으로 떨어진다는 주장은 옳지 않다. 지능검사에서 노인들이 젊은이들에 비해 낮은 점수를 보이고, 갈수록 점수가 낮아지는 것이 사실이다. 그러나 지능검사에서 노인들의 성취도는 낮아지나 실제적인 지적 능력은 떨어지지 않는다.

다섯째, 항상성의 능률은 떨어진다. 몸 전체를 유지하는 강화기제들의 활동이 둔해지고 신체적 적응성이 떨어진다. 예컨대, 심장박동과 호흡의 간격이 길어지며 상처가 아무는 데도 시간이 오래 걸린다. 또한 단백질과 당(糖)의 신진대사에 필요한 효소를 생산하는 췌장의 기능도 약해진다.

여섯째, 신경계의 기능도 쇠퇴할 수밖에 없다. 노화과정에 들어서면 신경계의 변화가 거의 없다고는 하나 일부 신경조직이 섬유질 세포로 대체되면서 노인들의 반사작용과 반작용이 늦어진다. 한편, 뇌세포의 총수는 줄어들지만 혈액순환에 장애가 없는 한 뇌의 정상기능은 지속된다.

일곱째, 소화계의 기능은 효소, 위액, 침의 양이 떨어지면서 소화과정에 장애를 가져온다. 따라서 노인들에게 소화장애는 가장 흔하게 일어나고 있는 문제이다. 이 같은 소화장애는 소화계가 노인들이 수반하는 스트레스, 정서혼란, 불안 등에 매우 민감하기 때문에 일어난다.

여덟째, 성에 관한 인식은 바뀌어야 한다. '노인들은 성욕을 상실했다'거나 '노인들의 성생활은 꼴불견이다'는 식의 생각을 지양해야 한다. 노인들에게 성에 관한 관심이나 성행위가 점점 줄어드는 것은 사실이지만 많은 노인들이 성행위를 지속하고 있다. 건강한 노인들은 70대 혹은 그 이상까지도 신체적으로 성에 관련하여 적극적이다. 따라서 노인들의 성 관련 행동이 약화된다면 이는 신체적 이유라기보다는 사회적 요인에 의해서라고 볼 수도 있다(최옥채 외, 2003).

(2) 심리적 측면

노년기의 발달 과제와 관련하고 있는 주요 이론적 개념으로 통합 대 절망, 심리적 조절, 생애에 관한 회고, 하위지위와 연령차별, 영성(靈性)과 종교 등을 들 수 있다(Zastrow & Kirst-Ashman, 2001). 이들 개념은 노년기에서 심리적 특성으로 드러나는 것들이며 요약하면 다음과 같다(최옥채 외, 2003 재구성).

첫째, 통합 대 절망을 들 수 있는데, 이는 에릭슨이 주장하는 생애의 마지막 단계에서 일어나는 심리적 위기이다. 통합은 개인이 자신의 삶의 의미에 대해 신중히 투영한 후에야 가능하다. 통합은 삶에서 일어나고 있는 사실을 받아들이는 능력과 큰 두려움 없이 죽음을 수용하는 능력을 의미한다. 통합을 성취한 노년기의 노인들은 자신들의 과거를 현존하는 시각으로 조망한다. 뿐만 아니라 이들 노인은 삶에서 벌어졌던 모든 일을 그대로 수용하며, 즐겁지 못한 일을 부정하거나 특정 사건을 과장하지도 않는다. 한편, 통합의 반대 개념인 절망은 자신이 과거에 대한 후회의 감정으로 특징지어진다. 절망은 죽음을 조용히 수용할 수 있는 태도를 불가능하게 하는데, 절망 속의 노인들은 자신의 삶을 미완성 혹은 미성숙한 것으로 간주한다. 이들 노인은 자신이 죽게 되면 과거 실패했던 것을 보상할 수 없다고 간주하기 때문에 죽음을 불운한 삶의 종말로 받아들이거나 죽음을 거부하고 두려워한다.

둘째, 심리적 조절이 있다. 노인들이 노년기를 의미 있고 기쁘게 만들기 위해서 반드시 필요한 세 가지 기본 심리적 조절이 강조되고 있다. 고정된 일 역할로부터 '자기분화', 신체 중시로부터 '신체에 관한 초월', 자기에의 몰두에서 '자기로부터 초월'이라는 심리적 조절이 있다. 예컨대, 노인들은 비록 직장에서 퇴직하였지만 자신이 그때보다 더 풍부하고 다양한 능력이 있다고 생각하거나(자기분화), 신체적 열세를 면할 수 없으나 사교 관계나 창조적인 정신적 행동으로 만족하고자 하는 태도(신체에 관한 초월), 피할 수 없는 죽음 앞에서 자신을 불쌍하게 생각하지 않고 죽은 나를 거두어 줄 사람들을 위해 삶을 한층 의미 있고 행복하게 하기 위해 무엇을 할 수 있을까(자기로부터의 초월)에 관심을 갖는 것이 바람직하다.

셋째, 생애에 관한 회고가 있다. 대부분의 노인들은 과거의 삶과 미래에 대해 평가 위주의 회상을 한다. 이를 '인생의 대차대조표 작성'이라고도 한다. 이때 회상의 태도는 두 가지가 있는데, 지난 삶이 의미가 있다고 생각하는 노인들의 여생은 보다 안정될 것이고, 삶이 허무했다고 회상하는 노인들은 죽음을 수용하지 않고 절망하기 쉽다.

넷째, 하위지위와 연령차별을 들 수 있다. 노인들에게 우리사회는 대체적으로 많은 것을 배려하고자 노력하고 있으나 성공적이지 못하기 때문에 심리적으로 고충을 받고 있다. 노인들의 사회적 지위나 위치를 결정하는 것은 노인들이 아니고 젊은이들이다. 젊은 층과 중년층이 노인들의 미래를 결정할 뿐만 아니라 자신들의 미래 노년기까지도 결정한다. 원시사회에서는 노인들이 존경받아 높은 사회적 지위를 차지하였으나 산업화되면서 노인들은 빈곤의 대상이 되었고, 사회적 지위가 떨어졌다. 이 같은 노인들의 하위지위는 늙었다는 이유로 부정적인 이미지와 태도를 갖는 연령차별과 밀접히 관련된다.

다섯째, 영성과 종교의 특성을 들 수 있다. 이것은 생애의 모든 단계에서와 같이 노년기 삶의 중요한 구성요소이다. 특히, 사회복지실천에서 이의 중요성이 확인됨에 따라 관심이 새로워지고 있다. 종교는 노년기 노인들의 정서적 풍요로움을 증진하는 중요한 요소로 확인되고 있다.

(3) 사회적 측면

노년기에 있어서 역할은 사회적 관계의 매개체가 되고 자아정체감 유지의 기반이 되기 때문에 매우 중요하다. 노년기 특성의 사회적 측면에서는 노년기의 노인들이 당면하고 있는 문제와 이의 원인 그리고 이들의 문제를 해결하기 위한 서비스를 살펴볼 수 있다. 여기에서는 노년기의 주요 문제로서 사회 · 경제적 힘에 의한 영향, 노년기의 인구증가, 조기퇴직, 경제적 어려움, 사회안정 체계, 노인 학대, 범죄피해(Zastorw & Kirst-Ashman, 2001)에 관하여 살펴보는데, 요약하면 다음과 같다.

첫째, 사회 · 경제적 힘에 의한 영향이 노인들의 문제를 심화시키고 있다. 이는 사회가 노인들보다는 젊은이들에게 관심을 쏟고 있다는 점에 근거하고 있다. 산업화는 에너지가 넘치고, 민첩한 노동자를 요구하는 결과를 초래하였다. 특히, 급격한 기술변화는 과거 지식의 중요성을 송두리째 빼앗아 갔다. 이 과정에서 노인들은 생존경쟁에서 밀려나게 되었고, 이들의 문제는 심각해질 수밖에 없다.

둘째, 노년기의 인구증가 역시 중요한 문제이다. 65세 이상의 인구가 지속적으로 증가하고 있다. 이는 세계적인 추세이며 우리나라도 최근 노인의 수가 전체 인구의 10%를 넘어서면서 고령화 사회를 넘어서 고령사회로 달려가고 있다. 특히, 낮은 출산율은 고령사회에로 가는 길을 가속화시킬 것이다. 이렇게 노인의 인구가 늘면서 이들의 다양한 욕구와 문제가 폭발적으로 발생하기 때문에 심각한 사회문제로 등장하게 된다.

셋째, 조기퇴직이 노인들에게 다양한 문제를 불러일으키고 있다. 대체로 노동시장에서 노동력의 공급은 수요를 앞서고 있다. 이 같은 현상에서 노동시장의 안정을 위해 조기퇴직이 한몫을 하고 있다. 물론 고용자가 취업자에게 조기퇴직을 강요할 수는 없으나 여러 형태의 미묘한 압력을 주어 조기에 퇴직하도록 유도하고 있다. 건강한 노인들은 처음 퇴직해서는 휴식을 할 수 있어 만족하다가 시간이 지나면서 무료함과 따분함을 느끼게 된다. 따라서 개인적으로 제반 여건이 좋지 못한 상황에서 퇴직한 노인들의 생활은 여러 문제에 봉착하게 된다.

넷째, 경제적 어려움을 들 수 있다. 많은 노인들이 경제적으로 어렵게 살아가고 있다. 노인들의 의 · 식 · 주를 비롯한 통신수단 등이 부족한 실정이다. 뿐만 아니라 대부분의 노인들은 빈곤선 이하의 소득으로 생활하고 있다.

다섯째, 사회보장제도가 노인들의 욕구에 미치지 못하고 있다. 사회보장제도가 노인소득의 주재원이 될 수 있도록 마련되어 있지 못하다.

여섯째, 노인 학대가 사회문제로 등장하고 있다. 노인들의 여생에서 가장 충격적인 상황은 학대이다. 노인 학대의 전형적인 유형은 신체 학대, 심리적 학대, 재정적 학대, 부양 태만을 들고 있다. 대부분의 가해자는 노인들을 부양하는 노인의 자녀라고 할 수 있다.

일곱째, 범죄피해 역시 노인들의 중요한 문제로 대두되고 있다. 힘, 민첩성 등이 떨어지면서 노인들은 범죄피해자로 노출된 상태이다. 노인들이 피해를 입는 주된 범죄유형으로 강도, 폭행, 주거침입, 절도, 무례한 행위, 사기 등을 들 수 있다. 많은 노인들이 범죄에 대한 끊임없는 공포 속에 생활하고 있다. 특히, 노인들은 경찰이나 사법기관과 관계하는 것을 꺼리기 때문에 범죄피해를 보고하지 않는다.

2. 임종과 죽음

1) 개념

임종과 죽음을 구분하기보다는 노년기의 최종단계로서 한 흐름으로 보는 것이 합당하다. 왜냐하면 임종은 본인이나 주변 가족이 죽음을 인지한 이후 죽음으로 이어지고, 이 기간 동안 일어나는 문제상황이 한 맥락으로 진행되기 때문이다.

65세에 시작하여 죽음을 맞이할 때까지 노년기는 노화에 의해 점점 쇠약해지면서 여러 문제를 나타낸다. 노년기의 문제는 거의 비슷한 수준에서 이루어지다가 임종과 죽음에 이르게 되면 그 문제의 상황은 급변한다. 임종 동안에 스스로 죽음을 받아들이는 과정에서 겪는 불안감, 이들 가족이 당면하는 슬픔 등은 노인들과 가족들에게 특별한 상황으로 받아들여지고 있다.

따라서 임종은 일반적으로 죽음에 다다르는 것, 생명이 끝나가는 것, 혹은 생명이 점차 소멸되는 것 등의 개념으로 죽음에 임박한 상태를 의미한다. 이 같은 의미의 임종은 반드시 노년기에서만 일어나는 것은 아니며, 죽음 직전에 필수적으로 거치는 과정도 아니다.

노년기의 임종은 임종을 당하는 본인 외에도 그의 배우자를 포함하여 가족들에게 특별한 심리적 변화를 경험하게 한다. 임종의 순간은 모든 인간에게 슬픔과 애틋함, 회환 등을 동시에 경험하는 순간이다. 이처럼 죽음을 맞이하면서까지 살아 있는 사람과의 애틋한 정을 끊지 못하는 것은 우리의 전통문화라 할 수 있다.

특별히 노인들의 임종은 죽음을 앞에 둔 노인과 그의 가족이 죽음에 대해 마음의 준비를 할 수 있는 기회를 제공한다는 데 큰 의미가 있다고 하겠다. 대부분의 노인들은 죽음에 대해 불안한 심리상태를 보인다. 이 불안한 심리상태는 사후세계에 대한 불확실성과 유족들에 대한 걱정에서 기인한다고 볼 수 있다. 더욱이 경제적으로 어렵고 유족이 없어 홀로 살고 있는 노인들은 임종 직전부터 장례식, 제사 등의 문제로 불안감을 떨칠 수 없다.

노년기의 죽음은 누구나 죽음을 가까운 현실로 지각하고 나름대로 수용하려고 노력한다. 그래서 자신의 재산, 소유물 등을 정리하며, 과거에 대해 회상하는 시간을 많이 가지고, 자신을 재평가하며 통합하려고 노력한다. 이와 같이 노년기에 죽음에 대해 수용할 준비가 되어 있다 하더라도 인간의 죽음에 대한 공포는 자연스럽고 정상적인 경험이다.

대체로 사람들은 죽음 자체보다는 죽음 후의 세계에 대해 아무것도 알 수 없다는 무력감, 죽음의 고통, 죽음 이후의 자신의 존재의 소멸, 육체의 부패 등을 두려워한다는 것이다.

죽음을 "생물의 생명이 없어지는 현상 혹은 세포 내의 연속적인 생리적 변화가 불가역적으로 되어 정지되는 상태"(현외성 외, 2001)로 정의하고 있다. 죽음은 앞에서 살펴본 임종의 마지막으로 삶의 종점을 의미한다.

노인들의 죽음은 노화에 의한 질병, 사고, 범죄 등에 의해 일어난다. 대체로 노화에 따른 질병으로 죽음을 맞이한 경우에는 임종을 거치나, 사고나 범죄에 의한 죽음은 임종의 과정이 없다. 따라서 임종을 맞이하지 못한 노인들의 예고 없는 죽음은 사자나 가족들에게 충분한 대비가 없기 때문에 유족의 슬픔은 임종을 맞이한 죽음보다 크다고 할 수 있다.

한편, 노인들의 자연사 외에 자살에 의한 죽음도 종종 일어나고 있다. 노인들의 자살은 대체로 최후의 의사소통 행위로 대체되고 있다. 이들의 자살은 결혼하지 않고 홀로 살고 있는 상태, 친구가 거의 없는 경우, 사후에 대한 믿음의 결여, 임상적 억압상태와 밀접히 관련하고 있는 것으로 보고되고 있다(Kastenbaum, 1985).

죽음에 대한 태도는 자아통합의 성취 정도에 따라 차이를 보인다. 자아통합을 성취한 사람은 자신의 죽음에 대한 갈등과 불안을 줄이고 죽음을 받아들일 수 있는 반면에, 절망감을 갖는 사람은 죽음을 수용하지 못한다.

2) 죽음의 과정

노년기가 되어 인간이 죽음에 이르는 것은 하나의 연속적인 과정을 거치며 생물학적 변화뿐만이 아니라 심리적 변화과정을 거치게 된다.

인간의 죽음의 과정에 대해서 부정, 분노, 타협, 우울, 수용 등의 다섯 단계를 제시(Kübler-Ross, 1969)하였는데, 이를 요약하면 다음과 같다.

인간의 죽음과정에는 개인차가 존재하며, 다섯 단계를 모두 경험하는 사람이 있는가 하면 그렇지 않은 경우도 있다. 그러나 이 모든 단계에서 기초가 되는 정서는 희망이다.

부정(denial)은 죽음에 이르는 첫 단계로서 자신의 죽음이 임박한 사실을 알았을 때 대부분의 사람들은 충격을 받고 그 사실을 부정하려고 한다. 즉, 사람들은 죽음이 자신에게 해당되지 않으며, 자신이 죽을 것이라는 사실을 인정할 수 없다고 말한다. 부정은 죽음의 충격에 대한 임시적인 방어 수단으로서 죽음이라는 현실에 대한 고통을 일시적으로 덜어 주게 된다.

분노(anger)는 자신의 죽음에 대한 부정이 더 이상 유지될 수 없다고 인식되었을 때 나타나게 된다. 대체로 분노, 격분, 질투, 원한 등의 감정을 경험하며, 의사, 간호사, 가족성원 등에게 다른 사람이 아니고 하필이면 왜 나인가에 대해 화를 낸다. 그러므로 이 단계에서는 가족을 비롯해서 죽어 가는 사람을 돌보는 모든 사람들이 그에 대해 이해해 주고 따뜻한 관심을 가져줄 필요가 있다.

타협(bargaining)은 죽음이 어떻게든지 조금이라도 연기되거나 지연될 수 있기를 바라는 단계이다. 자기에게는 아직 처리해야 할 일들이 많이 남았으므로 그 일들을 마칠 때까지만 살 수 있게 해 달라고 때때로 절대자인 신과의 타협이나 협상에 들어가게 된다. 죽어 가는 사람은 조금이라도 더 살 수 있다면 예전과 다르게 다른 사람들을 위해 헌신하겠다고 약속하기도 한다.

우울(depression)은 죽어 가는 사람이 죽음의 필연성을 받아들이고 우울해 하거나 슬퍼하는 단계이다. 죽어 가는 사람은 침묵하게 되고 방문자를 거절하며, 많은 시간을 울거나 슬퍼하면서 보낸다. 이러한 행동은 개인이 주위의 가족과 친지 그리고 기타 일생 동안 연결되어 왔던 모든 사물들과 결별하기 위한 하나의 점진적이고도 자연스러운 과정이다.

수용(acceptance)은 자신의 운명을 수용하고 평온한 마음을 갖게 되는 단계이다. 이 단계에서는 감정의 표현이나 변화를 거의 보이지 않으면서 죽음을 기다리는 태도를 보이게 된다. 즉, 우울해 하거나 슬퍼하는 감정이나 육체적 고통이 실질적으로 사라지고 편안한 마음으로 받아들이는 단계이다(Santrock, 1997).

3. 노년기와 사회복지실천

노인들은 위한 사회복지실천 프로그램은 심리상남을 비롯하여 의료, 보건, 여가, 소득 등 다양하게 이루어지고 있다.

사회복지사는 앞에서 강조한 노화과정에 관한 이해와 노인들의 생활상에 관한 이해를 토대로 노인들을 위한 적합한 프로그램을 개발하고 이를 적응시켜 나가야 한다. 부양가족들과 함께 사는 노인, 독거노인, 생활시설에 있는 노인 등 노인들의 생활 형태를 충분히 반영하여 이들의 욕구 혹은 문제를 중심으로 다양한 프로그램을 개발하여 적용할 수 있어야 하며, 특히 노년기의 인구가 증가하고 있는 상황에서 노인들을 위한 사회복지실천 프로그램은 크게 확대되어야 한다.

노인들을 위한 사회복지실천은 노인복지 분야로 세분되어 이루어질 뿐만 아니라 장애, 범죄 등 노인복지 외의 다른 분야와도 밀접한 관계를 가지고 이루어지고 있다. 실제로 노인들은 사회복지실천이 이루어지고 있는 주요 노인복지 현상으로 노인주거시설인 양로원, 노인의료시설인 요양원과 노인전문병원, 노인여가복지시설로 구분될 수 있고, 이 특성에 따라 사회복지사의 개입방법이 다르다.

최근에는 노인들을 위한 교육 프로그램이나 여가활동, 스포츠 프로그램 등의 중요성이 강조되고 있다. 단순한 오락이나 소일거리가 아닌 취미생활, 체육활동, 컴퓨터, 건강관리, 영어 회화 등 노인들의 성장과 발달 욕구를 충족시키는 미래 지향적 프로그램의 실천이 요구된다.

최근에는 노인장기요양보험제도의 도입으로 요양 및 수발 등의 욕구가 있는 노인이라면 누구나 제도의 범위 안에서 보호를 받을 수 있는 보편적 노인복지가 실시되고 있으며, 노년기 인구의 증가와 함께 장애, 범죄, 학대, 자살 등의 노인문제도 심각한 사회문제로 대두되고 있다.

결국 노인들의 복잡해진 욕구를 해결하기 위해 여러 분야의 전문가가 개입해야 하는 상황에서 노인을 위한 사회복지사의 개입방법이 더욱 전문성을 유지하기 위한 논의가 필요해진 것이다.

그리고 정책적인 측면에서 보면 매우 복잡하게 얽혀 있다. 노인들의 복지 향상과 밀접하게 관련하고 있는 정책은 「노인복지법」을 비롯하여 「고용상 연령차별금지 및 고령자고용촉진법에 관한 법률」, 「국민기초생활보장법」, 「의료급여법」, 「가정폭력범죄의 처벌 등에 관한 특례법」, 「노인장기요양보험법」 등에 근거하고 있다. 또한 이들 법률에 의한 제반 사업들은 중앙정부의 보건복지부, 고용노동부, 법무부가 관장하며, 구체적인 사업 실시는 각급 지방정부가 관여하고 있다.

이를 위해 사회복지사는 정부의 정책을 비롯한 재원의 한계가 엄연히 존재할 수밖에 없는 현실을 감안하고, 지역사회 차원의 다양한 네트워크의 개발 · 조직을 통해 다차원적인 서비스 실천 노력이 필요하다.

그리고 노년기의 종점인 임종과 죽음에 관련하여 사회복지실천 측면에서 임종과 죽음을 앞둔 노인들을 위해 합당한 기술과 서비스를 토대로 한 사회복지실천이 필요하며, 이들의 가족에게까지 확대 접근할 수 있는 유연성과 전문성도 요구된다.

생각할 문제

1. 노년기의 발달 특성에 대해 간략히 정리하시오.
2. 노년기의 은퇴와 관련하여 노인의 심리적 변화와 경제적인 문제를 정리하시오.
3. 노인의 일자리 창출 확대방안을 위한 자신의 생각을 정리하시오.
4. 노인의 황혼 이혼과 재혼에 대한 자신의 견해를 피력하시오.
5. 노년기의 심리적 발달 및 역할변화에 대해 설명하시오.
6. 임종과 죽음에 대한 자신의 생각을 정리해 보고 효율적 대처방안을 설명하시오.

PART

2

성격 이론

Chapter 07

정신역동 이론

정신역동 이론은 프로이트의 정신분석 이론에서 발달하여 신프로이트파로서 개인주의 심리학을 발전시킨 아들러(Adler)와 분석심리학을 발전시킨 융(Jung), 자아심리학을 발전시킨 에릭슨(Erikson), 문학비평적 경향인 프롬(Fromm), 대인관계이론을 발전시킨 설리번(Sullivan) 그리고 구조주의 철학을 대표하며 프로이트의 계승자로 평가받는 라캉(Lacan)에 이르기까지 광범위하다.

이 장에서는 정신역동 이론의 창시자인 프로이트의 이론, 자아심리학을 개척한 에릭슨의 이론, 프로이트와 의견을 달리하여 개인주의 심리학을 개척한 아들러의 이론, 프로이트가 후계자로까지 생각했으나 다른 길을 간 분석심리학의 개척자 융의 이론을 중심으로 살펴보고 정신역동 이론이 사회복지실천을 위한 인간이해에 어떻게 도움을 주는지 그 연결점을 모색해 보고자 한다.

1. 프로이트의 이론

프로이트가 인류에 미친 영향은 매우 광범위하고 다양하다. 프로이트가 이론을 발표할 당시에는 의견을 달리하는 의사들이 강연하는 프로이트 앞에서 침을 뱉기도 하고 조롱하고 비웃기도 했었으나 이후 프로이트의 이론은 심리학, 의학, 사회복지학, 문학, 철학, 신학, 예술 등 방대한 분야에 영향을 미쳤다. 정신분석의 아버지로 불리는 지그문트 프로이트와 그의 이론을 소개하고자 한다.

1) 프로이트의 생애[1)]

프로이트는 1856년 5월 6일 구 체코슬로바키아(당시 합스부르크 왕가의 영토)의 모라비아주 프라이버그(지금의 체코 프로시보르)에서 태어나 1939년 9월 23일 런던에서 사망하였다. 이무석(2006)은 런던 대학의 산들러 교수 등이 분류한 정신분석의 역사 4기를 기준으로 소개(Sandler, Dare, and Holder, 1972)하였으나 여기서는 프로이트가 사망한 제3기까지만 간단히 요약하였으며, 그 내용은 다음과 같다.

(1) 제1기(1856년 프로이트의 출생에서 1897년까지; 손상이론의 시기)

어머니 아말리에는 19세에 20세 연상인 제이콥 프로이트와 결혼했다. 이미 장성한 아들이 둘이나 있었고 프로이트는 이복형의 아들과 비슷한 나이였다. 프로이트는 장남으로 태어났고 7남매로서 여동생 다섯과 막내 남동생이 있었다. 프로이트가 세 살 무렵 바로 밑 남동생이 태어난 지 6개월 만에 죽었다. 아버지는 모직물 장사를 했는데, 파산하여 프로이트가 네 살 때(1860) 고향을 떠나 빈으로 이사했다. 프로이트는 고등학교 때까지 수석을 놓치지 않았다. 25세인 1881년 빈 의과대학을 졸업했다. 졸업 후 빈의 알게마이네 크랑켄하우스 종합병원 내과부장인 마이네르트(Mynert) 교수의 수련의

1) 프로이트의 생애는 이무석의 『정신분석에로의 초대』(2006)를 요약하여 인용한 것이다.

가 되었다. 이 무렵(1880~1882)에 그의 인생에서 중요한 인물인 브로이어(Joseph Breuer) 박사를 만났다. 프로이트보다 14년 연상인 그는 유능한 의사로서 히스테리 병인을 함께 연구하고 그 유명한 『히스테리 연구』(1895)를 출판했다. 29세인 1885년 프로이트의 생애에서 큰 영향을 준 프랑스에 유학하여, 파리에 있는 살페트리에 병원의 샤르코(Jean Martin Charcot) 교수 밑에서 4개월 동안 연수를 받았다. 신경생리학을 공부한 프로이트는 샤르코 교수를 존경하여 장남의 이름에 샤르코 교수의 이름인 '장 마르텡'을 붙여 줄 정도였다. 인간정신에 대한 관심은 이때 시작되었다. 30세인 1886년 프로이트는 결혼했고 신경과 의사로 개업도 했다. 프로이트의 나이 40세인 1896년 그는 마음이 의식과 무의식으로 나누어지는 것은 신경증 환자에게만 일어나는 것이 아니고 모든 인간에게서 일어나는 현상이라는 확신을 갖게 되었다.

(2) 제2기(1897~1923년, 성격구조론을 발표하기까지; 지정학설 시기)

제2기는 프로이트의 나이 41~67세까지 26년 동안이다. 정신분석의 이론과 치료기법이 급속도로 발전한 시기이다. 제2기는 정신분석의 지정학적 모델 이론이 지배하던 시기였다. '이드 심리학(id psychology)'의 시기라고도 한다. 1896년 10월에 아버지가 81세의 나이로 돌아가셨다. 아버지를 잃고 프로이트는 알 수 없는 죄책감과 신경증 증세에 시달렸다. 1897년 마흔 한 살 때 주로 꿈을 이용하여 자기분석을 시작하였다. 프로이트는 자기분석과 환자들의 분석을 통해 마침내 꿈은 '무의식으로 가는 지름길(royal road to the Unconscious)'이 되었고 이렇게 얻어진 꿈에 대한 경험을 모아서 출판한 책이 유명하고 기념비적인 『꿈의 해석(The Interpretation of Dream)』(1900)이다. 이 책에서 제2기의 이론적 기본 틀을 볼 수 있는데, 이때 내놓은 이론들을 마음의 지정학적 모델(topographical model)이라 부른다. 지상과 지하 같은 공간적 · 지리적 개념으로 심리적 모델을 설정했기 때문이다. 58세 때인 1914년 자기애(narcissism) 개념을 소개했고, 1919년 63세에 인간의 공격성에 관심을 갖게 되었다. 제2기가 프로이트 연구의 전성기라 할 수 있다. 『프로이트 전집』은 총 23권인데, 그 중 15권이 제2기에 쓰여졌다. 그가 일생 동안 쓴 논문 중 65%

를 제2기의 시기인 26년 동안에 쓴 것이다.

(3) 제3기(1923~1939년, 프로이트 사망 시까지; 구조론 시기)

제3기는 프로이트의 나이 67세부터 그가 암으로 사망하는 83세까지의 16년 동안이다. 제3기는 1923년에 「자아와 이드(The Ego and the Id)」를 발표하면서 시작된다. 이어서 1926년에 「억제, 증세와 불안(Inhibition, Symptoms and Anxiety)」을 발표했는데, 이 두 논문이 프로이트 정신분석 이론의 변화를 보여 주는 신호탄이었다. 제2기의 「지정학설」에서 제3기의 「구조론(structural theory)」으로 넘어가고 있었다. 구조론이란 인간의 정신구조를 세 개의 구조로 설명하는 것이다. 77세인 1933년에는 히틀러가 프로이트의 저서들을 베를린에서 공개적으로 불태웠다. 그리고 82세 때 노구를 이끌고 빈을 떠나 런던으로 피신했다. 67세에 위 턱뼈에 암이 발생하여 83세 죽기까지 30여 차례의 수술을 받은 그는 모르핀을 맞고 안락사했다.

2) 주요 개념

(1) 정신결정론

정신분석의 기본적 가설 중 하나로 정신결정론(psychic determinism)이 있다. 즉, 우연히 일어난 것으로 보이는 어떤 인간행동도 독특한 동기와 이유가 있다는 것이다. 다시 말해서 인과론(casuality)이다. 원인 없는 결과는 없다는 것이다. 구체적으로 어른의 행동은 이미 어린 시절의 경험에 의해서 그 동기가 결정되어 있다는 것이다. 한국 속담으로 '세 살 버릇 여든까지 간다'는 것이다.

(2) 지정학설

프로이트는 처음에 인간의 정신을 의식과 무의식 두 가지로 구분했다(Berry, 2000). 그러나 프로이트는 나중에 이분법이 정확한 것이 아니라는 생각에 이르면서 정신의 세 번째 영역인 '전의식'의 존재를 상정한다. 그는 세 영역 중 무의식의 중요성을 강조하였다.

① 무의식

무의식에 대하여 스승 마이네르트(Mynert) 교수도 프로이트의 무의식에 대한 연구를 거부했고 많은 전문가들이 반대했으나 프로이트는 무의식을 인간정신의 가장 깊고 중요한 부분으로서 가설적이고 추상적인 것이 아니라, 제시할 수 있고 증명될 수 있는 현실이라고 주장하였다. 프로이트는 우리의 의식범위 밖에 있는 충동과 욕구가 인간행동의 아주 중요한 부분을 만들고 방향을 결정하게 한다고 굳게 믿었다. 물 위에 떠 있는 빙산의 수면 아래에 해당하는 부분이 무의식이라는 것이다. 무의식적 내용은 변장되고 상징화된 형태로 나타나는데, 프로이트는 이러한 부분을 환자 연구에 적용하였다. 처음에는 샤르코에서 배운 최면기법을 활용하다가 환자를 치료하는 과정에서 말실수, 자유연상기법, 꿈의 해석 등을 통하여 무의식에 접근할 수 있다고 믿었다.

② 의식

프로이트는 정신생활의 극히 일부분만이 의식의 범위 안에 포함된다고 주장하였다. 의식은 성격의 아주 적고 제한된 부분만을 나타낸다고 하였다. 바다에 떠 있는 빙산 중 수면 위에 보이는 것이 의식이라는 것이다.

③ 전의식

프로이트는 의식의 셋째 영역으로서 전의식의 존재를 상정한다. 전의식은 현재 상태에서는 의식에 있지 않지만 필요하면 언제든지 회상 가능한 정보들이 저장된 곳을 말한다. 프로이트가 말한 전의식은 마음속에서 무의식과 의식 영역을 연결해 주는데, 빙산에 비유하면 수면 위 부분과 수면 아래를 연결해 주는 물결에 찰랑거리는 부분을 말한다.

(3) 성격구조론

프로이트의 초기 성격구조 이론의 중심이 되는 개념은 무의식적 정신과정이다. 그러나 1920년대에 그는 정신생활의 개념모형을 수정하였으며 성격구조에 세 개의 기본구조로서 이드(id), 자아(ego), 초자아(superego)를 제시하였다. 이러한 삼차원적 성격구분은 구조적 정신생활 모형으로 알려져 왔다(Hjelle and Ziegler, 1981).

① 이드

이드는 본능적 욕망과 욕구를 말한다. 먹고 싶은 욕구, 성적 욕구, 사람을 때리고 싶은 공격 욕구, 의지하고 싶은 욕구들이 모두 '이드'에 속한다. '이드'는 참을성이 없고 욕구를 연기할 줄 모르며 즉각적 만족을 요구한다. 그리고 싫은 일이나 의무는 회피해 버리고 만족을 주는 일만 하려고 한다(이무석, 2006). 이드의 두 가지 특징은 일차 사고과정(primary thought process)과 쾌락원칙(pleasure principle)이다. 첫째, 일차 사고과정은 생물학적 배경을 가진 충동(특히, 성욕과 공격성)에 의해 나타나는 정신 에너지의 즉각적 방출을 말한다. 둘째, 쾌락원칙은 어리고 미숙할 때 사용하는 행동원칙으로서 즉각적으로 긴장을 감소하려는 특성을 말한다. 따라서 프로이트는 유아가 당면하는 꼭 배워야 할 과업은 일차적 욕구의 만족을 지연시키는 법이라고 하였다.

② 자아

자아는 외부현실과 초자아의 제한을 고려하여 이드의 욕구를 표현하고 만족시키는 정신기제의 일부이다. 자아의 과업은 이드가 사회의 윤리와 도덕에 맞추어 본능적 욕구를 표현할 수 있게 해 준다. 이렇게 하기 위해 개체는 배우고, 사고하며, 추리하고, 지각하며, 결정하고, 기억하는 것이 필요하기 때문에 자아기능은 인지능력으로 간주되기도 한다. 자아의 두 가지 특징은 이차 사고과정(secondary thought process)과 현실원칙(reality principle)이다. 첫째, 이차 사고과정은 자신이나 타인에게 해를 끼치지 않고 본능적 욕구를 충족시키는 것으로 이는 이차 사고과정의 예가 된다. 둘째, 현실원칙은 이드의 에너지를 저지시키고, 전환시켜서 점차 사회적 제약과 개체의 양심범위 내에서 방출되도록 해 준다. 현실원칙의 목적은 욕구를 만족시키는 적당한 대상이나 환경조건이 성숙될 수 있을 때까지 본능적 만족을 지연시켜 개체의 안전을 보전시키는 것이다.

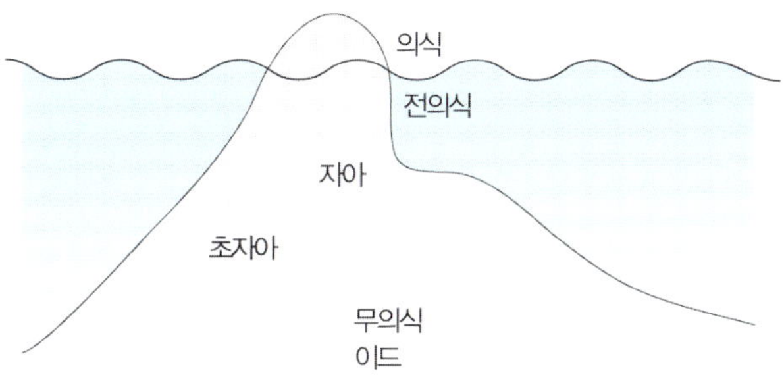

[그림 7-1] 성격의 지정학설과 구조론의 관계

③ 초자아

초자아는 4~5세경부터 발달하기 시작한다. '초자아'의 형성과정은 거세불안을 느끼는 아이가 부모의 공격을 피하기 위해서, 부모의 훈계와 교육 태도를 배우고 따르므로 형성된다. 마음속에 부모가 내재화되어 있는 것이다. 본래는 자아의 일부였으나 이런 현실적 경험을 통해서 형성된 것이다. 초자아는 자신을 평가하고 비판하며, 도덕적 행동을 하게 하며 양심이 여기에 속한다.

프로이트의 성격의 지정학설과 성격구조론의 관계를 그림으로 표현하면 [그림 7-1]과 같다. 이드는 무의식 부분에 자리하고 있지만, 자아와 초자아는 무의식, 의식, 전의식 모두와 관련되어 있다.

(4) 방어기제

인간은 출생 이후 타인에 대한 의존기간이 매우 길다. 그러나 타인으로 대표되는 부모 또한 불완전한 존재여서 욕구의 좌절을 경험하게 된다. 이러한 좌절의 경험은 불안을 야기한다. 프로이트는 불안은 각 개인에게 반격하거나 피해야만 하는 절박한 위험의 원천을 알려 주는 자아의 기능이라고 주장했다(Freud, 1926). 초기 불안, 즉 불안의 근원에 대해서 출생외상(birth trauma)이 모든 불안감의 근원이 된다는 것을 여러 정신분석 이론가들도 주장했다. 오토 랭크(Otto Rank, 1929)는 출생외상이 불안의 저장소가 되며, 그 불안의 일부는 일생을 통해서 나타난다고 믿었다. 어머니의 자궁으로부터 생물학적으로 분리되는 것이 이런 외상의 가장 결정적 요인이라고 보았다. 이와 반대로 프로이트는 어머니와 유아의 격리에서 느끼는 유아의 심리적 충격이 불안의 원천이라고 주장하였다. 프로이트는 자아방어기제란 이드 충동의 공개적 표현과 이에 대립되는 초자아의 압력으로부터 발생하는 불안에서 자신을 보호하기 위한 전략이라고 정의했다(Hjelle and Ziegler, 1981). 그 몇 가지 예를 들면 다음과 같다.

① 억압

억압(抑壓, repression)은 불안에 대한 1차적 방어기제로서 가장 흔히 사용하는 방어기제이다. 의식에서 허용하기 어려운 생각, 욕망, 충동 등을 무의식 속으로 눌러 넣어 버리는 것이다. 억압을 사용하여 불안을 방어하다가 실패하면 투사, 상징화 등의 다른 방어기제가 동원된다. 예를 들어, 무서운 실패를 경험한 사람은 억압으로 인해 그때의 경험을 기억하지 않을 수 있다.

② 투사

투사(投射, projection)는 사람들이 스스로 받아들일 수 없는 충동, 태도, 행동을 무의식적으로 타인이나 환경 탓으로 돌리는 것을 말한다. 예를 들어, 골프를 못 치는 사람이 골프채를 탓하거나, 시험성적이 안 좋은 학생이 시험 문제를 탓하거나, 다른 학생들이 커닝을 해서 본인만 점수가 나쁘다거나, 교수가 강의를 못해서 그렇다고 하는 등의 이유를 들어 자기실패의 원인을 전가하는 것이다. 투사는 부정과 전치 방어기제와 밀접한 관계가 있다.

③ 부정

부정(否定, denial)은 의식화되면 도저히 감당하기 어려운 어떤 충동, 욕구, 생각, 현실적 존재를 무의식적으로 부정하는 것을 말한다. 이는 발달 단계 중 가장 원초적이면서 최초로 사용하는 방어기제 중 하나이다. 예를 들어, 불치병으로 죽어 가면서 의사의 오진이라고 주장하는 환자의 경우라고 할 수 있다.

④ 전치

전치(轉置, displacement)는 원래 무의식적 대상에게 주었던 감정을 덜 위험한 대상에게 옮겨서 전하는 과정을 말한다. 예를 들어, 형을 미워하는 동생이 형의 물건을 손상시키는 것이다.

⑤ 퇴행

퇴행(退行, regression)은 심한 좌절을 당했을 때 안전하고 즐거웠던 인생의 이전 단계로 후퇴함으로써 불안을 완화시키는 방법이다. 예를 들어, 동생이 태어나면 오줌을 싸게 되는 경우, 당황하면 혀를 내밀거나 손톱을 물어뜯는 경우, 동창회에서 어른들이 어린이처럼 행동하는 것을 말한다.

⑥ 반동형성

반동형성(反動形成, reaction formation)은 겉으로 나타나는 언행이나 태도가 마음속의 욕구와 반대로 나타나는 것을 말한다. 즉, 무의식에 있는 생각, 소원, 충동이 너무나 부도덕하고 받아들이기 두려울 때, 이와 정반대의 것을 선택하여 의식으로 떠오르는 것을 막는 과정이다. 예를 들어, 다른 여자를 만나는 남자친구를 죽이고 싶은 충동이 일어나는 것에 너무 놀라 오히려 남자친구에게 더 잘해 주는 경우를 말한다.

⑦ 취소

취소(取消, undoing)는 무의식적으로 일어나는 감정, 사고, 행동으로 인해 상대에게 피해를 주었다고 느낄 때, 상대에게 준 피해를 취소하고 무효화하려는 것을 말한다. 예를 들어, 부정으로 돈을 번 사람이 사회복지기관에 기부하거나, 경마나 담배회사 등에서 사회복지기관에 차를 배분하는 것, 부인을 때리고 꽃을 사다 주는 행위 등이다.

⑧ 승화

승화(昇華, sublimation)는 본능적으로 참아 내기 어려운 충동 에너지를 사회적으로, 또는 의식적으로 수용할 수 있는 형태로 전환하여 나타내어 대리만족하는 것이다. 예를 들어, 공격충동이 강한 사람이 권투선수로 성공하거나, 성적 욕구가 강한 사람이 예술이나 문학 활동으로 표현하는 경우이다.

⑨ 동일시

동일시(同一視, identification)는 부모나 스승 등 윗사람의 태도와 행동을 닮으려고 하는 것을 말한다. 동일시는 자아와 초자아 형성에 큰 역할을 하며 성격발달에 매우 중요한 방어기제이다. 프로이트는 남성과 여성으로의 성격발달에 동일시가 중요한 역할을 한다고 주장하였다.

⑩ 합리화

합리화(合理化, rationalization)는 자신의 행동 속에 있는 실제 동기를 수용하기 어려울 때 의식적으로 도덕적으로나 윤리적으로 합당한 핑계로 둘러대는 것을 말한다. 예를 들어, 이솝우화의 〈여우와 신포도〉 비유가 여기에 해당된다. 먹음직한 포도를 먹고 싶은 여우가 "저 포도는 너무 시어서 못 먹을 거야"라고 스스로 위로하는 것이다.

이 외에도 불안에 대한 방어기제는 다양한데, 프로이트의 막내 딸인 안나 프로이트(Anna Freud)가 방어기제를 체계적으로 정리하였다.

3) 발달 단계

프로이트의 발달 단계 이론을 심리성적 발달 단계(psychosexual development)라고 하는데, 이는 성적 에너지인 리비도(libido)가 집중되는 신체부위(입, 항문, 성기)순으로 발달 단계를 나누었기 때문이다. 프로이트는 인간의 성격발달을 리비도의 이동경로에 따라 구강기, 항문기, 남근기, 잠복기, 생식기 순으로 다섯 단계에 걸쳐 발달한다고 하였고 앞의 세 단계가 성격형성에 결정적인 역할을 하는데, 특히 셋째 단계가 남성과 여성으로 분화되는 기준이 된다고 하였다. 발달 단계가 원만히 이루어지지 않고 특정 단계에 고착되면 성격형성에 부정적 영향을 미친다고 하였다. 특정 단계의 욕구가 과잉충족되거나 부족하게 되면 부정적 성격을 형성한다는 것이다. 각 발달 단계를 살펴보면 다음과 같다.

(1) 구강기

구강기(口腔期, oral stage)는 태어난 후 약 18개월간 발달하는데, 이 시기는 전적으로 타인에게 의존하여 생존하는 시기이다. 이 시기에 생물학적으로 생존하고 원초적인 본능적 쾌락을 얻는 것은 빨기이다. 프로이트는 구강부에 있는 입술과 혀는 외부 환경과 접촉하는 일차적 기관이며 성적 에너지를 충족하는 곳으로 보았다. 프로이트는 구강부가 일생의 중요한 성감대라고 믿었다. 성인기에도 남아 있는 것으로 키스, 껌 씹기, 손톱 물어뜯기, 과음/과식, 줄담배 등에서 나타난다. 이 시기에 적절한 상호작용 가운데 성장한 아기는 신뢰감과 독립심을 가지나 지나치거나 부족한 경우에는 구강수동적(oral-passive) 성격의 소유자로서 수동적이며 미숙하고, 과도한 의심과 타인에게 잘 속는 특징을 갖게 된다. 구강기 후반 상호작용이 원만하지 않으면 구강공격적(oral-aggressive) 성격의 소유자가 되는데, 물어뜯거나 씹고 침을 뱉거나 공격적 행동을 하게 된다. 이에 고착되면 논쟁적이고 신랄하게 비꼬며 자신의 필요를 위해 타인을 이용하게 된다.

(2) 항문기

항문기(肛門期, anal stage)는 18개월에서 3년까지 발달하는데, 리비도 에너지의 초점이 구강에서 항문으로 옮겨간다. 유아는 대변을 보유하고 방출하는 가운데 리비도적인 만족감을 갖게 된다. 프로이트는 부모의 배변훈련(toilet training)이 성격발달에 영향을 미친다고 주장하였다. 부모가 강압적이면 아이는 대변을 참으면서 변비가 되고 이러한 억제가 심해지면 항문적 보유(anal-retentive)성격이 된다. 이것이 고착되면 고집이 세고 인색하며 복종적이고 시간을 지나치게 엄격히 지키며 지나치게 청결하거나 반대로 지나치게 불결하게 된다. 반대로 부모가 배변 후 칭찬하고 청결하게 해 주면 아동은 이런 행동을 좋아하며 항문적 공격(anal-aggressive)성격이 되고 이 단계에 고착되면 잔인하고 파괴적이며, 난폭한 성격을 갖는다. 또한 이성관계에서 상대를 소유의 대상으로 생각하는 경향이 있다.

(3) 남근기

남근기(男根期, phallic stage)는 4세 이후부터 학령전기까지를 말하는데, 프로이트는 이 시기를 생물학적인 남녀에서 심리적인 남녀로 발달하는 단계로서 성격발달의 중요한 시기로 보았다. 프로이트는 이 시기 성격발달을 남녀로 나누어 설명했는데, 남아는 오이디푸스 콤플렉스(Oedipus complex)를 갖는 시기라고 하였다. 이는 그리스 로마 신화에 나오는 오이디푸스 왕 이야기를 남아의 성격에 적용한 것인데, 오이디푸스 신화의 내용을 보면 한 작은 왕국에서 아들을 낳으면 그 아들이 왕을 죽이고 어머니를 아내로 취할 것이라는 신탁을 받은 왕이 아이를 숲에 버리도록 한다. 이후 아이는 장성하여 어느 왕 일행을 만나 결투를 벌이는데, 모두 살해한다. 그 후 오이디푸스는 왕의 부인, 즉 어머니를 아내로 취하였고 이 사실을 알게 된 오이디푸스는 자신의 눈을 찌르고 사막을 방황한다. 이 신화의 내용을 적용하여 남아는 아버지와 경쟁하여 어머니와 결혼하고 싶어 하는 남아의 욕구를 오이디푸스 콤플렉스라고 하였다. 남아는 아버지에 의해 남근이 잘려질 것에 대한 불안을 갖게 되는데, 이를 거세불안(castration anxiety)이라고 한다. 여아는 엘렉트라 콤플렉스(Electra complex)를 갖는 시기로써 아버지를 사랑하여 어머니와 경쟁하게 되는데, 아버지의 남근을 갖고자 한다고 하여 남근선망(penis envy)이라고 하였다. 결국 남아와 여아는 부모와의 갈등에서 오는 불안을 해소하기 위해 동일시라는 방어기제를 활용하여 동성의 부모를 닮아간다고 한다. 남근기에 고착된 성인 남성은 경솔하거나 과장되며 야심적이다. 또한 강하고 남자다움을 과시하려 하고 남으로부터 남자다움을 인정받고자 한다. 남근기에 고착된 성인 여성은 순진하고 결백해 보이나 난잡하고 유혹적이며, 어떤 여성은 남성을 이기고자 노력한다고 하였다.

(4) 잠복기

잠복기(潛伏期, latency period)는 학령기로서 성에 대한 관심은 잠복하고 리비도는 승화되어 지적 관심, 운동, 친구 간의 우정으로 전환된다고 하였다. 아동에게 있어서 긴 기간이나 프로이트는 이 시기에 대해서는 깊이 언급하지 않았다.

(5) 생식기

생식기(生殖期, genital stage)는 사춘기와 더불어 시작되는데, 우정은 이성에 대한 사랑으로 발전해 나가며 오이디푸스적 불안은 부모로부터 독립되어 자유를 찾게 되고 사회적으로나 성적으로 원만하고 책임감 있는 존재로 성장하게 된다고 하였다.

2. 에릭슨의 이론

인간 성격발달 이론에 있어서 프로이트가 유소년기, 특히 아동기 발달에 기여했다면, 에릭슨은 요람에서 무덤까지로 상징되는 인간의 전 생애주기에 대한 이해에 크게 기여하여 사회복지사에게 많은 도움을 주고 있다. 아동복지 분야에 종사하는 사회복지사부터 노인복지 분야에 종사하는 모든 사회복지사가 반드시 이해하고 있어야 할 에릭슨의 이론을 살펴보면 다음과 같다.

1) 에릭슨의 생애[2)]

에릭슨은 1902년 6월 15일 독일의 프랑크푸르트 근교에서 태어났다. 덴마크인 아버지와 유대인 어머니는 덴마크 코펜하겐에서 살았는데, 에릭슨이 태어나기 전 이혼하였

2) 에릭슨의 생애는 옐리(Hjelle)와 치글러(Ziegler)의 『성격심리학』(2003: 142－145)을 요약하여 인용한 것이다.

고 어머니는 덴마크를 떠나 에릭슨이 3살 때 에릭슨을 치료해 준 유대계 소아과 의사와 재혼하였다. 덴마크인 외모로 유대인 가정에서 성장하면서 이방인 취급을 당하여 학교에 잘 적응하지 못했고 의사가 되라는 양부의 독려를 일축하고 유럽횡단 여행을 떠났다. 일 년 후 두 개의 예술학교를 전전한 후 이탈리아의 플로렌스로 옮기고 여기저기 화랑을 방문하다가 1927년 25세 때 고등학교 동창의 초청으로 안나 프로이트가 세운 어린이연구소에서 교사가 되면서 방황기를 마치게 되었다. 에릭슨은 비엔나 근처에서 가정교사로서 프로이트 가족을 처음 알게 되었고 결국 비엔나 정신분석원에서 훈련을 받을 수 있는 우수한 후보자가 되었다. 1927~1933년까지 에릭슨은 안나 프로이트의 지도 아래 정신분석훈련을 받았다. 1929년 에릭슨은 안나 프로이트가 운영하는 실험학교의 무용 선생님이며 정신분석훈련도 받은 캐나다 여인 조안 세르슨과 결혼했다. 1933년 독일에서 나치의 세력이 강하던 때, 비엔나 정신분석연구원을 졸업하고 에릭슨 가족은 두 아들(3남 1녀를 두었고 막내아들은 다운증후군 환자로 20년 짧은 생애를 마침)과 코펜하겐으로 가서 덴마크 시민권을 얻어 정신분석교육기관 설립을 시도했으나 불가능하여 미국으로 이민을 가서 보스턴에 정착하였다. 보스턴에서 개업하고 1934년 하버드 의과대학 신경정신과의 심리학연구원으로서 임상 및 학술직을 맡았다.

1936~1939년 3년간 인간관계연구소와 예일대학교 의과대학 정신과에 재직했고 1938년 인디언 연구를 위한 조사여행을 떠났다. 1939년 샌프란시스코에서 아동분석연구를 다시하고 1942년까지 캘리포니아대학교 심리학과 교수로 있으면서 아동지도에 대한 종단적 연구에 참여하였으며, 1950년 그의 첫 저서 『아동기와 사회(Child and Society)』가 출판되어 미국 자아심리학의 대변자로 인정받았다. 1951년 매사추세츠 정신보건전문인단체에 가입하였고 피츠버그서부정신병원, 피츠버그대학교, 매사추세츠 공과대학에서 시간강사를 했다. 1960년 캘리포니아에 있는 고급행동과학연구센터에서 일 년을 보내고 하버드대학교 인간발달에 관한 교수로 취임(1960~1970), 1970년부터는 명예교수로 재직했다. 1969년 『간디의 진리(Gandh's Truth)』를 집필하여 퓰리처상과 철학과 종교 분야의 국가저술상을 수상하였다. 1994년 5월 12일 매사추세츠 하위치에서 사망하였다.

2) 주요 개념

(1) 자아

프로이트는 자아를 이드와 초자아 사이의 조정자로 봤으나 에릭슨은 자아를 성격의 독립적 부분으로 보았다. 즉, 자아는 정체성을 형성하고 유지하는 중요한 기능을 담당하는 것으로 보면서 자신의 이론을 자아심리학이라 했다.

(2) 점성의 원리

에릭슨은 발생학, 특히 점성의 원리를 사용하여 자아발달이론을 전개하였다. 머레이(Henry Murray)의 발생학(embryology)에서 따온 말인 점성의 원리는 성장하는 모든 것은 기초 안을 가지며 이로부터 각 부분이 발생하고, 전체가 완전한 기능을 할 때까지 각 부분은 우세해지는 특정한 시기가 있다는 것이다(엄신자, 2007: 232). 하위단계의 발달은 다음 단계에 중요한 영향을 미치기 때문에 각 단계별 발달이 중요하다고 하였다.

3) 발달 단계

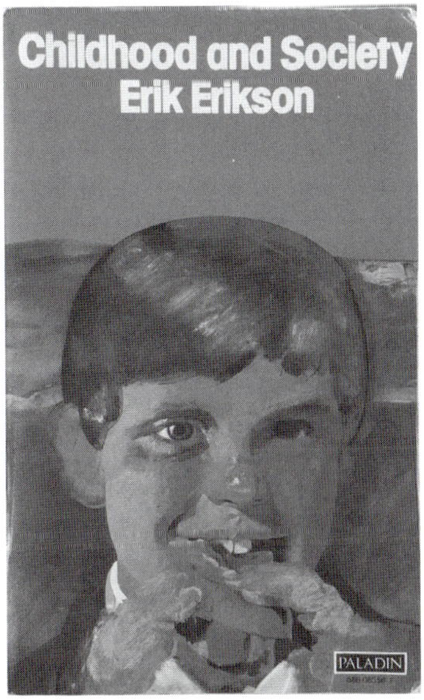

에릭슨은 프로이트의 5단계에 3단계를 더하여 8단계에 이르러 발달한다고 보았다. 프로이트가 생물학적 발달에 기초하여 리비도의 이동에 따라 설명했다면 에릭슨은 생물학적 발달뿐만 아니라 사회적 여건, 즉 환경이 발달에 중요한 영향을 미친다고 하였다. 에릭슨은 문화적 다양성이 성격발달에 영향을 미칠 수 있음도 고려하였다. 그리하여 에릭슨의 이론을 심리사회적(psychosocial) 발달이론이라고도 한다. 각 단계별 위기가 있고 이에 대한 극복 여부에 따라 긍정과 부정의 측면이 발달한다고 하였다. 에릭슨의 첫 저서『아동기와 사회(Child and Society, 1950)』에서 제시한 각 단계별 특징을 살펴보면 다음과 같다.

(1) 1단계(유아기: 0~1세, 기본적 신뢰감 대 불신－희망)

1단계의 유아는 양육자와의 관계의 질에 의하여 신뢰를 갖게 된다. 곧 어머니의 일관성 있고 확신 있는 양육태도는 자신 외의 환경에 대하여 신뢰를 갖게 된다. 신뢰가 형성된 유아는 즉시 욕구가 충족되지 않아도 불안해하거나 분노를 표출하지 않고 기다릴 수 있게 된다. 에릭슨은 불신도 어느 정도 중요하다고 하였다. 따라서 건강한 발달을 위해서는 신뢰와 불신 간의 적정한 비율이 필요하다. 이 시기의 심리사회적 위기를 잘 극복한 유아는 희망(hope)을 얻게 되나 잘 극복하지 못하면 사회적으로 위축(withdrawal)되어 여생을 낮은 자존감과 우울증 등을 겪으며 보내게 된다.

(2) 2단계(아동기: 1.5~3세, 자율성 대 수치감과 의심－의지)

2단계의 유아는 근육이 발달하여 스스로 일어서고 걷는 것뿐만 아니라 괄약근을 조절하여 대소변을 조절할 수 있게 되어 자신의 의지대로 활동하고자 한다. 유아는 '내가'라는 말을 주로 사용하며 이때 획득한 성취감은 자율성을 발달시키나 한편으로는 수치감과 의심을 낳기도 한다. 유아가 하고자 하는 것을 잘 격려하고 지지하면 자율성이 발달하나 지나치게 통제하면 수치감과 의심을 갖게 된다. 이 시기의 심리사회적 위기를 잘 극복한 유아는 의지(will)를 얻게 되나 잘 극복하지 못하면 수치심과 의심의 축적으로 자신감이 없고 불안해하거나 피해의식을 갖게 된다.

(3) 3단계(유희기: 4~5세, 주도성 대 죄책감－목적)

3단계의 유아는 프로이트의 남근기에 해당하는 시기로서, 신체적으로나 정신적으로 성숙되어 자신이 주도적으로 무엇인가를 하려고 하는 가운데 주변환경으로부터 지지를 받으면 주도성이 발달하나, 지나친 주도적 활동으로 부모의 강한 제재를 받게 되면 죄책감을 갖게 되며 후에 자신의 능력을 과시하고자 하는 행동을 보이게 된다. 이를 양육자가 잘 지지하면 주도성이 발달하나 지나치게 통제하면 죄책감을 가지므로 사회적으로 유용한 행동을 장려하여 목표의식을 갖게 해야 한다. 이 시기의 심리사회적 위기를 잘 극복한 유아는 목적(purpose)을 얻게 되나 잘 극복하지 못하면 주도성을 상실하고 죄책감으로 위축된다.

(4) 4단계(학령기: 6~11세, 근면성 대 열등감-능력)

4단계의 아동은 가정을 벗어나 학교와 지역사회로 진출하게 된다. 이 시기의 아동은 지적으로나 사회적으로 빠르게 발달하며 다양한 또래와 성인들과 접촉하게 된다. 이 시기에는 부모 못지않게 교사의 역할이 중요하다. 교사의 지지와 격려를 받은 아동은 근면성이 발달하나, 성적으로 아동의 모든 면을 평가하여 주눅이 들면 열등감을 갖게 된다. 가정과 학교 및 지역사회에서 지지받아 이 시기의 심리사회적 위기를 잘 극복한 아동은 능력(competence)을 얻게 되나 잘 극복하지 못하면 근면성을 상실하고 열등감으로 무기력해진다.

(5) 5단계(청소년기: 12~20세, 정체감 대 역할혼미-성실)

5단계의 청소년은 급격한 신체적 변화와 심리사회적 압박감을 경험하게 된다. 이 시기의 청소년은 아동과 성인의 중간에 위치하여 자아개념이 혼란스러움을 경험하게 된다. 에릭슨은 청소년기의 핵심과제로 자아정체감(self-identity)의 확립을 강조하였다. 자아정체감은 자신에 대한 확고한 자각과 자신의 역할과 책임에 대하여 확실하게 정립하는 것을 말한다. 청소년은 자기 자신과 인생에 대한 답을 찾으려 하나 쉽게 답을 찾지 못하게 된다. 이러한 시기가 장기화되면 정체감의 미성숙으로 역할에 대한 혼미를 경험하게 되고, 괴기나 현실 속의 유명인사 가운데 모델을 찾으려고 노력하기도 한다. 이 시기의 심리사회적 위기를 잘 극복하면 청소년은 자아정체감을 확립하여 성실(fidelity)을 얻게 되나 잘 극복하지 못하면 역할혼미로 인해 사회에서 일탈되거나 특정한 가치나 이데올로기에 몰입하게 된다.

(6) 6단계(성인 초기: 21~24세, 친밀감 대 고립감 – 사랑)

6단계의 성인은 사회에 진출하기 위한 준비를 어느 정도 마치고 직업을 찾거나 배우자를 찾기 시작한다. 이 시기는 직장동료나 배우자와 친밀감을 발달시키는 것이 중요한 과제이다. 에릭슨은 청소년기에 긍정적 자아정체감을 확립한 사람만이 진정한 친밀감을 이룰 수 있다고 하였다. 친밀감을 잘 발달시킨 성인은 소중한 가치인 사랑이 성숙하게 된다. 이 시기의 심리사회적 위기를 잘 극복한 사람은 친밀감을 형성하여 좋은 인간관계를 형성하여 직장동료나 이성으로부터 사랑(love)을 얻게 되나 잘 극복하지 못하면 형식적인 인간관계로 고립감을 느끼게 되어 외톨이가 되기도 한다.

(7) 7단계(성인 중기: 25~64세, 생산성 대 침체 – 배려)

7단계의 성인은 친밀감을 바탕으로 한 사랑을 발전시켜 자녀를 낳게 되고 사회적으로 직업에 충실하며 다음 세대에 대한 깊은 관심을 갖고 활동하게 된다. 이 시기는 노화가 시작되어 급격한 신체적 능력의 저하를 경험하게 된다. 이 시기에 잘 적응한 성인은 생산성을 바탕으로 사회를 존속시키게 되고 타인을 배려(care)하는 성숙함을 보인다. 그러나 이 시기의 심리사회적 위기를 잘 극복하지 못하면 생산성이 침체되어 타인보다는 자신의 욕구에 치중하여 타인에 대한 관대함이 결여된다.

(8) 8단계(노년기: 65세 이후, 자아통합 대 절망감 – 지혜)

8단계의 노인은 신체적 노쇠함, 직장에서 은퇴, 친구나 배우자의 죽음으로 인생의 허무함과 무력감을 느끼며 자신의 죽음에 직면하게 된다. 이 시기의 신체적 · 사회적 퇴보를 어떻게 수용하느냐는 중요한 과제이다. 이 시기의 심리사회적 위기를 잘 극복한 사람은 자아통합(ego integrity)을 이루어 지혜(wisdom)를 갖게 되나 그렇지 못하면 인생에 대한 실패감과 절망감 가운데 괴로워하게 된다.

에릭슨의 발단 단계별 특성을 프로이트의 발달 단계 순서와 간단히 비교해 보면 〈표 7-1〉과 같다.

〈표 7-1〉 에릭슨의 발단 단계별 특성과 프로이트의 발달 단계 순서

자아위기	자아가 획득한 기술	나이	프로이트의 단계
신뢰감 대 불신	희망	0~1세	구강기
자율성 대 수치감과 의심	의지	1.5~3세	항문기
주도성 대 죄책감	목적	4~5세	남근기
근면성 대 열등감	능력	6~11세	잠복기
정체감 대 역할혼미	성실	12~20세	생식기
친밀감 대 고립감	사랑	21~24세	
생산성 대 침체	배려	25~64세	
자아통합 대 절망감	지혜	65세 이후	

3. 아들러의 이론

아들러는 프로이트와 함께하기도 하였으나 인간은 본능, 유년기 경험, 문화적 압력 등에 의하여 성격이 형성되는 것이 아니라, 인간 스스로 자신의 성격을 창조한다고 주장하였다. 열등감에 빠지기 쉬운 빈곤층, 장애인 등 심리·사회적 약자를 위해 일하는 사회복지사에게 도움이 되는 많은 지식을 담고 있어 사회복지사에게 큰 힘을 더해 주고 있다. 그 주요 이론을 살펴보면 다음과 같다.

1) 아들러의 생애[3)]

아들러는 1870년 2월 7일 오스트리아 비엔나에서 유대인 곡물상의 차남으로 태어났고 1937년 5월 28일 스코틀랜드 에버딘대학에서 강연 도중 심장마비로 갑작스럽게 사망하였다. 어렸을 때 아들러는 구루병(뼈를 약하게 하는 영양실조)으로 4살 때까지 걸을 수 없었고 5살 때는 폐렴으로 거의 죽을 뻔 했다. 그러나 아들러는 사회활동도 활발하게 하였고 열심히 노력하여 형보다 앞섰으며 학급에서 가장 우수한 학생이 되었다. 1895년 의학학위를 받았고 1897년 결혼하여 4명의 자녀를 두었고 두 명의 자녀가 정신과 의사가 되었다.

1902년부터 1911년까지 프로이트와 연구하였으나 프로이트의 이론이나 정신분석 이론과 대립하여 결국 1911년 비엔나 정신분석학회 회장직을 사임하고 자유정신분석학회를 조직하였으며, 1912년 학회 명칭을 개인심리학회로 바꾸었다. 1920년대 중반 이후 유럽과 미국에서 왕성하게 강연을 했고 히틀러의 등장으로 1934년 미국으로 이주하여 롱아일랜드 의과대학에서 의학심리학 교수와 정신과 의사로서 치료를 하였다. 아들러는 생애 동안 300여 권의 책과 논문집을 발간했다. 프로이트는 아들러의 사망 소식을 전하는 친구에게 아들러에 대한 분노를 표시했다고 한다.

2) 주요 개념

신프로이트학파의 한 사람인 알프레드 아들러는 초창기에 프로이트와 함께 일했으나 프로이트가 주장한 리비도에 거부감을 갖고 1911년 프로이트와 결별한 뒤 사회적 상호작용을 중시하는 '개인심리학(individual psychology)'을 발전시켰다.

개인심리학에서는 인간이 성적 만족보다는 우월감을 추구하며 여기에 많은 사람들이 관심을 두고 있다고 보았는데, 이는 타인에 대한 열등감에서 기인한다고 설명했다.

3) 아들러의 생애는 옐(Hjelle)와 치글러(Ziegler)의 『성격심리학』(2003: 96-101)과 엄신자의 『인간행동과 사회환경』(2007: 251)을 요약하여 인용한 것이다.

아들러는 인간을 사회적이며 목적론적인 존재로 보았으며 이러한 인간을 이해하려고 했다. 아들러는 가족성원의 생활양식과 가족구조, 출생서열 등에도 많은 관심을 가졌다. 이러한 개념들은 사회복지실천에 있어 가족상담이나 가족치료 등에 이론적 기반을 제공한 것으로 평가되고 있다. 그의 주요 개념을 살펴보면 다음과 같다.

(1) 인간에 대한 관점

아들러는 프로이트의 정신역동 이론은 생물학적 요인이나 본능을 지나치게 강조한다고 그의 이론에 반대했으나, 프로이트와 같이 생애 초기의 경험이 성인기에 많은 영향을 준다고 믿었다. 프로이트와의 차이점은 과거에 대한 탐색에 초점을 두는 것이 아니라 과거의 경험이 현재에 미치는 영향에 더 관심을 두었다는 것이다.

아들러는 인간이 선천적인 요인보다는 우리가 가진 능력을 어떻게 활용하는지를 더 강조했다. 그는 가치, 신념, 태도, 목표, 관심, 현실적 지각과 같은 내적 결정인자를 강조하는 인간관, 총체적이고 사회적이며 목표지향적인 인간관을 가졌다(권육상 외, 2004).

(2) 열등감과 보상

① 열등감

열등감은 개인이 잘 적응하지 못하거나 해결할 수 없는 문제에 직면했을 때 생기는 것이다. 이러한 열등감은 인간이 무언가를 추구할 수 있는 동기가 된다. 아들러는 자기완성을 위한 필수요인으로 열등감을 제시하면서 이를 긍정적으로 보았다. 열등감은 누구에게나 있으며 인간이 성숙해지고 자신의 잠재력을 실현하는 데 필요한 것이라고 하였다. 병적인 열등감은 자신을 타인과 비교할 때 항상 열등하다고 느끼는 것으로, 그 뿌리가 깊고 지속적이다. 병적 열등감에 빠지기 쉬운 환경은 신체적 결함이 있거나 버릇없이 응석받이로 성장했거나 방임되어 성장하였을 때이다.

② 보상

잠재력을 발휘하도록 인간을 자극하는 건전한 반응이다. 인간은 좀 더 나아지기를 원하기 때문에 본질적으로 열등감을 경험하게 된다. 좀 더 나은 상태로 나아가기 위해 신체적으로나 정신적인 기술을 훈련하여 부족한 점을 충족하려는 시도가 바로 보상이다.

(3) 우월성의 추구/우월을 향한 노력

인간은 출생에서 사망까지 우월감을 추구하기 위해 노력한다. 우월성의 추구는 열등감을 보상하려는 욕구에서 나오며, 자기완성 혹은 자아실현이라는 맥락에서 이해할 수 있다. 인생의 궁극적인 목적은 바로 우월하게 되는 것이다. 우월은 모든 인간이 갖는 기본적인 동기로서 선천적이다. 인간은 부족한 것은 채우고 미완성인 것은 완성하려고 하는 경향이 있다. 성취를 향한 모두의 노력에도 불구하고 표현되는 잠재력의 차이에 따라 사회적으로 이타성을 띤 긍정적 경향과 개인적 우월성을 추구하는 부정적 경향을 취할 수 있다. 병적 우월감은 열등감을 보상하기 위해 자신의 신체적 · 지적 · 사회적 기술을 과장해서 드러내는 경향을 말한다.

(4) 생활양식

생활양식은 인생의 목표, 자아개념, 성격, 문제에 대처하는 방법, 삶에 공헌하려는 소망 등을 말하며, 생애 초기(약 4~6세)의 경험에 의해 형성되는 것으로 가족 내에서의 경험이 중요하다. 가족관계, 기타 중요한 사회경험이 기본 생활양식을 만들며 경험이나 사건 자체가 아닌 그것을 대하는 태도가 중요하다. 인간은 의미 있는 삶의 목표를 추구하기 위해 독특한 생활양식을 발달시킨다. 생활양식은 개인적인 관점이나 개인 고유의 목표를 추구하는 행동들로 구성된다. 생활양식 유형은 곧 성격 유형으로 지배형, 획득형, 회피형, 사회적으로 유용한 형으로 나눈다(노안영, 2003). 아들러는 사회적 관심과 활동수준에 따른 생활양식을 네 가지로 설명하였다.

① **지배형**

독단적이고 공격적이며 활동적이지만 사회적인 인식이나 관심은 거의 없고, 인생과업에 있어서 반사회적이며 타인의 안녕에 대해서는 관심을 두지 않고 행동한다.

② **획득형**(기생형)

기생적 방법으로 외부세계와 관계를 맺으며 다른 사람에게 의존하여 대부분 욕구를 충족하는 생활유형이다.

③ **회피형**

사회적 관심과 활동수준은 매우 낮으며 인생에 참여하려 하지도 않고, 소극적이며 자신감이 부족하다. 또한 모든 문제를 회피함으로써 한 치의 실패가능성조차 모면하려는 것이 목표다.

④ **사회적으로 유용한 형**

심리적으로 건강한 사람의 표본으로서 사회적 관심과 활동수준이 모두 높아서 자신과 타인의 욕구를 충족시키는 한편 인생과업을 완수하기 위해 다른 사람들과 협동한다.

(5) 사회적 관심

사회적 관심은 각 개인이 이상적인 공동사회의 목표를 달성하고자 할 때 사회에 공헌하려는 성향을 말하며, 가족관계 및 다른 아동기 경험의 맥락에서 발달하며 어머니가 사회적 관심의 발달에 가장 큰 영향을 준다. 사회적 관심은 심리적 성숙의 주요 기준이 되며 선천적이지만 의식적으로 개발하는 것도 필요하다. 적절한 지도와 훈련으로 사회적 관심을 달성해야 한다. 부부관계가 자녀의 사회적 관심발달에 지대한 영향을 미치며, 사회적 관심은 장래의 모든 적응력의 중요한 관건으로 한 개인의 심리적 건강을 측정하는 유용한 척도이다.

(6) 창조적 자아

개인심리학을 대표하는 개념으로 생의 의미를 제공하는 원리이고, 창조적 자아에 의해 생활양식이 발달한다. 창조적 자아는 자신의 인생목표와 목표를 추구하는 방법을 결정하며 사회적 관심의 발달에도 영향을 준다.

3) 성격발달

아들러는 성격의 구조나 발달단계를 제시하지는 않았으나 부모와 자녀와의 관계, 가족의 크기, 형제와의 관계, 가족 내에서의 아동의 출생순위 등 다양한 요소들이 성격의 발달에 영향을 준다고 주장하면서 잘못된 생활양식을 왜곡시킬 수 있는 상황을 다음과 같이 설명하였다(권육상 외, 2004).

(1) 생활양식을 왜곡하기 쉬운 상황

① 신체적으로 허약한 아동

불완전한 신체기관은 목표를 달성하거나 능력을 형성하는 데 불리한 조건이 되기 때문에 성격형성에 중요한 역할을 한다. 병약하거나 허약한 경우 기술의 습득이 힘들거나 숙달할 수 없기 때문에 열등감을 경험할 수 있다. 이러한 아동은 자신에게만 관심을 집중하고 타인에게 기여하기 어렵다.

② 응석받이

좌절에 대처하는 방법을 배우지 못하였기 때문에 문제가 생기면 퇴행하고 다른 이에게 도움을 요구하는 것이 하나의 생활양식이다. 응석받이의 관심은 오직 자신이며 협동의 의미를 모른다. 자아 중심적인 사람이 되거나 자신의 미성숙함을 신경증적 양식으로 나타내기도 한다.

③ **거부당하는 아동**

거부는 물리적 폭력일 수도 있고 심리적인 것일 수도 있다. 거부당한 아동은 거부에서 비롯된 불신감으로 세상이 적대적이고 위협적이라고 보기 때문에 반항적이다. 또 신뢰감을 갖고 사람을 접해 본 경험이 없기 때문에 사랑이나 협력 등을 알 기회가 적어 다른 사람에게 유익한 행동을 함으로써 애정이나 존경을 받게 된다는 것을 이해하지 못한다.

(2) 출생순위

아들러는 사회적 요인이 성격에 미치는 영향을 강조하면서 개인의 가족 내 출생순위가 생활양식 형성에 영향을 준다고 했다. 특히, 출생순위에 따른 상황을 자각하는 것이 중요하다(이훈구 역, 2003).

① **첫째 아이**

첫째 아이는 집안에서 매우 독특한 위치를 가지며, 부모의 모든 사랑과 관심을 받으면서 자라 일반적으로 버릇이 없다. 둘째가 태어나면서 '폐위된 왕'이 되는데, 이러한 변화로 열등감을 경험한다. 부모나 윗사람에게 순응적이며 농조하는 생활양식을 발달시키면서 성장한다. 성장 후 권위적이고 규칙과 법을 중시하는 경향이 있다.

② **둘째 아이 또는 중간 아이**

태어날 때부터 형이나 누나(언니/오빠)라는 우월한 자가 있어서 형과 누나(언니/오빠)의 장점을 능가하기 위해 노력한다. '경쟁'이 바로 둘째 아이의 가장 큰 특성으로서 항상 자기가 형이나 누나(언니/오빠)보다 뛰어나다는 것을 증명하기 위해 노력하며, 아들러는 이들이 달리는 꿈을 자주 꾼다고 하였다.

③ **막내 아이**

응석받이로 자라거나 경제적 상황이 어려울 경우에는 천덕꾸러기일 수 있고 과잉보호를 받을 가능성이 많다. 자신보다 힘도 세고 능력 있는 형제(자매)에게 둘러싸여 있는 경우에는 독립심이 부족하면서 동시에 열등감을 경험할 수 있다. 그럼에도 불구하고 막내에게는 형들을 능가하려는 강한 동기가 작용한다는 이점이 있다.

④ 독자

경쟁할 형제가 없는 독특한 위치에 있기 때문에 응석받이로 자랄 수 있다. 자기중심적이거나 소심하고 의존성이 현저하게 나타나며 경쟁의 경험도 거의 없다. 독자는 노력 없이도 관심을 받고 자랐기 때문에 자신의 중요성에 대해 과장된 견해를 가질 수 있다. 어린 시절부터 가족의 관심의 초점이 되지만 후에 자신이 관심의 주요 대상이 아니라는 것을 깨닫게 된다.

4. 융의 이론

1) 융의 생애[4)]

융은 1875년 7월 26일 스위스 동북부 콘스탄스 해변에 있는 케스빌이라는 작은 마을에서 출생하였고 1961년 85세에 사망하였으며 아버지는 개신교 목사였다. 융에게는 두 명의 형이 있었으나 어려서 사망하였고 9세에 여동생이 태어났다. 융은 어려서 질병에 시달렸고 대인관계에 어려움이 있어 외톨이로 지내곤 하였다. 융은 1895년 의사가 되려고 바젤대학에 입학했는데, 1년 뒤 아버지가 별세하였다. 융은 주리히 한 정신병원의 젊은 의사로서 프로이트의 이론에 관심을 갖기 시작했다. 1907년경 프로이트의 초기 지지자가 되었고 분석심리학 서클 내의 활발한 동료가 되었지만, 1913년경 철학적이고 이론적인 견해 차이로 인하여 물러났다.

융은 리비도의 역할, 성격에 영향을 미치는 힘의 방향, 무의식에 대한 개념 등에 대

4) 융의 생애는 엄신자의 『인간행동과 사회환경』(2007: 268-269)을 요약하여 인용한 것이다.

한 프로이트와의 견해 차이로 분석심리학이라고 하는 학파를 발전시켰다. 제2차 세계 대전이 끝날 때까지 융의 영향력은 유럽의 한정된 지식인에 국한되었으나, 제2차 세계 대전 이후 정신건강에 대한 관심이 높아지면서 융에 대한 관심은 더욱 증대되었다. 1961년 융이 사망하고 그의 이론은 광범위한 분야에서 수용하기 시작하였다.

2) 주요 개념

(1) 자기

융의 이론은 철학적으로 유기체적인 목적론적 전제에 기초하며, 개인의 내면에 펼쳐진 개체화의 변화과정은 융이 '자기(self)'라고 칭한 정신적인 중심 원리에 의하여 수행된 독특한 잠재성에 이미 여러 방식으로 유전되어 있다. 융의 '자기' 개념은 균형과 전체의 중요성을 강조하고 있지만, 또한 이를 넘어서 각 개인의 정신 내면의 잠재력의 성장에 유전된 창조력의 초월적 근원과 영적인 차원의 인식 안으로 들어선다. 융의 '자기' 개념은 집단무의식 안에 있는 원형적 이미지와 성향으로 수행된 진화의 역사 안에 뿌리박힌 개인의 심리를 나타내는 이론이다(Corsini ed., 1994).

(2) 원형

융은 원형을 어떠한 것이 만들어지게 되는 기본모형으로서 뒤에 형성되는 심상에 대한 하나의 모델 혹은 본보기라고 정의하였다. 원형은 무의식 수준에 존재하는 경향성이나 소인으로서 인간에게 영향을 미치는 것으로 인간은 원형을 의식하지 못한다. 융은 연구과정에서 탄생, 죽음, 권력, 신, 악마, 현세의 어머니 등과 같은 많은 원형들을 구별하여 논의하였다. 그 중 대표적인 원형은 페르소나, 아니마, 아니무스, 그림자를 들 수 있다.

(3) 페르소나

사전적 의미는 무대에서 배우가 쓰는 가면을 뜻하는 라틴어이다. 개인이 외부에 표출하는 이미지는 가면과도 같다. 모든 사람이 적어도 한 개 이상 가지고 있는 외면적으로 보이길 원하는 자기이며, 이는 사회적 모습이며 사회적 역할과 밀접하게 관련이 있다. 인간의 사회적 역할은 중년기에도 계속되는데, 인간이 지니고 있는 사회적 성격에도 불구하고 그것은 인간의 본성을 나타내지 않을 수 있다. 따라서 중년기의 인간은 페르소나의 하부까지 도달하여 페르소나가 덮고 있는 자기(self)를 인식한다.

(4) 그림자

동물적 본성을 포함하고 있으며 스스로 의식하기 싫은 자신의 부정적 측면이다. 사회생활을 위해서는 그림자를 억제하고 페르소나를 발전시켜야 한다. 그러나 그림자에는 창조성, 통찰력, 생명력 같은 긍정적인 본성도 존재한다. 따라서 자기 자각, 자신의 성격을 통합, 생기 있는 생활을 위해서는 그림자에 대해 통찰하고 자아와 조화를 이루는 것이 필요하다.

중년기는 개별화된 인간으로서 파괴적이기도 하고 건설적이기도 한 그림자의 힘을 모두 알아야만 한다. 그것은 인간 본성의 어두운 면인 파괴성, 이기심 같은 동물적이고 원시적인 충동이다. 이것들의 힘을 안다는 것은 거기에 굴복하거나 지배받는 것이 아니라 그 존재를 인정한다는 것이다.

(5) 아니마와 아니무스

아니마는 무의식에 존재하는 남성의 여성적 측면이다. 융은 꿈을 분석할 때 남성 환자의 꿈에 특징적 여성상이 많이 나타나는 것에 주목하여 그러한 여성상의 원형이 남성들의 보편적인 무의식 속에 존재한다고 가정하고 그것을 아니마라고 하였다. 아니무스는 무의식에 존재하는 여성의 남성적 측면이다. 즉, 여성의 무의식 속의 남성적 성질이 인격화된 것이다. 중년기에 남성은 아니마(여성적) 특성을, 여성은 아니무스(남성적) 특성을 표출할 수 있어야 한다. 이는 이전의 자아상에서 가장 큰 변화를 겪는 부분이다. 어느 한쪽의 독점적 성격을 다른 쪽으로 대치하여 균형을 이루는 것이 중요하다. 융은 아니마와 아니무스가 자유롭게 표현될 때, 남성은 어머니로부터 여성은 아버지로부터 자유로워진다고 하였다.

(6) 집단무의식

무의식에 대한 융의 개념은 아동기의 경험에서 파생된 개인 무의식이라는 개인적 영역을 포함하고 있지만, 이를 넘어서 집단무의식의 깊이로 들어가 개인의 독특한 창조적 잠재력의 초월적 근원과 개인과의 연결을 가져올 뿐 아니라, 최초의 원시적 출발점에서 비롯된 인간의 심리적 유산을 가지고 온다(Corsini ed., 1994). 집단무의식은 모든 인류에게 공통적으로 존재하는 것으로 개인적 경험과는 상관없이 조상 또는 종족 전체의 경험 및 생각과 관계가 있는 원시적 감정, 공포, 사고, 원시적 성(性)향 등을 포함하는 무의식이다. 집단무의식이 존재한다는 증거는 멀리 떨어져 있는 지역에서도 신화가 거의 비슷하다는 것을 예로 들 수 있다. 집단무의식은 인간의 행동에 많은 영향을 미치며, 예술이나 꿈을 통해서도 표현된다.

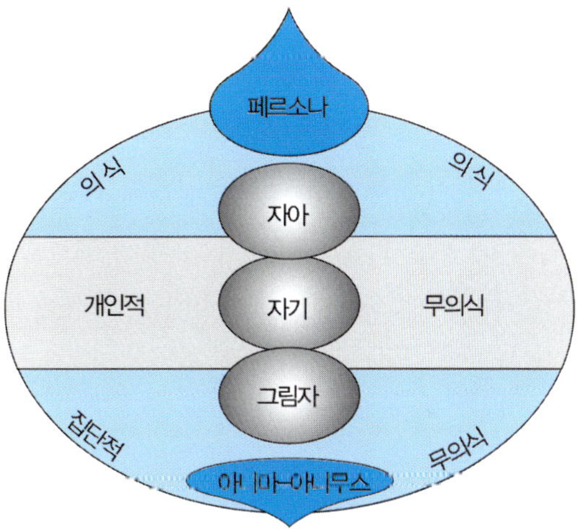

[그림 7-2] 융의 모델

출처: http://www.schuelers.com/ChaosPsyche/table_of_contents.htm

3) 융의 발달 단계와 발달 과업

융은 성격발달을 아동기, 청년 및 성인 초기, 중년기, 노년기의 4단계로 기술하였다. 본능에 의해 지배되는 유아기에는 자아가 형성되지 않았으므로 이 시기가 성격형성에 미치는 영향은 중요시하지 않았고 이 시기의 성격발달 단계는 상세히 설명하지 않았다. 융의 분석심리 이론은 오히려 중년기와 노년기의 성격발달을 중요하게 다루고 있다.

(1) 아동기: 출생~사춘기

유아는 본능에 의해 지배되며 자아가 아직 형성되지 않은 시기이므로 의식적 자아가 존재해야 발생하는 심리적인 문제는 없다. 초년의 생존을 위한 활동에 리비도의 영향을 중요시했다. 5세 이전 성적 리비도가 나타나기 시작하여 청년기에 최고에 이른다(최순남, 2002).

(2) 청년 및 성인 초기: 사춘기~약 40세 전후

융은 이 시기를 생의 전반기로 보았고 신체적으로 팽창하는 시기이며, 성숙함에 따라 자아가 발달하고 외부세계에 대처하는 능력을 발휘한다. 젊은이는 다른 사람과의 교제를 통하여 가능한 한 사회의 보상을 많이 얻으려고 노력한다. 가정을 이루며 경력을 쌓고 사회적 성공을 얻기 위해 노력하며 남자는 남성적 측면을, 여자는 여성적 측면을 발달시킨다. 이 시기의 과업은 외적 환경의 요구에 확고하고 완고하게 대처하는 것이다. 따라서 내향적인 사람보다는 외향적인 사람이 더 순조롭게 이 시기를 보낸다.

(3) 중년기

중년기는 대부분 삶에서 요구하는 것에 비교적 잘 적응하여 상당한 만족감을 얻는 시기이므로 가정과 사회에 있어서 중요한 위치에 있고 경제적으로 안정되어 있다. 그럼에도 불구하고 절망과 비참함을 경험할 수 있는 시기로서, 융은 인생의 의미를 잃어 공허함을 느끼는 중년기의 문제 원인을 찾아내었다.

① 중년기의 문제 원인

인생의 전반기에 삶의 기반을 위해 많은 에너지를 투자하지만 삶의 기반이 이미 마련된 40대에 가서는 더 이상 인생의 도전이 없어져 버린다. 40대에는 정신적 변화가 생겨 추구하던 목표와 야망의 의미를 잃게 되어 우울감과 침체감을 경험한다. 외부세계에 쏟았던 에너지를 자기 내면으로 돌리도록 자극받으며 지금껏 실현되지 않은 잠재력을 배우려는 충동을 느낀다. 중년기의 많은 변화는 결혼 생활에 문제를 초래할 수 있다. 중년기는 더 이상 금전, 위신, 명예, 혹은 지위에 지배받지 않는다.

② 중년기의 개별화

개별화(individualization)는 중년기에 자아를 외적 · 물질적 차원으로부터 내적 · 정신적 차원으로 전환시키는 것을 의미한다. 인생의 전반기의 자아강화 없이 후반기의 자아강화는 어렵기 때문에 엄격한 의미의 개별화 과정은 인생 후반기의 자기실현을 의미한다. 인간의 개별화를 위해 요구되는 것은 다음과 같다. 첫째, 자기(self) 국면을 인식하는 것으로 이는 중년기에야 이루어진다. 자신답게 되는 것 혹은 자아인식으로 해석할 수 있다. 둘째, 무의식은 진정한 인간 자신을 드러내 주므로 무의식의 소리에 직면하고 받아들여야 한다. 셋째, 성인 초기의 물질적 목표와 그것을 달성하게 하였던 성격 특성을 버린다.

③ 중년기 성격 원형(archetypes)의 본질적 변화

개별화 기간 중 페르소나(persona), 그림자(shadow), 아니마(anima), 아니무스(animus)의 변화가 생긴다.

(4) 노년기

나이가 들수록 명상과 회고가 많아지며 내면적 이미지가 큰 비중을 차지하게 된다.

노년기는 죽음 앞에서 생의 본질을 이해하려는 시기이다. 내세에 대한 이미지가 없다면 건전한 방식으로 죽음을 맞이하기 어렵다. 융에게는 사후의 생애도 삶 그 자체로서, 죽은 자도 노인과 마찬가지로 존재에 대한 물음과 계속 씨름을 한다(최순남, 2002).

5. 정신역동 이론과 사회복지실천

정신역동 이론은 인간의 성격을 이해하는 데 있어서 기초가 되는 정보를 다양하게 제공하여 인간복지를 다루는 사회복지사에게 많은 도움을 주고 있다. 프로이트는 인간의 내면세계와 심리발달에 대한 이해를 도왔으며, 에릭슨은 인간발달에 있어서 사회환경의 중요성과 자아정체감 형성이 중요함을 역설하여 자아심리학을 개척하였다. 아들러는 인간을 더 이상 나눌 수 없는 존재로 보면서 개인주의심리학을 개척하였다. 융의 분석심리이론은 중년기의 문제를 중점적으로 다루었기 때문에, 이 이론의 사회복지실천에 있어서도 중년기의 자아문제가 쟁점이 된다. 사회복지사가 영유아기의 인간으로부터 청소년기 그리고 중년기와 노년기 사람들을 이해하고 사회복지 서비스를 제공하는 데 큰 기여를 하고 있다.

생각할 문제

1. 프로이트의 지정학설과 성격구조론을 설명하시오.
2. 프로이트의 심리성욕발달 단계를 설명하시오.
3. 에릭슨의 자아발달 단계를 설명하시오.
4. 아들러의 출생순위별 성격 특성을 설명하시오.
5. 융의 아니마와 아니무스에 대하여 설명하시오.

Chapter 08

인지 이론

'인지(cognition)'란 어떤 대상을 느낌으로 알거나 이를 분별하고 판단하는 의식적 작용이다. 지각 · 재인(再認) · 상상 · 추론과 지식을 구성하는 모든 의식적 과정을 포함하는 것으로, 자신이나 혹은 주위에서 일어나는 일에 주의를 기울이고 지각하고 평가하는 전체 과정을 뜻한다. '인지'란 용어는 라틴어의 'gnos'에서 파생된 말로 '영적 세계 또는 미지의 세계를 알다 또는 경험하다'라는 의미를 지닌 'cognosco'에서 나왔고, 현재는 비교적 넓은 의미로 사용된다.

인지 이론은 사고의 획득과 기능에 대해 설명하는 이론이다. 인지 이론에서는 인간을 매우 주관적인 존재로 규정하는데, 개인의 행동의 결과는 객관적 현실보다는 주관적 현실, 즉 개인의 신념에 의한 것이라고 보고 있다. 개인이 인식하는 그것이 바로 현실이 된다는 것이다. 따라서 한 개인의 생각(인지)은 그 사람의 행동과 감정을 만드는 중요한 요소가 된다. 이에 대해 그린버그(Greenberger, 1995)는 생각이 변하면 행동 · 기분 · 신체반응뿐만 아니라 사회환경까지도 변할 수 있다고 하였다.

본 장에서는 피아제(Piaget)의 '인지발달 이론'을 통해 인간의 인지체계발달에 대한 이해를 가지고, 벡(Beck)과 엘리스(Ellis)의 '인지치료 이론'에서 인지가 개인의 행동에 미치는 영향과 치료적 접근법에 대해 살펴보고자 한다.

1. 피아제의 인지발달 이론

우리 머릿속에서 일어나는 내적 정보처리과정을 객관적이고 과학적인 방법으로 연구하는 것을 인지 이론이라고 한다. 현대의 인지 이론은 접근방법에 따라 인지발달론과 정보처리론으로 나눌 수 있는데, 인지발달론을 연구하는 대표적인 학자가 바로 피아제(Jean Piaget)이다. 그의 이론은 현재 많은 연구의 이론적 기초역할을 하고 있으며, 인지발달 분야에서 독보적인 업적을 남긴 것으로 평가되고 있다.

아동발달 분야에서 가장 영향력 있는 심리학자 중 한 사람인 피아제는 자신을 '발생학적 인식론자(genetic epistemologist)'라고 불렀고, 인식능력의 발생기제에 대한 큰 관심은 많은 연구결과로 드러났다. 그는 11살 때, 참새의 서식을 관찰하고 글을 써서 뇌샤텔(Neuchatel)의 박물학 학술지에 기고했다. 피아제는 어린 시절부터 자연현상에 남다른 관심을 가지고 자연 속에 서식하는 새, 물고기 등의 행동을 즐거이 관찰하곤 하였고 생물학에 비범한 재능을 보였으며, 나이 21살인 1918년에 생물학으로 박사학위를 받았다.

이후 취리히대학교에서 잠깐 공부하고 철학논문을 출판하는 과정에서 심리학적인 생각의 갈등이 싹트게 되고 정신분석학에 대한 관심이 나타나기 시작하였다. 이후 스위스에서 프랑스 파리로 이주하여 남학교에서 아이들을 가르쳤는데, 이때 피아제는 나이 어린 어린이들이 특정한 질문에 시종일관 틀린 답을 내고 있음에 주목하게 되었고 어른이나 나이가 조금 더 많은 어린이들은 하지 않는 같은 패턴의 실수를 반복하고 있음을 알아냈다.

1923년 결혼하여 3명의 아이들을 두었는데, 피아제는 그의 아이들이 노는 것을 보면서 인간의 적응에 관심을 돌렸다. 또한 훈련된 과학자의 눈으로 그들을 관찰하면서 아이들의 놀이를 환경과의 대결로 보았다. 아이들은 놀이를 통해서 적응하는 것을 배우고 있다는 사실을 발견한 것이다.

1) 기본개념

피아제는 인지발달과정과 관련하여 몇 가지 주요 개념들을 상정하고 있는데, 인지 · 도식 · 동화와 조절이 그것으로 내용은 다음과 같다.

(1) 인지

인지란 여러 가지 방법으로 변형하고 부호화하고 기억 속에 저장한 다음 그것을 사용할 경우 인출하는 정신 과정이라 할 수 있다. 인지 이론에서는 외적 행동을 가져오는 인간의 내적 정신과정을 객관적이고 과학적인 방법으로 연구한다. 인지구조는 주체가 대상과 상호작용하는 동안 형성되는데, 피아제는 발달과정에서 시행된 행동에 기초해서 점차 적절한 지적 구조를 형성할 수 있는 지적인 기능이 태생적으로 정해진 대로 발달한다고 보고 있다.

(2) 도식

도식은 주어진 자극에 대해 적합한 반응을 하는 반응체계로 지각의 틀이라고 할 수 있다. 인간은 자신의 인지발날 수준에 따라 아이디어와 개념을 생삭하고 소식화하는데 이를 도식이라 한다. 아동의 심리적 구조는 아동 자신의 경험적 활동에 의해 후천적으로 학습되는데 기본 도식은 생래적으로 가지고 태어나며 환경과의 접촉을 통한 반복되는 행동과 경험에 의해 형성된다. 도식이란 한마디로 아동 자신의 경험적 활동에서 사건이나 자극을 인식하고 그것을 대응하여 사용하는 기본적인 이해의 틀이라고 할 수 있다.

(3) 동화와 조절

피아제에 따르면, 아동의 사고는 두 가지 과정을 통해서 발달해 나간다. 동화와 조절이 그것이다. '동화'란 새로운 정보가 들어왔을 때 현존해 있는 도식이 이를 잘 받아들여 새로운 정보를 잘 융합시키는 것을 말한다. 그러나 늘 도식이 잘 융합될 수 있는 것은 아니며 잘 융합될 수 없을 경우 아동은 자신이 가지고 있는 현재의 도식을 수정해서 새로운 정보를 현존하는 도식과 융합시키게 되는데, 이러한 과정을 '조절'이라 할 수 있다. 동화와 조절은 상보적 형태로 동시에 일어나게 되는데, 즉 어떻게 할 것인가라는 문제에 직면했을 경우, 이미 알고 있는 지식을 적용시키는 '동화'의 과정과 무엇인가 새로운 방법을 획득하는 '조절'의 과정이 우리의 사고과정에서 동시에 일어나고 있는 것이다.

피아제는 인간은 자신의 심리구조를 일관성 있고 안정된 행동양식으로 조직하려는 경향이 있다고 언급하였다. 즉, 인간 유기체의 심리구조는 평형의 상태를 유지하려는 경향이 있다. 여기서 '평형'이란 개인의 정신적 활동과 환경 간의 균형의 상태를 의미한다. 쉽게 동화될 수 없고 조절할 수 없는 새로운 정보가 들어왔을 때 개인의 심리구조는 평형을 잃어버리게 되며, 불평형상태가 되게 되는데 유기체는 평형상태로 되돌리기 위해 노력한다. 평형을 잃어버린 상태의 개인의 심리구조가 다시 평형화되었을 때는 보다 높은 차원의 심리구조가 획득된 상태가 된다. 다시 말해, 평형화를 통한 심리구조의 재구성이 이루어졌다는 뜻이다.

(4) 인지발달의 기본요인

피아제는 인지발달은 타고난 유전적 기질과 환경과의 상호작용의 결과라고 말하고 있는데, 인지발달을 촉진하는 요소를 내적 성숙(유전적 요인), 직접적 경험, 사회적 상호작용(교육), 평형화로 제시하고 있다.

'내적 성숙'은 주어진 단계에서 인지발달의 가능성과 불가능성의 한계를 규정해 주는데, 신생아가 외부세계에 적응하는 최초의 상태를 결정할 뿐만 아니라 발달의 각 시점에서 어떤 새로운 발달가능성을 전개할 것인지 결정하게 한다.

'직접적 경험'은 감각적 경험과 신체적 활동이 사고나 정신적 조작을 통해 내재화되는 것을 말하는데, 감각적 경험이나 신체적 활동의 내재화가 없이는 인지발달이 어렵고 이는 자발적 · 심리적인 지적발달에 기여하게 된다.

'사회적 상호작용'은 아동의 인지발달의 심리사회적인 측면에 기여하는 것으로 외부로부터 지식을 전수 받는 것이다. 아동은 아이디어의 교환, 즉 사회적 상호작용을 통해서 지식과 경험을 습득하게 된다.

마지막으로 '평형화'는 동화와 조절의 통합과정으로 인지발달의 핵심기능이다.

2) 인지발달

피아제에 따르면 아동은 앞에서 살펴본 기본 요인 중 어느 하나라도 결핍되었을 경우 지적 발달은 지연된다고 보았다. 또한 성숙, 물리적 경험, 사회적 상호작용을 통한 인지발달의 개념화를 위해서 피아제는 아동 발달을 네 가지 단계로 구분하여 설명하고 있는데, 그것은 감각운동기, 전조작기, 구체적 조작기, 형식적 조작기이다. 4단계의 인지발달은 개인의 지능이나 사회환경에 따라 각 단계에 도달하는 개인 간 나이의 차이는 있을 수 있으나, 발달순서는 결코 뒤바뀌지 않는다고 가정하고 있다. 각 단계는 전 단계의 심리적 구조가 통합된 것이며, 다음 단계의 심리적 구조에로 통합될 준비과정이기도 하다. 네 가지 단계는 다음과 같다.

(1) 감각운동기(sensory motor period)

이 시기는 출생해서 약 2세까지를 말한다. 피아제가 이 시기를 감각운동기라고 명명한 것은 이 시기의 영아가 자신의 감각이나 손가락을 입에 넣고 빠는 등의 운동을 통해 자신의 주변 세계를 탐색한다는 사실에서 연유한 것이다. 즉, 이 시기의 영아는 새로운 정보를 얻기 위해 자신의 감각을 사용하고 새로운 경험을 찾기 위해 운동능력을 사용하고자 애쓰는 시기라는 뜻이다.

이 시기에는 감각과 운동기술을 이용해 주변세계를 경험하며 대상의 영속성을 습득하는데, 주요 발달 과업은 주변의 여러 대상물로부터 자신을 분리시키기 · 빛과 소리

자극에 반응하기 · 흥미 있는 일을 계속하기 · 조작을 통한 물체의 속성 알기 · 대상영속성의 개념 획득하기 등을 들 수 있다.

피아제는 감각운동기를 여섯 단계로 구분하고 있는데 그 내용은 다음과 같다.

① 제1단계: 반사운동기(Reflex Activity: 0~1개월경)

유아는 다양한 반사를 가지고 이 세상에 태어난다. 이들 반사 중의 일부는 나이의 증가에 따라 전혀 변하지 않을 뿐만 아니라 인지적으로 관계가 없거나 또는 실제로 완전히 사라지는 것이기 때문에 전혀 인지발달적 관심의 대상이 되지 않는다. 그러나 빨기, 안구운동, 손과 팔의 운동과 같은 다른 반사들은 계속적 연습과 외부 세계의 대상 및 사상에 대한 반복적인 적용을 통해서 중요한 발달적 변화를 겪도록 되어 있다. 피아제는 이러한 빨기반사, 잡기반사를 인간의 인지성장을 위해 선천적으로 부여 받은 기본적인 초석으로서 간주하여 매우 중요시하였고, 유아의 최초의 감각운동도식으로 생각했다.

② 제2단계: 1차 순환반응기(Primary Circular Reactions: 1~4개월경)

순환반응이란 행동이 순환적이거나 반복적으로 일어나는 것을 말하는데, 영아는 아무렇게나 우연히 행한 움직임이 재미있는 일을 만들어 내면 그 행동을 계속 반복하려고 한다. 손가락 빨기와 같이 영아는 자신의 벌려진 입 속에 우연히 손가락을 넣게 되고 빨기를 시작한다. 그러다가 손가락이 입에서 빠지게 되면 재미있는 빨기 행위를 반복할 수 있도록 다시 손가락을 입 속에 넣으려고 한다. 흥미를 일으키는 행위가 영아 자신의 신체에만 국한되어 있다는 의미에서 1차적이라는 용어를 사용한다.

1차 순환반응은 뚜렷한 목적을 가지고 행해지는 것은 아니지만 어떤 도식(예: 빨기 도식)을 연습하는 것이 그 목적이 될 수 있다. 이러한 반응들은 인지발달에서 일어나는 구성과정(construction process)을 잘 보여 준다. 이 단계에서 일어나는 중요한 도식 간의 협응은 빨기-잡기 도식(sucking-prehension scheme) 및 보기-잡기 도식(vision-prehension scheme)이다. 아기는 자기 손이나 또는 손으로 잡을 수 있는 어떤 것이든지 입으로 가져가서 빠는 능력을 발달시키며 또한 자기의 입으로 가져갈 수 있는 것은 무엇이든지 잡으려는 능력도 발달시킨다. 보기와 잡기의 협응에 의하여 영아는 시각의 인도 하에 대상물을 찾아내고 붙잡을 수 있게 되며, 시야 밖에서 손으로 만지고 잡았던 어떤 대상을 시각적으로 검토하기 위하여 자신의 눈앞에 가져올 수 있게 된다.

피아제 견해에 의하면, 이 시기의 아기는 이미 잘 숙달되고 고도로 과잉 학습된 반응들을 '즐겁게' 반복하고 또 반복한다.

③ 제3단계: 2차 순환반응(Secondary Circular Reactions: 4~8개월경)

영아가 우연히 손으로 하는 것과 같은 어떤 운동적 활동을 수행하여 예기치 않았으나 지각적으로 흥미 있는 결과를 역시 우연히 환경에서 야기할 때 이러한 행동양식이 시작된다. 이를테면, 영아가 환경적 결과를 재생산하고 재경험하는 순수한 기쁨을 위해서 새 장난감을 잡고 흔들었는데, 뜻밖에 장난감에서 딸랑거리는 소리가 나게 되었다. 이러한 경우 이 단계의 영아는 의아해서 잠시 멈추었다가는 망설이면서 다시 흔들어 보고 다시 한번 그 소리를 들으며, 세 번째에는 좀 더 빠르고 자신 있게 흔들고 그리고 나서 상당한 기간 동안 계속해서 이 행위를 되풀이하게 된다.

영아는 셋째 단계에서도 여전히 우연히 일어나는 재미있는 반응을 반복하는 순환반응을 나타내지만 이번에는 2차적인, 즉 외부 세계에 있는 대상이나 사건에 대해 반복적 행위를 하게 된다. 이는 선천적 반사가 아니라 영아가 학습을 통해 획득한 반응이다. 의도적으로 전에 획득한 반응을 새로운 상황에 적용하려는 것이 이 단계의 특징으로 영아는 점차 스스로의 힘으로 사건을 만들어 내는 능력이 생긴다.

④ 제4단계: 2차 순환반응의 협응기(Coordination of Secondary Circular Reactions: 8~12개월경)

이 단계의 가장 색다른 점은 명백하게 의도적이고 수단-목적적 행동이 출현한다는 점이다. 영아의 관심은 자신의 신체가 아닌 주위환경에 있으며 목표를 달성하기 위해 두 가지 행동을 협응하게 된다. 이러한 이유로 해서 영아는 이전 단계들보다 더 '지능적'이고 인지적으로 보인다.

영아는 상대방이 자기를 위해 해 주었던 재미있는 감각적 효과(목적)를 계속하도록 사람의 손을 민다(수단). 이와 유사하게 영아는 어떤 대상을 옆으로 밀어(하나의 운동도식)

다른 대상을 잡을 수도 있는데(두 번째의 운동도식), 이와 같은 특정 수단-목표적인 계열행동은 뒤에서 언급하게 될 대상개념의 발달에 중요한 역할을 하게 된다.

3단계의 영아가 때로 자극이 실제로 일어날 때까지 기다리지 않고 가까이 있는 자극을 신호로 하여 예기적으로 반응할 수 있는데, 4단계의 영아도 똑같은 행동을 할 뿐 아니라 훨씬 더 잘한다. 이 시기 영아는 자극반응양식에서 자신의 행동과 직접적으로 연결되지 않는 상황에 대해서도 그것이 다가올 것이라는 신호를 알아차릴 수 있다. 예를 들어, 어머니가 문 쪽으로 돌아서기만 해도 영아는 어머니가 떠날 것을 예상하고 울 것이다.

⑤ 제5단계: 3차 순환반응기(Tertiary Circular Reactions: 12~18개월경)

이 단계는 주로 대상에 작용할 새롭고 상이한 양식을 철저히 탐색함으로써, 대상의 진정한 속성과 잠재성을 매우 적극적이고 목적적이며 시행착오적으로 탐색하는 것이 주된 특징이다.

이 시기도 순환반응이라는 표현에서 알 수 있듯이 사건들은 여전히 반복되어 일어나지만 영아는 그 안에서 새로운 것을 능동적으로 찾고자 하는 데까지 발전하게 된다. 즉, 행동의 결과를 살피기 위해 의도적으로 자신의 행동을 다양하게 변화시킬 수 있다. 1차 순환반응기에서 영아는 자신의 신체에 관심을 가지며, 2차 순환반응기에서는 외부 세계에 있는 대상에 관심을 가지게 되고 3차 순환반응기가 되면 영아는 실험적 사고에 열중하게 된다. 따라서 단순히 어떤 목적을 이루기 위해 행동하는 것이 아니라 마치 대상 자체의 속성에 대해 학습하려는 것처럼 행동한다. 이 시기에는 활발한 시행착오 행동(trial-and-error)이 나타나는데, 하나의 목적을 위해 여러 차례의 시행을 해 보거나 같은 목적을 얻기 위해 새로운 반응을 시도해 보기도 한다. 여기서 중요한 것은 영아가 어른의 가르침 없이 스스로 학습하며, 외부 세계에 대한 선천적 호기심으로부터 그들의 도식을 발달시켜 나간다는 것이다.

⑥ 제6단계: 정신적(상징적) **표상**(Mental Representation: 18~24개월경)

'대략 18개월부터 계속해서'라고 하는 것이 이 단계를 표현하는 방식이다. 그 이유는 이 시기의 가장 중요한 성취는 개인의 나머지 생애에 있어서 인지 기능의 필수적 속성으로 남기 때문이다. 상징이라는 수단에 의해서 자신의 인지 대상을 표상하며 단순히 외적인 비상징적 실체에 감각운동적 양상으로 작용하는 것이 아니라 내적인 상징화된 실체에 지적으로 작용할 수 있는 능력이 이 시기의 주된 성취가 된다.

이 단계에서는 몸으로 행동하는 대신 마음속으로 행동의 결과를 예측하게 되므로, 영아는 좀 더 내면적으로 사고한 후에 행동을 하게 된다. 피아제에 의하면 '표상적 사고'란 행동하기 전에 문제에 대해 정신적으로 추론하는 것을 의미하는데, 이때의 표상은 행동을 통해 이루어진다. 행동하기 전에 상황에 대해 행동적 수준이기는 하지만 사고를 함으로써 신속하게 문제를 해결하게 되는 것이며, 목격한 행동을 그 자리에서 모방하지 않고 시간이 지난 후에 아주 상세히 재생할 수 있는 '지연모방'이 가능하게 된다.

흉내 또는 상징놀이(symbolic play)는 6단계에서 최초로 나타나서 입학 전 아동기 동안 계속 발달한다. 피아제의 딸 재클린(Jacqueline)은 18개월에 손을 마주 문질러서 씻는 흉내를 내면서 '비누'라고 말하였으며, 20개월에는 종잇조각이나 그 외 먹을 수 없는 것을 먹는 척하면서 "아주 맛있어"라고 말하였다. 분명히 이러한 종류의 놀이에는 표상적이며 순수하게 상징적인 특성이 내포되어 있다.

■ 대상개념의 발달

피아제의 대상개념 또는 대상영속성 개념은 자신을 포함한 대상들의 기본적 성질과 행동에 대해 우리 모두가 공유하고 있는 일련의 내재적이며 상식적인 신념을 뜻한다. 피아제는 대상개념에 관해 다음과 같이 설명한다. 첫째, 아주 기본적이고 '명백한' 대상개념은 타고난 것이 아니라 경험을 통하여 획득되는 것이다. 둘째, 대상개념의 획득은 유아기의 감각운동기 전 기간에 걸쳐 놀라울 만치 오랫동안 이루어지는 것이다. 마지막으로 이 과정은 보편적이며 일정한 순서를 갖는 발달 단계 또는 하위 획득들로 이루어지며 유아는 각 단계에서 완전한 대상개념 중의 각기 상이한 측면이나 요소들을 획득하게 된다. 피아제는 대상개념의 발달이 전반적으로 감각운동발달과 밀접하게 관련되어 있다고 생각했는데, 그 단계는 다음과 같다.

- **제1단계(0~2개월경)**: 태어나서 2개월경까지의 영아는 시각 영역 안에 있는 대상을 쳐다보기는 하지만 그 대상이 시야에서 사라지게 되면 보는 것을 중단하고 다른 행동을 한다. 예를 들어, 엄마의 얼굴이 영아 앞에 나타나면 쳐다보지만 엄마가 가 버리면 곧 다른 것을 쳐다보며 어떤 기대나 탐색을 보이지 않는 것이 주된 특징이다.
- **제2단계(2~4개월경)**: 이 단계에서의 영아는 대상이 사라진 곳을 마치 그것이 다시 나타나기를 기다리는 것처럼 잠시 동안 응시하지만 능동적인 탐색이 아니라 수동적인 기대를 한다. 이것은 대상영속성 개념을 가졌기 때문이라기보다는 단지 계속되는 행동인 것으로 보인다. 예를 들어, 딸랑이가 바닥에 떨어져도 영아는 자신의 손을 계속 흔들고 있을 뿐 딸랑이를 찾으려고 바닥을 둘러보지 않는다.
- **제3단계(4~8개월경)**: 이 단계 동안에 유아는 대상에 대한 자기의 행위로부터 독립된 실체로서의 대상을 분화시키는 데 있어 어느 정도의 진전은 보여 주지만 이러한 분화과정이 아직도 더 많이 진행되어야 한다. 단계 말경에 유아는 대상을 눈으로 추적하는 것에 아주 능숙해져서 대상이 움직이면 눈으로 따라가고 대상이 움직이기를 멈추면 대상에 눈을 고정시킬 수 있게 된다. 이 단계에서는 대상이 현재 움직이고 있는 방향으로부터 추정하여 미래의 위치를 예측하기 시작한다.
- **제4단계(8~12개월경)**: 이제 유아는 유아가 보는 앞에서 누군가가 천이나 다른 덮개 밑에 숨긴 대상을 손으로 찾아 꺼내게 된다. 4단계 초기에는 유아가 이미 대상을 잡으려는 행동을 하고 있는 동안에 그 대상이 숨겨질 때에만 그렇게 하는 반면에, 4단계 끝 무렵에 보다 성숙한 유아는 대상을 잡으려는 반응을 시작하기 전에 대상이 감추어질 때에도 그것을 꺼낼 수 있다. 유아는 이 단계에 이르러서야 다른 사람이 감추었던 대상을 찾을 수 있다. 그러나 어떤 대상을 여러 번 옮겨 가면서 숨기게 되면 그 대상을 잘 찾아내지 못하며 단지 시각적-촉각적-조작적 경험(visual-tactile-manipulative experience)을 하게 될 것이라는 뜻을 내포하는 미세한 감각운동적 습관 또는 행동적 '규칙'을 발달시킨다.
- **제5단계(12~18개월경)**: 4단계가 끝나감에 따라 이전의 감각운동적 성취로부터 현재의 지각적 증거에도 균형이 옮겨지며, 5단계의 유아는 가장 최근에 사라진 것으로 보이는 장소에서 대상을 찾는 것을 점차 배우게 된다.

  이 단계의 유아는 몇 번씩 위치를 이동하여 숨겨진 대상을 찾을 수 있지만 대상이 이동되는 것을 계속 잘 지켜보고 있을 경우에만 가능하다. 즉, '보이는 이동'에는 대처할 수 있으나 '보이지 않는 이동'에는 아직 대처하거나 탐색하지 못하는데 그 이유는 대상이 시야에서 사라진 후에 일어날 수 있는 그 어떤 위치 변화도 상상하거나 표상할 수 없기 때문이다.
- **제6단계(18~24개월경)**: 유아가 물체의 보이지 않는 행로나 숨겨진 장소를 상상하거나 표상하기 위한 근거로 시각적 증거를 사용하는 능력을 점차 획득함에 따라 위의 단계에서 나타난 제한점은 이 단계에서 점차로 극복된다. 부재한 사물이나 사상에 대한 내적인 상징적 표상(internal

symbolic representations)을 야기할 수 있다는 것이 바로 그 단계의 핵심적인 성취인 것이다. 이 시기에는 완전히 성숙된 대상개념이 형성되는 것이다. 가려진 채로 이동이 이루어진 후에도 대상을 찾아낼 수 있는 이러한 능력은 대상영속성의 마지막 단계에서야 비로소 가능하며 이 단계의 핵심적 성취는 눈앞에 없는 사물이나 사물의 상에 대한 내적인 상징적 표상이 가능하다는 점이다.

(2) 전조작기(preoperational period)

이 시기는 2~7세까지의 나이에 해당하는 시기로 마술적 사고가 우세하여지며 운동기능을 습득하는 때이다. 이 단계에서는 논리적 조작[1]이 불가능하기 때문에 전조작기로 부른다. 사물에 대해 상징적 표상을 사용하는데 언어는 대표적인 상징적 표상이다. 감각운동기에 형성되기 시작한 대상영속성이 확립되는 시기로 대상과 상황이 존재하지 않아도 언어를 이용하여 지속적인 사고가 가능하다.

이 단계는 2~4세까지의 '전개념적 사고단계'와 4~7세까지의 '직관적 사고단계'로 구분된다. 2~4세에 해당하는 전개념적 사고기의 유아는 환경 내의 대상을 상징화하고 이를 내면화시키는 과정에서 성숙한 개념[2]을 발달시키지 못하므로 전개념적 사고기라고 부른다. 내적표상을 여러 형태의 상징 또는 기호로 표현하는 시기로 상징놀이, 모방, 심상, 상징화, 언어기술 획득이 이 시기의 특성이다.

4~7세까지는 전조작기의 둘째 단계인 직관적 사고기이다. 직관으로 사물을 파악하는 것을 의미하는데, 직관적 사고란 어떤 사물을 볼 때 그 사물의 두드러진 속성을 바탕으로 사고하는 것을 말한다. 이 시기는 여러 사물과 사건을 표상하기 위해 많은 개념을 형성하지만 아직 불완전하며 부분적 논리를 통해 추론한다. 이 시기 유아의 판단은 언어화되지 않는 모호한 인상이나 지각적인 판단에 의존한다. 상징적 매체, 즉 언어가 개입되지 않은 직관에 의존하기 때문에 이 시기 유아의 사물에 대한 판단은

1) 조작이란 수 · 액체 · 질량의 보존개념을 논리적으로 이해하는 것으로, 과거에 일어났던 사건들을 내면화시켜 서로 관련짓고 논리적 관계를 이룰 수 있는 것을 뜻한다.
2) 개념이란 사물의 특징과 관계, 속성에 대한 생각으로 주어진 대상에 대한 정확한 개념을 가지고 있다면 그것이 어떻게 변화하더라도 동일한 대상으로 인식할 수 있다.

흔히 잘못된 것이 많다. 예를 들면, 마주 하고 있는 선생님이 "오른손을 드세요"하면서 오른손을 들면 유아는 선생님의 말은 무시하고 선생님의 오른손은 자기의 왼손 방향에 있으므로 왼손을 들곤 한다.

전조작기에 있는 유아의 특성은 상징적 사고, 자기중심적 사고, 물활론적 사고, 인공론적 사고, 전환적 추론, 직관적 사고 등이다.

① 상징적 사고

상징은 어떤 다른 것을 나타내는 징표를 말한다. 상징의 사용은 문제해결의 속도를 증가시키고 시행착오를 감소시킨다. 상징적 사고는 가상놀이로 드러나는데, 가상놀이란 가상적인 사물이나 상황을 실제 사물이나 상황으로 상징화하는 놀이를 말한다. 소꿉놀이, 병원놀이, 학교놀이 등이 가상놀이의 예이다.

② 자기중심적 사고

자기중심성이란 자신과 대상을 서로 구분하지 못하는 것으로 정의할 수 있다. 즉 자신이 좋아하는 것을 다른 사람도 좋아하고, 자신이 알고 있는 것을 다른 사람도 알고 있다고 생각하여 다른 사람의 관점에서 사물을 이해할 수 없다. 유아기에 갖는 자기중심적 사고를 보여 주는 유명한 실험으로 '세 개의 산 실험'이 있는데 색깔, 크기, 모양이 상이한 세 개의 산 모형이 있는 책상을 유아로 하여금 한 바퀴 돌아 보게 한 다음 의자에 인형을 앉히고 또 다른 맞은 편 의자에 아동을 앉혀 놨을 때 아동들은 보는 방향에 따라 세 산을 바라보는 조망이 다르다는 것을 이해하지 못하여 자신과 같은 것을 인형이 보는 것으로 사진을 선택하는 결과를 보여 준다. 유아기의 자기중심성은 유아의 자기중심적 언어에서도 잘 드러난다. 자기중심적 언어는 자신이 하는 말을 상대방이 이해하든 못하든 상관없이 자기 생각만을 전달하는 의사소통 양식이다.

③ 물활론적 사고와 인공론적 사고

물활론적 사고는 생명이 없는 모든 물체에 생명과 감정을 부여하는 것을 말한다. 이러한 특성으로 인해 이 시기의 아동은 활동하는 모든 것에 생명을 부여하여 태양을 그릴 때나 꽃을 그릴 때도 그 안에 눈과 코를 그려 넣게 되고, 장난감을 망가뜨리면 그 장난감이 아픔을 느낄 것이라고 생각한다. 물활론적 사고는 유아기 초기의 가장 현저한 특성으로 4~5세가 되면 감소하기 시작한다.

물활론적 사고와 관련이 있는 것으로 인공론적 사고가 있는데, 사물이나 자연현상이 특히 자신을 위해 존재한다고 생각한다. 이는 자기중심적 사고의 특성에 기인한 것이라 할 수 있다. 즉, 유아는 세상의 모든 사물이나 자연현상이 사람의 필요에 의해서 자신의 목적에 맞도록 쓰여지기 위해 만들어진 것이라 믿는다.

④ 직관적 사고

이 시기의 어떤 사물을 볼 때 그 사물의 두드러진 속성을 바탕으로 사고하게 된다. 판단이 직관에 의존하기 때문에 전체와 부분의 관계를 정확하게 파악할 수 없어 과제에 대한 이해나 처리방식이 직관에 의해 좌우되기 쉽다. 이러한 직관적 사고는 보존개념, 유목화, 서열화가 획득되지 못하는 것으로 나타난다.

보존개념은 물체가 외형상 변하더라도 그 물체의 양은 변하지 않는다는 것을 판단하는 능력이며, 유목화는 상위개념이나 하위개념을 분리하는 것으로 전조작기의 아동은 보존개념과 유목화의 개념이 형성되지 않는다. 서열화에서도 이러한 특성을 보이는데 유아에게 길이가 다른 여러 개의 막대기를 주고 길이가 짧은 것부터 순서대로 나열해 보라고 하면 3~4세의 유아는 차례로 나열하지 못하고, 5~6세가 되면 일부는 순서대로 나열하지만 전체적으로는 서열대로 나열하는 데 어려움을 겪게 된다.

(3) 구체적 조작기(concrete operational period)

이 시기는 7세에서 11, 12세에 해당하는 시기이다. 이 단계의 아동은 구체적 문제에 대한 논리적 사고가 가능한 시기이므로 아동의 사고가 자신이 직접 경험한 구체적인 세계에 한정되기 때문에 구체적 조작기라 부른다. 따라서 전조작기의 논리적 사고발달을 방해하는 요인들을 극복한다.

이 시기의 아동은 사물을 위계에 따라 분류하는 것이 가능하다. 예를 들면, 이 시기 아동에게 한 움큼의 10원, 50원, 100원, 500원짜리의 동전을 쥐어 주면 액수대로 분류하고 이것들의 포괄성을 충분히 이해할 수 있게 된다. 그러나 이러한 것은 실제로 돈을 손에 쥐어 주었을 때만 가능하다. 돈을 손에 쥐지 않고, 머릿속으로만 조작하기에는 제한이 있다.

이 시기는 양, 무게, 부피의 보존개념을 확실하게 획득할 수 있다. 보존개념을 획득한다는 것은, 하나의 변화가 다른 변화로 인해 서로 상쇄되는 성질인 '보상성'과 시간이 흐르는 동안 물체의 운동이 변화했을 때 시간을 거꾸로 되돌린다면 처음의 물체상태로 되돌아갈 수 있다는 '가역성'의 원리를 충분히 이해한다는 뜻과 같다.

전조작기의 자기중심적 사고는 이 시기에 와서 탈중심적 사고로 바뀌게 된다. 이 시기에는 사고의 자기중심성에서 벗어나 타인의 입장, 감정, 인지 등을 추론하고 이해할 수 있는 조망수용(perspective taking) 능력을 습득하게 된다.

(4) 형식적 조작기(formal operational period)

12세경의 사춘기에서 성인기에 접어들기까지를 형식적 조작기라고 명명한다. 형식적 조작기의 가장 중요한 특징은 추상적 사고가 가능하다는 것이다. 추상적 사고란 융통성 있는 사고·효율적인 사고·복잡한 추리·가설을 세우고 체계적으로 검증하는 것, 직면한 문제 사태에서 해결 가능한 모든 방안을 종합적으로 고려해 보는 것 등과 같은 것을 말한다. 따라서 새로운 상황에 직면했을 때 현재의 지각적 경험뿐만 아니라 과거와 미래의 경험을 사용하고 어떤 일을 수행하기에 앞서 문제에 대해 다양한 해결책을 고려할 수 있는 사고를 할 수 있게 된다.

형식적 조작의 사고가 가능한지 알아보는 것으로서 피아제가 고안한 유명한 실험은 고전적 물리학에 관한 문제인데, 추의 진동에 관한 것이다. 길이, 무게, 높이, 힘 등의 상대적 효과를 잘 고려해야만 대답할 수 있는 문제로 이 실험에서 형식적 조작의 사고가 가능한 청소년들은 효과적인 실험을 설계하고 이를 잘 관찰하여 타당한 결론을 끌어낼 수 있다.

또 이 시기가 되면 청소년들은 처음으로 도덕적 · 정치적 · 철학적 생각과 가치문제 등을 이해하기 시작한다. 타인의 사고과정을 이해하고, 다른 사람들은 문제를 어떻게 보고 어떻게 생각할까 등의 문제에도 관심을 갖게 된다.

2. 인지치료 이론

인지치료 이론은 대표적으로 알버트 엘리스(Albert Ellis)의 '합리정서행동치료'(REBT: Rational Emotive Behavior Therapy)와 아론 벡(Aaron Beck)의 '인지치료'(cognitive therapy)를 중심으로 살펴볼 수 있다. 엘리스는 그의 이론을 독특한 임상적 경험에 의해 발전시켜 왔고, 정신과 의사이자 과학자로서의 연구능력을 지녔던 벡은 우울증 환자를 대상으로 한 연구를 통하여 그의 이론을 개발시켜 왔다.

엘리스의 풍부한 임상적 경험과 벡의 과학적 연구관점이 서로 보완되어 '인간의 정서와 행동은 사고의 결과이다'라는 가정이 인지상담의 핵심개념이 되었다(박경애, 1999). 인지치료 이론은 다양한 정신과적 장애를 다루는 데 사용되는 지시적 · 시간제한적 · 구조화된 접근방법이며, 개인의 정서와 행동은 그가 세계를 이해하는 방식에 의해 결정된다는 생각에 기초를 두고 있다.

사람들의 언어는 과거 경험으로부터 발전된 어떤 태도나 가정에 기초를 둔다. 예컨대, 어떤 사람이 자신의 모든 경험을 자신이 유능한지 아닌지의 관점에서만 해석한다면, 그의 사고는 '내가 모든 일에 완벽하지 못하면 나는 실패자다'라는 도식에 의해 지배되고 있는 것인지도 모른다. 결과적으로 그는 자신의 개인적 능력과는 전혀 관계없는 상황에서조차도 같은 방식으로 반응하게 된다.

인지치료는 이러한 왜곡된 개념화와 이론화 인지 밑에 깔린 '역기능적 신념'을 파악하고 현실을 검증하고 수정하기 위해서 고안된 것이다. 클라이언트는 그의 사고를 재

평가 혹은 수정함으로써 그가 전에는 극복할 수 없다고 생각한 문제나 상황에 대처하는 것을 학습한다. 인지치료자는 클라이언트가 자신의 문제에 대해서 더욱더 현실적으로 생각하고 행동하도록 도움으로써 증상을 경감시킨다. 그리하여 클라이언트는 부정적·자동적 사고를 감찰하는 것, 인지와 정서와 행동 사이의 관련성을 인식하는 것, 경험을 왜곡하는 소인으로 작용하는 역기능적 신념을 파악하고 수정하는 것 등의 도움을 받는다(Beck, 1979).

1) 인지치료의 기본전제

(1) 인지매개설과 부정적 인지의 세 가지 징후

인지매개설은 우리 각 개인이 가지고 있는 '인지'에 따라 우리가 느끼는 기분이나 행동이 달라진다고 가정한다. 즉, 인간이 어떤 사건(자극) 자체에 반응하는 것이 아니라 우리가 지각하고 해석한 사건에 반응한다고 보는 것이다. 인간은 어떤 객관적인 사건에 수동적으로 반응하기보다는 능동적으로 그 사건에 의미를 부여하고 사건에 반응한다는 것이 인지치료의 기본 가정이다. 결국 각 개인에게 중요한 것은 현상에 대한 객관적인 실체라기보다 자신이 현상에 대해 능동적으로 의미를 부여하여 구축한 주관적(개인적) 실체라고 할 수 있으며, 이를 아래와 같이 도식화할 수 있다.

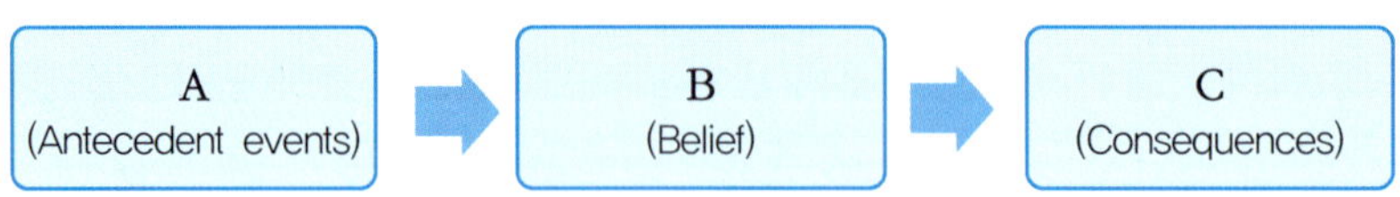

벡(Beck)은 우울상태와 부정적 인지의 세 가지 징후(negative cognitive triad)와의 관련성을 주목하였다. 즉, 자기 자신(self), 자기 세계(world), 자기 장래(future)의 세 영역에서의 비관적인 사고와의 관련성이다.

첫째 요소는 자기 자신에 대한 부정적 생각으로 '나는 무가치한 사람이다'라고 생각한다. 자기 자신을 결점이 많고 부적절하며 연약하고 아무 것도 할 수 없는 존재로 본다. 또한 불유쾌한 경험을 자신의 심리적 · 도덕적 · 신체적 결함 때문인 것으로 생각하고 자신을 평가 절하하여 쓸모없는 존재라고 믿어 자신을 비난하는 경향을 가진다.

둘째 요소는 세상에 대한 부정적 생각으로 '세상은 매우 살기 힘든 곳이다'라고 믿는다. 세상에 대해 자신을 방해하는 극복 불가능한 장애물로 생각하거나 자신에게 과도한 요구를 가해 오는 존재로 생각한다. 모든 환경과의 상호작용이 결국 패배와 박탈로 귀결한다고 잘못 해석한다. 이런 식으로 미리 내려진 부정적 결론에 맞추기 위해 사실들을 재단하는 경향이 있다.

셋째 요소는 미래에 대한 염세적인 생각이다. '나의 미래는 희망이 없다'라는 식으로 미래를 보면서 자신의 현재의 어려움이나 고통이 무한히 계속될 것이라고 예상한다. 곤경과 좌절, 그리고 박탈이 쉽게 사라지지 않을 것으로 생각하고 시작하게 될 어떤 과제를 떠올리면서 실패를 먼저 예상하게 된다.

(2) 자동적 사고와 역기능적 믿음

어떤 상황에 직면하면 그 상황과 연관된 도식이 필요하다. 도식(schema)은 개인이 접하는 자극들을 선발하고 구분하여 부호화하기 위한 기초를 이룬다(천성문 외, 2009). 개인은 도식이라는 주형(鑄型)을 통해 자신의 경험을 범주화하고 평가한다. 이 도식들은 개인이 상황에 대해 어떻게 의미를 부여하는지를 지배하는 규칙들이다.

대부분의 사람들은 경험에 대한 부정적인 왜곡을 산출하는 '부정적 도식'을 만들어 낸다. 이러한 도식은 의식적 노력 없이 작용하고 일단 한 도식이 활성화되면 그것은 인지적 오류가 포함된 정보처리를 유발하며 그 결과는 '자동적 사고(automatic thoughts)'가 된다.

이러한 '자동적 사고'는 구체적인 상황에서 자동적으로 떠오르는 생각이나 영상 · 상황이나 사건에 대한 즉각적인 해석으로 어떤 의도나 의지 없이 자발적으로 나타나는 사고이다. 이러한 '자동적 사고'는 대부분 역기능적 도식에 기초한 것이기 때문에 현실을 정확하게 반영할 수 없고, 개인의 감정이나 행동반응을 유발하여 환경적 사건으로부터 심리적 증상이 생기도록 만드는 중요한 인지적 요인이 된다.

'역기능적 가정 혹은 믿음(dysfunctional assumptions or beliefs)'은 각 개인이 경험을 통해 자신과 세상에 대해서 지니고 있는 일반적인 가정이나 믿음 중에서 지나치게 경직되고 극단적이고 절대화된 것으로 그 내용보다는 형식의 경직성이 더 문제가 된다. 이러한 믿음은 구체적인 상황에서의 구체적인 자동적 사고를 통해 그 모습을 드러낸다.

(3) 인지적 왜곡

우리는 어떤 일이 일어났을 때 그것을 객관적으로 보기보다는 자기 나름대로 해석하는 경향이 있다. 이처럼 객관적 사실과 거리가 멀게 주관적으로 그릇된 해석을 하는 것을 '인지적 왜곡'이라고 하며, 이는 열등감을 일으키는 원인이고 특징이라고 할 수 있다. '인지적 왜곡'은 인간 내부의 비난의 소리가 자기존중감을 파괴시키는 데에 사용되는 도구이다. 왜곡은 특정 상황을 고려하지 않고 항상 전반적인 선에서 처리한다. 그것은 세상을 편협한 시각으로 보게 하여 문제의 단면만을 보게 하기 때문에 이성보다는 감정을 따르게 만든다. 이러한 '인지적 왜곡'에는 다음과 같은 것들이 있다.

① 과잉 일반화

한두 가지의 사건을 보고 나서 그것이 세상의 원리(rule)를 설명해 주고 있는 것처럼 삶을 제한시키고 위축시키는 것이 과잉 일반화이다. 즉, 이용 가능한 모든 자료를 객관적으로 관찰하고 그 자료를 설명하는 법칙을 발견하고 적용해 보는 것이 아니라, 하나의 사건이나 사실에 근거하여 일반적인 결론을 내리고 무관한 상황에서도 그 결론을 적용하는 오류이다. '결코', '항상', '매번', '전혀', '아무도', '모든 사람' 등과 같은 단어의 빈번한 사용은 지나친 일반화를 하고 있는 사람의 특징이라 할 수 있다. 한두 번의 실연으로 '항상', '누구에게나' 실연당할 것이라고 생각하는 경우가 그 예이다.

② 이분법적 사고(흑백논리)

사건의 의미를 이분법적인 범주의 둘 중 하나로 해석하는 오류이다. 자신의 모든 행동과 경험을 '이것이냐, 저것이냐'로 양분하여 사고하는 것을 말한다. 자신이나 타인을 주인이냐 종이냐, 성인이냐 죄인이냐, 성공이냐 실패냐 등의 흑백논리로만 판단하는 것이다. 어떤 일의 성과를 성공이냐 실패냐의 이분법으로만 나누어 평가하거나 타인이 나를 미워하느냐 사랑하느냐의 둘 중 하나로만 생각할 뿐 중립을 인정하지 않는 경우이다. 이와 같이 양극화된 사고의 문제는 양 측면 가운데서도 부정적 측면으로 자신을 몰고 간다는 점이다. 어느 누구도 항상 완벽할 수는 없다. 그러나 양극화 사고는 실수를 하게 되면 그 자리에서 자신을 나쁜 사람이라고 단정하게 되는데, 이것이 열등감을 가진 사람의 모습이기도 하다.

③ 임의적 추론

어떤 결론을 내릴 때 충분한 증거가 없음에도 불구하고 최종적인 결론을 성급히 내려 버리는 오류이다. 이러한 왜곡은 상황에 대한 비극적 결말이나 상황을 생각하는 것으로 이성친구가 바빠 자주 연락을 못하게 되면 '이제 그가 나를 멀리하려 하는 구나'라는 식으로 결론을 내리고 혼자 이별을 준비하는 경우가 이에 해당된다.

④ 선택적 추상화

상황이나 사건의 주된 내용은 무시하고 일부 특정 정보에만 주의를 기울여서 사건 전체의 의미를 해석하는 오류이다. 발표할 때 많은 사람이 긍정적 반응을 주었음에도 불구하고 일부 소수의 부정적 반응에만 선택적으로 주의를 기울임으로써 '나의 발표는 엉망이었다'라고 단정 짓는 경우를 말한다.

⑤ 극대화 및 극소화

사건의 중요성이나 의미를 지나치게 과장하거나 축소하는 오류이다. 자신의 실수에 대해 실제보다 좀 더 큰 것처럼 보기도 하고 어떤 상황에 대해 실제보다 축소하기도 하는 것이다. 한 번 낙제점수를 받은 것으로 '내 인생은 이제 끝이다'라고 생각하거나 일등을 하고도 '어쩌다 운이 좋아서 그렇게 되었겠지'라고 생각하는 경우가 여기에 해당된다.

2) 합리정서행동치료

엘리스는 그의 합리정서행동치료(REBT: Rational Emotive Behavior Therapy)에서 인지치료를 통한 구체적 상담진행과정을 ABCDE로 도식화하여 설명하였는데, 인간의 신념이 정서와 행동에 크게 영향을 미친다는 점을 강조한다. 즉, 우리가 경험한 정서는 우리가 경험한 어떤 사실 그 자체에 의해서라기보다는 그 사실에 대해 어떻게 생각하느냐에 따라 달라진다는 점을 강조하고 있다. 따라서 REBT에서는 클라이언트가 상담과정을 통해 자신이 가졌던 비합리적 사고방식을 효율적이고 합리적 사고방식으로 대치하는 방법을 배우며 그 결과로 상황에 대한 정서적 반응을 보다 합리적으로 변화시키게 되는 것이다.

엘리스는 그의 이론을 1955년에는 합리적 치료(RT: Rational Therapy)라고 명명하였고, 1962년에는 정서를 포함하여 합리적 · 정서적 치료(RET: Rational Emotive Therapy)로, 그리고 1993년에 정서 못지않게 행동을 중시하여 합리적 · 정서적 · 행동적 치료라는 뜻으로 REBT로 개칭하였다.

엘리스(Ellis, 1979)가 가정하는 REBT의 인간관은 다음과 같다.

첫째, 인간은 외부적 요인에 의해서 방해받기보다는 자신에 의해서 방해받는다.

둘째, 인간은 생득적으로 그리고 문화적으로 왜곡되게 생각하려는 경향을 지닌다.

셋째, 인간은 자신의 왜곡된 신념을 자신의 독특한 방식으로 형성하며 자신의 문제를 스스로 지속하는 경향이 있다.

넷째, 인간은 자신의 인지적 · 정서적 · 행동적 과정을 변화시키기 위한 역량을 지니고 있다.

(1) ABCDE 이론

엘리스의 성격이론의 핵심인 ABCDE 이론은 인지재구성법의 방법으로서 인간의 비합리적 신념(Belief)이 어떻게 부적응적인 정서와 행동으로 고착되는지의 과정을 잘 설명해 주고 있다. ABCDE는 상담과정에 있어서도 중요한 치료절차로 이용되며 그 절차는 다음과 같다.

A(Activating Event, Antecedent)는 '선행 사건'으로 가령 시험에 떨어졌다든지, 실직하게 되었다든지, 여러 사람 앞에서 직장의 상사로부터 꾸지람을 들었을 경우와 같이 인간의 정서를 유발하는 어떤 사건이나 현상 또는 행위를 말한다.

B(Belief), 즉 '신념'은 어떤 사건이나 행위 등과 같은 환경적 자극에 대해서 각 개인이 갖게 되는 태도로서, 그의 신념체계 또는 사고방식이다. 신경증이나 부적응적 반응으로 고통당하는 사람들의 대부분은 '비합리적 신념체계(iB: irrational Belief)'를 가지고 있다. '비합리적 신념체계'란 사건이나 행위를 아주 수치스럽고 끔찍한 현상으로 해석하여 스스로를 징벌하고 자포자기하여 세상을 원망하는 사고방식을 말한다.

C(Consequence)는 '후속결과'이다. 유발 사건을 접했을 때 그 사건을 해석함으로써 느끼게 되는 정서적 · 행동적 결과를 말한다. 비합리적 사고를 가진 사람들의 대부분은 지나친 불안, 원망, 비판, 좌절감 등과 같은 감정을 느끼게 된다.

D(Dispute)는 '논박'으로 자신이 가지고 있는 비합리적 신념이나 사고에 대해서 도전해 보고 과연 그 신념이 사리에 맞는 것인지를 다시 한번 검토해 보도록 상담자가 촉구하는 것을 말한다. 상담자는 논리적 원리들을 제시하여 클라이언트의 그릇된 신념들을 논박하여 클라이언트가 자기패배적 생각을 포기하고 합리적인 생각으로 바꾸도록 도와준다.

E(Effect), '효과'는 클라이언트가 가진 비합리적 신념을 철저하게 논박함으로써 합리적 신념으로 대치한 다음에 느끼게 되는 자기수용적 태도와 긍정적 감정의 결과를 지칭한다.

이러한 내용을 도식화하면 [그림 8-1]과 같다.

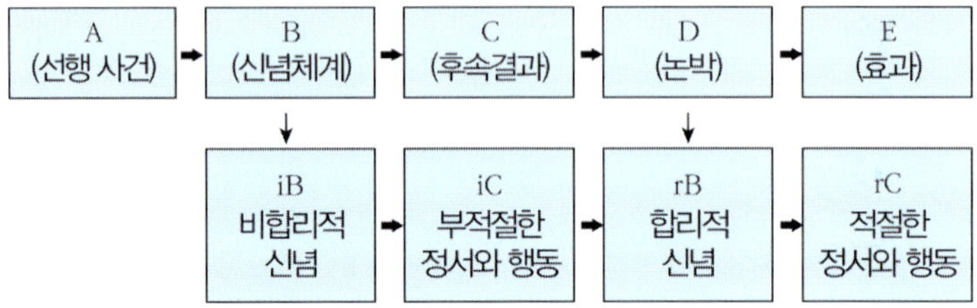

[그림 8-1] 엘리스의 ABCDE 모형

(2) 합리적 신념과 비합리적 신념

합리적 신념이란 사람들은 각자의 목표를 위해 삶을 살아가고 있다는 점을 인정하고 그 목표가 어떤 것이든 그 목표를 달성하는 데 도움을 주는 생각이나 느낌 그리고 행동을 의미한다. 합리적 신념을 가지면 어떤 사건이나 사실에 대해 먼저 자기수용적 태도를 보이며 적절하고 바람직한 감정과 행동반응이 나타나게 된다.

반면 비합리적 신념이란 부적절한 정서와 부적응적 행동을 초래하는 것으로 사건의 의미를 둘 중 하나로 해석하는 '흑백논리적 사고', 한두 번의 사건에 근거하여 일반적 결론을 내리고 무관한 상황인데도 그 결론을 적용시키는 '과잉일반화', should나 must가 들어 있는 절대적이고 경직된 자신 · 타인 · 세상에 대한 '당위적 사고', 인간관계에서 일어나는 사건의 중요성이나 크기를 지나치게 확대하거나 축소적으로 평가하는 '의미확대 및 축소', 자신의 실패나 실수를 자신의 무능력이나 무가치로 폄하시켜 마치 자신의 전체인 양 평가하는 '자기비하적 사고' 등이 그 특징이다.

이러한 비합리적인 신념은 다음과 같은 것들이 있다.

■ 비합리적 신념(Ellis, 1989)

▷ **사람관계**

- 알고 있는 모든 중요한 사람들로부터 사랑받고, 인정받고, 이해받아야만 가치 있는 사람이다.
- 우리는 다른 사람에게 의지해야만 하고 의지할 강한 누군가가 있어야만 한다.
- 다른 사람들의 문제나 혼란스러움에 함께 괴로워하고 속상해야만 한다.
- 어떤 사람들은 나쁘고 사악하며 따라서 반드시 비난받고 처벌받아야만 한다.

▷ **세상 일**

- 완벽한 능력이 있고, 사교적이고 성공을 해야만 가치 있는 사람이다.
- 일이 뜻대로 진행되지 않는다면 이는 무시무시하고 끔찍한 일이다.
- 인간의 문제는 완전한 해결책이 있고 만약 그 해결책을 발견할 수 없다면 이는 끔찍한 일이다.
- 세상은 반드시 공평해야 하며 정의는 반드시 승리해야 한다.

▷ **운명**

- 불행은 외부 사건에 의해 결정되며 우리는 통제할 수 없다.
- 인생에서의 어려움은 부딪치기보다 피해가는 것이 편하다.
- 위험하거나 두려운 일이 내게 일어나 큰 해를 끼칠 것을 늘 걱정하고 있어야 한다.
- 과거의 영향은 결코 사라지지 않고 현재 나의 행동을 결정한다.

(3) 엘리스가 제시한 궁극적 상담목표인 정신건강의 기준

엘리스는 궁극적인 상담의 목표로 정신건강의 기준을 제시하였는데, 그 내용은 다음과 같다.

- 자기흥미(self-interest): 정서적으로 건강한 사람은 자기 자신에 관심을 가질 수 있는 역량을 가지고 있다.
- 사회적 관심(social-interest): 집단 속에서 유리되지 않고 관계적인 맥락 속에서 인간에 대한 관심을 지니고 있다.
- 자기지향(self-direction): 자신의 삶에 대한 책임감이 있으며 자신의 문제에 대해 독립적으로 풀 수 있는 능력이 있다.

- 관용(tolerance): 타인의 실수에 관용적이며 실수하는 사람들을 비난하지 않는다.
- 융통성(flexibility): 건강한 사람들은 자신의 생각에 대해 융통성이 있으며 변화에 대해 수긍하고 타인에 대해 편협하지 않은 견해를 가진다.
- 불확실성의 수용(acceptance of uncertainty): 성숙한 사람은 불확실성의 세계에 살고 있음을 깨닫는다.
- 몰두(commitment): 건강한 사람은 자신의 외부세계에 대해 강하게 몰두할 수 있는 능력이 있다.
- 과학적 사고(scientific thinking): 성숙한 사람은 깊게 느끼고 구체적으로 행동할 수 있다. 그러나 그들은 정서나 행동의 결과를 숙고해 봄으로써 정서나 행동을 규율화시킬 수 있다.
- 자기수용(self-acceptance): 건강한 사람은 자신이 살아있다는 사실 자체를 받아들인다. 그리고 그들의 기본적인 가치를 타인의 평가나 외부적 성취에 의해서 평가하지 않는다.
- 위험 무릅쓰기(risk-taking): 정서적으로 건강한 사람은 무모하게는 아니더라도 모험적인 경향이 있다.
- 비이상주의(nonutopianism): 이상향적 존재를 성취할 수 없다는 현실을 사실로 받아들인다.
- 자신의 정서적 장애에 대한 책임감(Self-responsibility for own emotional disturbance): 건강한 사람은 자신의 정서적 장애가 자신의 책임임을 받아들인다.

3) 인지치료의 특성

인지치료는 활동적이고 체계적이며 심리교육적이고 상담자와 클라이언트가 공조적으로 대화하는 적극적 상담방법이다. 클라이언트는 앞에서 언급한 인지치료 이론에 대한 가르침을 받는다. 인지치료자는 인지상담기술을 사용하기 위한 기초로서 클라이언트와 서로 존중하는 인간관계와 신뢰를 건설하도록 노력해야 할 것이다.

인지치료는 단기적 형태를 취하고 있다. 벡의 인지치료에서는 우울과 불안의 문제는 대개 4~14회 동안에 치료한다. 엘리스의 REBT(Rational Emotive Behavior Therapy)에서는 클라이언트가 성격장애나 심각한 정신질환자가 아니라면 대부분의 경우는 10~20회 사이에서 치료가 수행된다. 성격장애의 경우도 전통적 심리치료보다는 훨씬 시간이 덜 걸린다.

인지치료과정 중에는 인지치료 이론과 개념에 대한 구체적 설명과 교육이 많이 포함된다. 그러므로 상담자에게 강력한 교사의 역할을 요구한다. 따라서 인지치료자는 유용한 의사전달의 기술과 설득력 있게 가르치는 기술을 획득해야 한다. 상담자는 클라이언트에게 그가 지닌 문제의 본질과 과정에 대해서도 교육한다. 특히, 클라이언트 자신이 사고와 신념을 찾고 · 규정하고 · 평가하고 · 행동변화를 계획하도록 가르친다.

인지치료는 절충적이고 능동적이며 인지적이고 지시적인 행동과정교육을 강조하는 설득의 방법이며, 상담자는 정서적으로 매우 안정되고 합리적으로 용기 있게 살아가는 본보기가 되어야 한다. 대개 통찰만으로는 성격변화를 가져오지 못하지만, 계속해서 자신을 파괴하는 방식을 알게 하고 그들도 변화할 수 있다는 것을 알도록 클라이언트를 도울 수는 있다. 상담자의 구체적 역할은 다음과 같다.

- 클라이언트에게 많은 장애행동을 유발하는 기본적 비합리적인 사고를 찾아내도록 격려한다.
- 클라이언트에게 자신의 생각이 타당한지를 확인하도록 한다.
- 클라이언트에게 자신이 가진 사고의 비논리적 속성을 보여 준다.
- 유머를 사용해 클라이언트가 가진 사고의 비합리성을 직면시킨다.
- 논리적 분석을 통해 클라이언트의 비합리적 신념을 최소화한다.
- 클라이언트의 신념이 얼마나 비생산적이며 어떻게 정서적 · 행동적 장애를 일으키는지 보여 준다.
- 비합리적 사고를 경험적 토대를 가진 더 합리적인 사고로 대치할 수 있는 방법을 설명한다.
- 사고에 과학적 접근을 적용하는 방법을 가르쳐서 그들이 관찰할 수 있도록 하고

자기파괴적 방식으로 느끼고 행동하게 만드는 현재나 미래의 비합리적 사고와 비논리적 추론을 최소화할 수 있게 한다.

- 인지적 · 정서적 · 행동적 기법을 사용해서 클라이언트가 직접 자신의 감정을 처리하도록 도와 장애에 대항해서 행동하도록 한다.

인지치료는 근본적으로 클라이언트가 자기 자신과 삶에 대해서 보다 더 현실적이고 유연한 태도를 갖도록 유도한다. 이를 통해 인생의 좌절을 유연하게 극복하고 현실에 효과적으로 적응할 수 있는 지혜롭고 현명한 사람이 되도록 돕는 것을 목표로 하고 있다.

3. 인지 이론과 사회복지실천

1) 인지발달 이론과 사회복지실천

피아제의 연구는 많은 다른 연구들을 자극했다. 그의 이론은 지금까지 가장 포괄적인 이론이며 아동이 세상에 대해서 사고하고 문제들을 푸는 양식에 대한 많은 연구에 영향을 주었다. 그러나 피아제의 모델은 인지발달의 실제 모습이라기보다는 하나의 가정으로 보는 편이 좋을 것이다. 특정 아동의 흥미와 능력 그리고 환경적 필요성은 피아제가 설명할 수 없는 방식으로 인지발달에 영향을 미치고 있을 것이기 때문이다. 따라서 인지발달은 단계 간의 단락구분이 있는 일련의 개개의 단계라기보다는 '지속적 과정'으로 보는 것이 바람직할 것이다.

피아제의 이론을 통해 능동적 존재로서의 아동에 대한 이해를 가짐으로써 우리는 아동에게 여러 가지 물리적 경험과 사회적 경험을 가능한 많이 할 수 있도록 기회를 제공해 주어야 하며, 아동 자신이 스스로 학습경험을 선택할 수 있도록 허용해야 한다는 사실을 발견하게 된다. 따라서 사회복지 현장에서는 경험에 제한을 가지는 아동들에 대한 관심이 필요할 것이다.

또한, 아동을 대상으로 사회복지를 실천함에 있어 아동의 독특한 경험세계에 대한 이해를 바탕으로 인지구조를 충분히 고려해야 한다. 아동에게 제시된 경험의 유형과 아동이 현재 가지고 있는 인지구조 간에 지나친 격차가 있으면 발달에 도움을 주기가 어렵다는 사실을 기억하면서 '눈높이'를 고려한 아동복지 실천이 이루어져야 할 것이다.

2) 인지치료와 사회복지실천

인지치료의 ABCDE 모형은 상담과정을 간단명료하게 보여 준다는 장점이 있다. 또한 인지치료의 특성상 스스로 과제를 통해 통찰을 가지고 그것을 행동으로 옮길 수 있다는 점에서 다양한 클라이언트에게 적용될 수 있다.

경미한 불안이나 우울과 같은 정서적 문제는 인지치료의 대표적인 대상이다. 뿐만 아니라 가정폭력 가해자와 피해자로부터 사회적 적응에 문제를 나타내는 청소년·아동에 이르기까지 그 적용 영역이 다양하다고 할 수 있다. 이러한 차원에서 최근 확대되고 있는 정신보건 및 사회복지상담의 영역에서 다양한 대상을 위한 인지치료프로그램의 개발 및 활용이 활발히 진행될 필요가 있으며 인지치료의 방법은 활용 가능성이 큰 이론이라고 생각된다.

이러한 장점에도 불구하고 REBT의 경우, 한국인에게 '합리적'이라는 단어가 주는 부정적 인상에서 볼 수 있듯이 모든 행동을 합리적 사고로 비추는 데 한계가 있다는 점, 그리고 지시적이고 과제지향적이어서 지나친 온정적 태도를 경계하는 치료의 특성상 클라이언트에게 상처를 줄 수도 있다는 점에서 그 대상이 제한적일 수밖에 없는 것 또한 사실이다.

생각할 문제

1. 본인이 가진 비합리적 신념에 근거한 행동은 어떤 것이 있는지 생각해 보시오.
2. 피아제의 발달 이론에서 감각운동기의 6단계의 차이점에 대해 설명하시오.
3. 인지적 왜곡을 구체적 예를 들어 설명하시오.

Chapter 09

행동주의 이론

행동주의 이론 또는 학습 이론(behavioral theories/learning theories)은 기본적으로 다른 성격 이론들과는 다르다. 행동주의 이론은 내적 동기와 욕구, 지각에 초점을 두기보다는 구체적으로 관찰할 수 있는 행동에 초점을 둔다. 이러한 행동주의 이론은 인간의 행동이 학습되거나 학습에 의해 수정될 수 있다고 보기 때문에 학습 이론이라고도 불린다. 학습을 통하여 인간은 지식과 언어를 습득하고, 태도와 가치관을 형성하며 다양한 감정을 경험한다는 것이다. 즉, 행동을 사회적 맥락에서 이해한다. 행동주의 이론은 인간에게 있어서 환경과의 상호작용을 중요시 여기는 임상사회사업의 맥락과 근접하고 있는 이론이기도 하다. 인간을 변화시키기 위해서는 환경적인 변화가 필요하다는 시각을 가지고 있다. 환경적 자극에 변화를 주면 인간은 학습을 통하여 긍정적 변화를 가져온다는 것이다. 초기 행동주의 개척자들은 인간의 내적 과정을 중요시하지 않았으나, 후기 행동주의자들은 인간을 관찰하고 학습하는 존재로서 인간의 내적 과정을 중요시하였다. 본 장에서는 사회복지 분야에서 다양하게 활용되는 행동주의 이론을 초기 선구자들로서 개 실험으로 유명한 파블로프, 환경변화를 통한 인간개조를 강조한 왓슨, 인간의 내적 반응에 관심을 갖기 시작한 손다이크 등을 살펴보고, 행동주의 학파의 선구자로 인정받은 스키너, 사회학습 이론가로 유명한 반두라 등을 살펴보고자 한다.

1. 행동주의 이론의 개척자

1) 파블로프의 생애[1)]

파블로프(Pavlov)는 시골 교회지기의 손자로서 시골 목사의 맏아들이었다. 중앙 러시아 랴잔 고향에서 어린 시절을 보냈고 교회학교와 신학교에서 가르침을 받았다. 1870년 신학공부를 포기하고 상트페테르부르크대학교에 진학하여 화학과 생리학을 공부했다. 상트페테르부르크의 임피리얼 의학 아카데미에서 의사자격을 취득(1879 졸업, 1883 논문 완성)한 후, 1884~1886년 라이프치히의 심장혈관 생리학자 C.루트비히와 브레슬라우의 심장생리학자 R.하이덴하인의 지도 아래 독일에서 연구했다. 파블로프는 1881년 작가 F.도스토예프스키의 친구인 지적이고 매력적인 한 학생과 결혼했으나 가난 때문에 초기에는 서로 떨어져 살아야 했다. 그는 자신이 얻은 성공의 많은 부분을 가정적 · 종교적 · 문학적이고 자신의 편안과 연구를 위해 평생을 헌신한 부인의 업적으로 돌렸다(https://100.daum.net/encyclopedia/view/b23p0739b). 파블로프가 개 실험을 통하여 발견한 원리들은 행동주의 심리학의 기초적 개념을 형성하는 데 지대한 영향을 미쳤다. 주요한 개념을 살펴보면 다음과 같다.

(1) 고전적 조건화

개는 고기를 보거나 냄새를 맡으면 침을 흘리는데, 파블로프는 반복적으로 고기와 종소리를 연결시켜 종소리만으로도 개가 침을 흘리게 되는 것을 확인하였다. 여기서 개가 침 흘리는 것과 전혀 관련이 없던 종소리로 침을 흘리게 되는 과정을 고전적 조건화라고 한다.

1) https://100.daum.net/encyclopedia/view/b23p0739b의 파블로프의 생애를 요약한 것이다.

(2) 일반화

일반화는 종소리로 침을 흘리게 된 개가 유사한 소리를 들으면 침을 흘리게 되는 것을 말한다. 조건 자극으로 사용된 종소리와 유사할수록 일반화의 정도는 더욱 강화된다.

(3) 변별자극

자극에 대한 반응에 차이를 두는 실험을 반복하면 동물이 자극을 구분하여 반응하게 된다는 것이다. 예를 들어, 처음 소리에는 강화를 하지만 두 번째 소리에는 강화를 하지 않으면 변별력을 갖게 되어 첫 번째 소리에만 반응하게 된다는 것이다.

(4) 학습소거

고기는 주지 않고 종소리만 울리게 되면 개는 점차 침을 흘리지 않게 된다는 것이다. 적절한 보상이 주어지지 않으면 학습된 것이 소멸되는 것을 말한다.

(5) 자연적 회복

학습된 행동이 소거된 뒤에 고기와 종소리를 반복적으로 들려주면 다시 종소리만 듣고도 침을 흘리게 된다는 것을 의미한다.

2) 왓슨의 생애[2)]

파블로프의 원리에 영향을 받은 왓슨(Watson)은 인종이나 국적에 상관없이 행동수정의 원리를 통하여 얼마든지 인간행동을 형성시킬 수 있다고 하였다. 행동주의를 환경적 사건(또는 자극)과 행동(또는 인간의 반응)의 관계로써 객관적 · 실험적으로 연구해 심리학

2) https://100.daum.net/encyclopedia/view/b17a0461a0에서 일부내용을 발췌하여 사용하였다.

의 한 접근방법으로 규정하고 이를 널리 확산시켰다. 왓슨의 행동주의는 1920~30년대 미국 심리학의 주류를 이루었으며 현대 심리학에도 계속 영향을 미치고 있다. 1903년 시카고대학교에서 심리학 박사학위를 받고 그곳에서 조교로 근무하다가 1년 뒤 강사가 되었다. 1908년 볼티모어에 있는 존스홉킨스대학교 심리학교수가 되었고 곧 비교(동물)심리학 연구를 위한 실험실을 세웠다. 이무렵 그는 행동주의 심리학에 관한 견해를 처음으로 표명했으며 획기적인 논문 「행동주의자가 본 심리학 Psychology as a Behaviorist Views It」(1913)에서 심리학을 인간행동을 연구하는 과학으로 규정하고 이 인간행동은 동물행동과 마찬가지로 실험실의 엄격한 조건 아래에서 연구되어야 한다고 주장했다(https://100.daum.net/encyclopedia/view/b17a0461a). 왓슨은 백인우월주의가 강한 시기에 황인이나 흑인에 상관없이 어린아이를 동일한 원칙에 의해 학습시키면 백인 아이와 동일한 능력을 가진 아이로 발달시킬 수 있다고 주장하였다.

3) 손다이크의 생애[3)]

손다이크(Thorndike)는 왓슨과 달리 인간의 내적인 반응에 주목했다. 자극과 반응에 있어서 결과가 중요하다는 것이다. 어떤 결과는 만족감을 주어 학습효과가 있으나 어떤 결과는 불만족을 주기 때문에 학습효과가 약하다는 것이다. 손다이크는 이것을 '효과의 법칙(law of effect)'이라고 하였다. 동물행동과 학습과정을 연구하여 연결주의 이론을 세웠다. 연결주의는 특정 자극에 대한 행동반응이, 자극과 가장 만족스러운 반응 사이의 신경연결에 영향을 주는 시행착오 과정을 통해 확립된다는 이론이다.

1895년 웨즐리언대학교를 졸업하고 1895~1997년 하버드대학교 대학원에서 심리학자 윌리엄 제임스 밑에서 공부하면서 동물행동을 연구했다. 그 뒤 컬럼비아대학교 제임스 매킨 커텔 밑에서 연구를 계속하면서 1898년 박사학위를 받았고 여생의 대부분을 이곳에서 보냈다.

3) https://100.daum.net/encyclopedia/view/b12s2634a에서 발췌하여 요약하였다.

1898~1901년에 쓴 박사학위 논문에서 처음으로 '효과의 법칙'과 '연습의 법칙'이라는 2가지 행동법칙을 발표했고, 이를 『동물의 지능(Animal Intelligence)』(1911)으로 출판했다. 그는 적응을 위한 동물의 행동변화가 인간의 학습과 비슷하다고 생각하여, 자신의 두 법칙을 적용함으로써 행동연합(연결)을 예견할 수 있다고 제언했다. 효과의 법칙은 가장 만족스러운 결과가 뒤따르는 행동반응은 일정한 형태로 확립되기 쉬우며 이 반응은 같은 자극에 대해 다시 나타난다는 것이고, 연습의 법칙은 자극과 반응의 결합이 자주 일어날수록 행동이 보다 강하게 확립된다는 이론이다.

몇 년 동안 동물의 행동에 대한 실험을 계속한 손다이크는 1932년 연습의 법칙이 모든 경우에 전적으로 타당한 것은 아니라고 결론지었다. 그는 또 부적합한 반응에 대한 처벌이 단지 자극과 잘못된 반응 사이의 연합을 약간 약화시키는 반면 적합한 반응에 대한 보상은 항상 상당히 강력한 연합을 만들어 낸다고 말하면서 효과의 법칙을 수정했다.

손다이크의 초기 연구는 동물 학습에 대한 최초의 실험실 연구로 여겨진다. 그는 실험을 단순히 서술적으로 설명하는 데 반대하여 측정과 자료의 양적 분석을 강조함으로써 현대 심리학, 특히 행동주의 실험에 막대한 영향을 미쳤다.

컬럼비아대학교 대학원 시절 손다이크는 로버트 S. 우드워스와 함께 학습 전이(轉移)를 공부하기 시작했다.

1901년에 발간된 논문에서 손다이크와 우드워스는 한 분야에서의 학습이 다른 분야에서의 학습을 촉진하지는 않는다는 사실을 발견했다. 1가지 과제에 대한 특별한 훈련은 다른 과제를 배우는 데도 진전을 가져오는 것처럼 보이지만, 이 진전은 2가지 일의 공통점 때문이지 피험자의 학습능력이 전반적으로 향상되었기 때문이 아니다. 이 발견은 실용적이고 관련 있는 과목과 활동을 강조하는 교과과정 옹호자들의 의견을 뒷받침했다(https://100.daum.net/encyclopedia/view/b12s2634a).

2. 스키너의 이론

1) 스키너의 생애[4)]

스키너(Skinner)는 1904년 3월 20일 펜실베이니아 주의 서스쾌안나에서 태어났다. 아버지는 변호사였고 어린 시절 안정된 환경에서 성장하였다. 소년 시절 스키너는 물건을 디자인하고 만드는 것을 좋아했다. 고교 시절에는 글쓰기, 악기 다루기도 좋아했고 교우관계나 선생님들과도 좋은 관계를 가졌다. 1926년 뉴욕 주 해밀턴 대학에서 영문학사를 받았고 1928년 하버드대학의 심리학과 대학원에 입학하였다. 동물행동을 연구하여 1931년 박사학위를 받았다. 1931~1936년까지 하버드 대학에서 연구하였고, 1936~1945년까지 미네소타대학에서 강의를 하였다. 1945년 가을 인디애나대학의 심리학과 과장으로 취임했고, 1947년 하버드로 다시 돌아갔다. 방대한 책을 출판하였고 '스키너 상자'로 알려진 장치를 사용하여 동물의 조작적 행동을 연구하였으며, 자신의 딸에게도 고안된 장치를 사용하기도 했다.

2) 주요 개념

(1) 고전적 조건화 / 파블로프식 조건형성

고전적 조건화는 파블로프의 개 실험을 통한 고전적 조건반사 연구에서 그 유래를 찾을 수 있다. 개에게 고기를 주기 전에 매번 종을 울리면 그 개는 점차 종소리만 듣고도 침을 흘리게 된다. 즉, 무조건적 자극 없이도 중립자극으로 무조건적 반응을 유도하게 된 것이며 이 개는 조건화된 것이다. 인간에게 있어 고전적 조건화는 연상적 학습을 설명해 준다. 가령, 물에 대한 공포 연상이 일생 동안 물에 대한 회피를 가져올 수 있다. 반응적 행동은 구체적 자극에 따라 유발되는 구체적 행동을 말한다. 반응적 행동

4) 스키너의 생애는 옐리(Hjelle)와 치글러(Ziegler)의 『성격심리학』(2003: 223-228)과 엄신자의 『인간행동과 사회환경』(2007: 366-367)을 요약하여 인용한 것이다.

으로는 눈 깜박임, 타액분비 반응, 공포반응 등이 있는데, 이러한 일련의 과정을 반응적 조건화 또는 고전적 조건화라고 한다.

(2) 조작적 조건화와 조작적 행동

조작적 조건화란 고전적 조건화와 달리 유기체가 원하는 결과를 얻기 위하여 실행하는 자발적이며 능동적인 반응이다. 조작적이라는 용어는 유기체가 원하는 결과를 얻기 위해 선택적으로 환경에 작용하는 것을 의미한다. 행동의 학습은 어떤 강화가 없으면 일어나지 않는다고 보는데, 스키너는 조작적 조건화의 개념을 활용하여 인간행동을 수정할 수 있는 다양한 행동적 기법을 개발하여 임상에 적용하였다. 조작적 조건화는 행동을 가장 쉽게 실천적으로 이해하게 한다. 대부분의 치료에서 조작적 조건화 원리를 응용한다. 여기서 강조하는 것은 행동의 결과이다. 어떤 특정 행동을 얼마나 자주 반복하는지에 따라 결과는 다르게 나타난다.

(3) 변별자극

특정한 반응이 보상받거나 혹은 보상받지 못할 것이라는 단서 혹은 신호로서 작용하는 자극을 말한다. 즉, 어떤 행동이나 반응을 나타내면 바람직한 결과를 얻을 수 있을 것인지 알 수 있는 신호로, 인간은 변별자극으로 외적 세계를 예측하고 통제하는 것이 가능하다. 예를 들어, 벽에 낙서했을 때 선생님이 무서운 얼굴 표정을 지으면 이는 처벌을 받는다는 신호로 일종의 변별자극이다.

(4) 강화

강화(reinforcement)란 이전 행동의 빈도를 즉각 늘리는 것을 말한다. 특정 행동을 자주 하는 경우, 이러한 특정 행동의 빈도를 유지하는 것이 강화다. 특정 행동에는 특정의 선행조건이 있다. 행동의 결과를 가지고 그 행동을 좀 더 자주 유지하도록 했다면 그 결과를 강화라고 한다. 따라서 강화물은 행동을 강화함으로써 미래에 그 행동을 다시

할 가능성을 높이는 역할을 한다. 강화에는 즐거운 결과를 부여하여 행동 재현을 가져오도록 하는 긍정적 강화와 혐오스러운 결과를 제거함으로써 바람직한 행동 재현을 유도하는 부정적 강화가 있다.

① 긍정적 강화(정적 강화)

특정 행동 뒤에 그 행동을 강화하는 긍정적인 사건이나 결과를 의미한다. 특정 상황에 부합하여 특정 행동을 촉진하는 그 무엇이다. 예를 들어, 아동에게 방 청소를 하면 아이스크림을 주겠다고 말할 때, 그 아이는 아이스크림이 먹고 싶어 자기 방을 잘 청소하는 행동을 할 수 있다.

② 부정적 강화(부적 강화)

부정적 강화란 부정적인 사건이나 결과를 제거함으로 특정행동의 빈도를 증가시키는 것을 말한다. 여기에는 다음 두 가지 중요한 측면이 있다. 첫째는 그 상황에서 무엇인가를 제거해야 하는 것이고, 둘째는 특정 행동의 발생빈도를 늘려야 한다.

긍정적 강화나 부정적 강화 모두 특정한 행동을 증가시키는 목적을 가지는 것은 공통점이나, 긍정적 강화는 긍정적 강화물을 제시함으로써 특정 행동을 증가시키는 것이고, 부정적 강화는 부정적 강화물을 제거함으로써 특정 행동의 빈도를 증가시킨다는 데 차이가 있다. 예를 들어, 자동차의 안전벨트 버저는 차 문이 열리면 시끄러운 소음을 낸다. 이 소리는 운전자가 안전벨트를 조일 때까지 울린다. 이 버저는 안전벨트를 매는 빈도를 증가시키기 위한 부정적 강화물이다.

③ 강화계획

조작조건화 이론에 있어서 어떤 행동은 그 결과에 의해 유지된다. 다시 말해, 그 행위에 뒤따르는 강화 혹은 처벌의 사건에 의해 유지되는 것이다. 하나의 행동과 그 결과 사이의 관계를 우발성(contingency)이라고 한다. 어떤 하나의 우발성을 지속적으로 작동하는 것이 가능할 때, 여러 가지 우발성을 간헐적으로 작동시키는 것은 더욱 일반적이다. 보통, 강화는 몇 가지의 간헐적 계획에 따라 작동한다. 스키너는 『유기체의 행동

(The behavior of organisms)』에서, 강화는 많은 방법으로 계획될 수 있으며, 계획의 미묘한 차이들은 행동의 극적 차이를 생성한다고 지적하며 네 가지 강화의 기초계획을 상세히 연구했다. 그 중 두 가지는 비율강화계획이며, 이때 강화물은 유기체의 반응수치에 따라 우발적으로 등장한다. 다른 두 가지는 간격강화계획이며, 강화의 간격을 경과하는 시간의 길이에 의해 정의된다(Encyclopedia of Psychology 3, 1994).

- 비율강화계획

첫째, 고정비율강화계획(FR, fixed ratio schedule)은 매 n번째 반응이 강화된다. 어떤 특정한 행동이 일정한 수만큼 일어났을 때 강화를 주는 것이다. 예를 들어, 일정한 수만큼의 물건을 만들었을 때 특정한 액수의 보수를 지급하는 것이다.

둘째, 가변비율강화계획(VR, variable ratio schedule)은 여러 가지 반응이 일정한 평균적 비율로 강화된다. 그러나 강화를 위해 요구되는 반응의 수는 한 강화에서 다음 강화까지 비예측적으로 가변적이다. 이 계획은 평균 몇 번의 반응이 일어난 후 강화하는 것이다. 다음 강화가 언제 일어날지 예측할 수 없으므로 반응률은 높고 지속적이다. 고정비율강화계획과 비슷하지만 강화에 요구되는 반응 수가 다르다는 면에서 차이가 있다. 카지노의 자동도박기계가 그 예인데, 도박을 하는 사람들이 돈을 잃어버릴 것이라는 것을 예상하지만 강화를 받기 위해서 얼마나 많은 반응을 해야 하는지 예상할 수 없다. 예상을 못하게 강화계획이 짜여 있다는 것이다. 이러한 강화계획 때문에 사람들은 돈을 계속 넣을 수밖에 없고 도박중독성향을 갖게 된다.

- 간격강화계획

첫째, 고정간격강화계획은 한 강화에서 다음 강화까지 지속적으로 유지된다. 일정한 시간이 지난 뒤에 일어나는 특정한 첫 번째의 행동을 강화하는 것이다. 강화를 받기 위해서는 일정한 시간이 경과해야 강화물이 주어진다. 그 예로 생산 판매한 단위 수에 따라 부분 임금 혹은 전체 임금을 받는 것이 있는데, 이는 높은 수준의 조작적 반응을 야기한다. 이 계획에 의해 조건화되면 높은 비율로 반응하고, 강화를 받고 난 직후에는 반응을 잠시 멈추는 경향이 나타난다. 때문에 훈련 프로그램에서는 자주 적용되지 않는다.

둘째, 가변간격강화계획은 강화가 일어나는 사이의 간격은 보통 간격으로 무작위적으로 변한다. 이는 강화받지 않는 시간간격을 어떤 평균을 중심으로 변화시키며 강화를 제공하는 것이다. 가변간격스케줄은 강화시행 간의 간격이 다른데, 평균적으로 확인할 수 있는 시간간격이 지난 후 강화한다. 예를 들어, 평균치가 5분이면 어떤 반응이 첫 번째 강화를 받기 위해서는 2분이 경과될 수도 있고, 두 번째까지는 15분이, 세 번째 강화에는 7분이 경과할 수 있는데, 결국 평균은 5분에 한 번씩 강화가 주어지는 셈이 된다. 이 계획하에서는 강화물이 제시된 후에도 반응이 계속 일어나는 경향이 있다.

- 그 밖의 강화계획

앞의 네 가지 기초계획에 덧붙여, 다른 많은 강화계획이 있는데, 가령 낮은 반응률의 차별적 강화(DLR, differential reinforcement of low rates of response), 다른 행동들의 차별적 강화(DRO, differential reinforcement of other behavior) 그리고 앞의 네 가지 기초 강화계획의 조합인 복합적인 동시다발적 강화계획이 있다.

④ 강화물

조작조건화 이론에서 어떤 행위가 일어날 가능성은 그 행위의 결과에 의해 정해진다. 긍정적 강화물(positive reinforcers)은 어떤 행동의 가능성을 증가시키는 우발적 자극을 말한다. 부정적 강화물(negative reinforcers)은 어떤 행동의 가능성을 감소시키는 우발적인 자극을 말한다. 부정적 강화물은 때로 처벌자 혹은 혐오스러운 자극이라고도 일컬어진다. 어떤 행위의 가능성은 그 행위 다음에 긍정적 강화물(긍정적 강화)이 뒤따르거나 또는 부정적 강화물(부정적 강화)의 제거가 뒤따를 때 증가할 것이다. 반대로 그 행위 다음에 긍정적 강화물의 제거가 뒤따르거나 또는 부정적 강화물이 도입되면 그 가능성은 감소될 것이다.

- 일차적 강화물: 다른 강화물과 연합하지 않은 보상 그 자체를 말한다(Kazdin, 1994).

일차적 강화물에는 사람들이 귀중하다고 여기는 대상과 활동을 포함한다. 음식, 물, 사탕, 성행위 등이 그 예이다.

- 이차적 강화물: 이차적 강화물은 가치를 내포한다. 이는 다른 강화물과 함께 학습된다(Kazdin, 1994). 이차적 강화물은 학습해야 한다는 점이 특징이다. 가령, 돈은 이차적 강화물의 가장 좋은 예이다. 1,000만 원짜리 수표 그 자체는 질 좋은 종이 한 장에 불과하지만 그것이 다른 보석과 연합할 때 가치 있는 것이 된다. 즉, 돈이 가치 있는 것은 그것이 다른 일차적 강화물과 연합하기 때문이다.

(5) 벌

벌은 어떤 행동을 했을 때 혐오스러운 결과를 주거나 긍정적 강화물을 제거함으로써 특정 행동의 빈도를 줄이는 것으로서 행동수정의 한 방법이다. 벌은 용납할 수 없는 행동을 억제하는 데 그 목적이 있으므로 부정적 강화와 차이가 있다. 벌의 두 가지 중요한 측면은 다음과 같다. 첫째, 벌의 결과는 특정 행동의 빈도를 감소한다. 이는 특정 행동의 빈도를 증가하는 부정적 강화와 정반대이다. 둘째, 벌은 두 가지 서로 다른 방식으로 다룰 수 있다. 하나는 특정 행동 뒤, 즉각 부정적이거나 혐오스러운 사건을 표현하는 것이다. 두 번째는 긍정적 강화물을 철회하는 것이다. 긍정적 강화물을 철회하면 특정 행동의 빈도는 줄어든다.

(6) 소거

소거는 문제 행동의 빈도를 줄이기 위한 방법으로 어떤 행동 후에 그에 따른 반응을 하지 않음으로써 강화를 중지하는 것이다. 예를 들어, 아이는 침대에 누이면 부모가 다시 방으로 와 자신을 달래 줄 때까지 소리를 질러 댄다. 이러한 아이의 행동은, 부모가 방으로 다시 들어와 달래 주는 행동인 긍정적 강화 때문이다. 이렇게 소리 지르는 아이의 행동을 무시해 보았다. 첫 날 밤은 45분 동안이나 아이가 칭얼대며 울었지만, 다음 날 밤에는 아무 소리도 내지 않았다.

3) 기본가정

(1) 인간에 대한 관점

인간행동은 내적 충동보다 외적 자극에 의해 동기화된다고 본다. 인간은 보상과 처벌에 따라 유지되는 기계적 존재로, 모든 인간행동은 법칙적으로 결정되고 예측 가능하므로 통제할 수 있다고 본다. 인간의 행동은 환경의 자극에 의해 동기화되며, 행동에 따르는 강화에 의해 전적으로 결정된다고 보았는데, 이러한 스키너의 인간행동에 대한 기본가정을 ABC패러다임(A: 선행요인, antecedents, B: 행동, behavior, C: 결과, consequences)이라고 한다.

- 선행요인(A): 행동 이전에 일어나는 사건을 말한다. 이 사건은 일어날 행동의 단계를 설정한다.
- 행동(B): 관찰 가능하고 측정 가능한 반응 혹은 행동이다. 행동은 때로 인지, 심리생리적 반응, 감정 등을 포함하는 넓은 의미이다.
- 결과(C): 특정 행동의 직접적 결과인 그 무엇을 말한다. 결과를 가장 잘 설명하는 용어는 강화와 벌이다.

(2) 성격에 대한 관점

성격이란 각 개인이 지니고 있는 행동 유형의 집합이며, 한 개인의 행동과 그에 따르는 강화 사이의 관계 유형이라고 본다. 자극-반응이라는 학습원칙은 누구에게나 동일하게 적용되지만, 각자의 유전적 배경과 독특한 환경적 조건이 개인 특유의 행동 유형을 형성하므로 모든 사람들의 행동발달 유형은 다 다르다는 것이다. 강화된 행동은 습관이 되고 이 습관이 성격의 일부가 된다고 보는데, 강화된 행동은 일반화와 자극에 대한 변별 능력이 적절하게 발달한 결과로 건전한 성격을 형성한다.

3. 반두라의 이론

1) 반두라의 생애[5)]

반두라(Bandura)는 1925년 12월 4일 폴란드계 밀농사꾼의 아들로서 캐나다 앨버타의 멀다에서 태어났다. 아주 작은 초등학교를 다녔고 1949년 브리티시 콜롬비아대학에서 학사학위를 받았다. 아이오와 대학원에서 1951년 석사학위, 1952년 박사학위를 받았으며, 현재 스탠포드대학 심리학과에 재직하고 있다. 아이오와대학에서 간호학을 전공한 버지니아 반스(Virginia Varns)를 만나 결혼하여 두 딸을 낳았다. 그는 초기에 임상심리학에 흥미를 가졌으며, 초기의 연구들은 심리치료과정, 가족상황에서의 아동의 공격성 등에 관한 것이었다. 특히, 아동의 사회상황에서 '모방'을 통해 많은 것을 학습한다고 주장하여 관찰학습의 이해에 관심을 고조시켰다. 왕성한 연구활동과 업적으로 많은 상을 수상했으며, 사회학습 접근법 개발의 선구자라고 할 수 있다.

2) 주요 개념

(1) 모델링

모델링은 다른 사람의 행동을 관찰한 후 그 행동을 학습하여 따라하는 것을 의미한다. 또는 관찰학습이라고도 하는데, 이는 어떤 사람의 특정 행동을 관찰만 해도 행동할 수 있기 때문이다. 반두라는 모델링의 긍정적 · 부정적 효과에 대한 연구를 통해 모델링 행동은 그 결과가 어떻게 되느냐에 따라(벌 또는 보상) 관찰자에게 영향을 미친다고 밝혔다. 모델링은 관찰자와 모델이 유사하거나, 관찰자보다 지위나 신분이 높을 때 더 모방하는 경향이 있다. 모델링의 효과 혹은 모델링의 정도는 다음의 조건에서도 영향을 받을 수 있다. 첫째, 모델과 관찰자와의 유사성으로서 모델이 관찰자와 유사할 때

5) 반두라의 생애는 옐리(Hjelle)와 (치글러)Ziegler의 『성격심리학』(2003: 270-272)과 엄신자의 『인간행동과 사회환경』(2007: 382)을 요약하여 인용한 것이다.

관찰자는 모델을 더 모방한다. 둘째, 모델의 지위나 신분 혹은 전문성으로서 관찰자보다 모델의 지위나 신분, 전문성이 높을 때 관찰자는 모델을 더 모방한다. 셋째, 모델의 수로서 여러 모델이 행동할 때 관찰자는 모델을 더 모방한다.

(2) 인지

학습된 반응을 수행할 의지는 인지의 통제 아래 있기 때문에, 사회적 학습은 인지적 학습이라고 할 수 있다. 인간은 심상, 사고, 계획 등을 할 수 있는 생각하고 인식하는 존재이므로, 장래를 계획하고 내적 표준에 근거해 자신의 행동을 조정하며 자신의 행동 결과를 예측할 수 있다.

(3) 자기조정/규제

자기의 행동을 감독하고 스스로 자부심을 가지는 것으로, 수행과정, 판단과정, 자기반응과정으로 구성된다. 많은 인간행동은 자기강화에 의해 조정된다. 인간행동은 외부환경이 보상하고 처벌하기 때문이 아니라 스스로 정한 내적 표준에 따라 조정되는 것이다.

(4) 자기강화와 자기효율성

① 자기강화

개인이 자신의 감정, 사고, 행동을 통제할 수 있는 능력을 가지고 있다고 보고 이러한 능력으로 자신의 행동을 유지하거나 변화시키는 과정을 자기강화라고 한다. 스스로 통제할 수 있는 보상을 자신이 주는 것으로, 각 개인이 수행 또는 성취의 기준을 설정하고 자신의 기대를 달성하거나 초과하거나 혹은 수준에 못 미치는 경우 자신에게 보상이나 처벌을 내린다는 개념이다.

② 자기효능감/효율성

바람직한 효과를 산출하는 행동을 성공적으로 수행할 수 있다는 개인의 믿음을 말하며, 자신이 행동해야 할지 여부와 얼마나 오래 수행할 수 있을지 여부를 결정하는 근거가 되기도 한다. 이러한 자기효능감/효율성은 인간의 사고, 동기, 행위를 관장하는 데 있어서 핵심역할을 한다.

(5) 상호관계성

사회적 행동에 대한 대부분의 전통적인 관점은 개인과 환경이라는 변수가 인간행동을 산출하는 데 있어서 독립적으로 작용한다고 보지만, 반두라는 인간행동과 사람, 환경 이 세 변수의 상호 관련성을 강하게 주장한다. 인간은 단지 내면의 힘에 의해서만 조종되지 않을 뿐더러, 환경의 우연성의 포로가 되지도 않는다. 외부 환경에 영향을 받기도 하지만 또한 영향을 행사하기도 한다.

(6) 관찰학습

반두라의 초기 연구는 관찰학습에 집중되었는데, 관찰학습이란 인간이 단순한 환경적 자극에 대한 반응을 통하여 행동을 학습하는 것이 아니라 타인의 행동을 관찰함으로써 학습한다는 것이다. 반두라는 월터스(Bandura and Walters, 1963)와 로스(Bandura, Ross and Ross, 1961)와의 실험을 통하여 관찰학습을 입증해 보였다. 관찰학습은 4단계의 과정으로 이루어지는데, 주의집중과정－보존과정－운동재생과정－동기화과정이 그것이다.

① 주의집중과정

관찰학습의 첫 단계로 모방할 행동에서 중요한 특징에 관심을 기울이고 정확하게 지각하기 위해 노력한다. 무엇을 선택적으로 관찰할 것인지 결정하는 단계로 아동이 사회적 모델로 선택할 가능성이 높은 대상은 일반적으로 다정하게 보살펴 주는 사람 또는 유능하고 강력한 힘을 가진 사람이다.

② **보유과정**(기억과정)

모방한 행동을 상징적 형태로 기억 속에 담는 것을 말한다. 이때 행동의 특징을 회상할 수 있는 능력은 관찰학습에서 매우 중요하다. 보유과정 진행방식은 지각을 심상으로 형성하는 과정과 이를 언어적인 표상체계로 만드는 과정으로 되어 있다. 파지(把持) 과정이라고도 한다.

③ **운동 재생과정**(행동적 재현과정)

모델을 모방하기 위해 심상 및 언어로 기호화된 표상을 외형적인 행동으로 전환하는 단계이다. 이때 전제조건은 신체적 능력이다. 이 과정은 반응선택 단계와 계속적 접근 단계로 구분된다. 첫째, 반응선택 단계는 행동 유형을 분석하고 인지적으로 조직화하며 수행할 수 있는 기술이 있는지를 판단한다. 둘째, 계속적 접근 단계는 행동을 재생하는 과정에서 자기가 관찰한 것과 타인이 준 피드백을 듣고 행동을 수정, 조정한다.

④ **동기과정**(자기강화의 과정)

관찰학습에서 강화가 꼭 필요한 것은 아니지만, 강화는 학습한 행동을 수행할 가능성을 높인다. 행동을 학습한 후 그 행동을 수행할지 여부를 결정하는 데 중요한 역할을 하는 것이 바로 관찰학습에서의 강화이다. 이때 실제로 강화를 받아서 그 행동을 결정하는 것만은 아니다. 강화를 예측하는 것만으로도 동기화할 수 있다.

3) 기본 가정

(1) 인간에 대한 관점

인간의 행동 또는 성격의 결정요인으로 사회적 요소를 중요하게 생각하며, 대부분의 학습은 다른 사람의 행동을 관찰하고 모방한 결과로 이루어진다고 본다. 스키너와 다른 점은 인간이 스스로 자신의 인지적 능력을 활용하여 사려 깊고 창조적인 사고를 함으로써 합리적 행동을 계획할 수 있는 능력이 있다고 하는, 즉 인지적 능력을 중시한 점이다.

(2) 사회학습 이론의 특성

반두라는 인간의 행동은 자신의 발달 단계나 고유의 특성에 의해서보다는 자신이 처해 있는 상황과 그 상황에 대한 해석에 의해 결정된다고 본다. 그 결과 확고한 도덕적 원칙을 지니고 있는 사람이라 할지라도 자기멸시를 회피할 수 있는 여러 가지 이유를 붙이면서 상황에 따라 도덕적 원칙에서 크게 벗어날 수 있다. 사회학습 이론은 학습 이론에 속한다. 학습 이론가들은 학습에 있어서 특히 강화(reinforcement)의 역할과 학습 상황에 존재하는 자극의 주의 깊은 확인을 강조했다. 하지만 이 이론가들은 쥐, 비둘기 등의 하등 동물의 실험실 연구에 기초하였다. 인간의 복잡성은 그러한 단순한 유기체에서 도출된 설명과 단순한 실험실 세팅을 벗어난다. 사회학습 이론은 강화에 대한 생각을 매우 강조하였으나, 현대의 사회학습 이론은 인지적 경향을 두드러지게 주장해 왔다. 강화의 중요성은 사람들이 기대와 신념을 가지고 있다는 사실을 알게 됨으로써 하나의 사고를 서술하는 여러 개념과 통합해 왔다. 반두라의 관찰학습적 접근은 로터의 사회학습 이론을 보완한다. 반두라의 이론은 사람들이 사회적 세팅에서 다양한 복합적 행위를 획득하는 여러 방식을 설명한다. 반두라의 기본개념은 관찰학습의 개념이다.

사회적 행동에 대한 대부분의 전통적 관점은 인간행동을 만들어 내는 데 있어서 사람의 변수와 환경적 변수가 각기 독립적으로 작용한다고 주장해 왔다. 대신 반두라는 인간행동, 사람의 변수, 환경적 변수 사이의 상호관계를 강조한다. 많은 인간행동은 모델링, 관찰, 모방과 관련되어 있다는 주장이다. 또한 복잡한 행동이 창출되는 것을 아주 미미한 조건적 요소들의 부가산물로 보지 않는다. 반두라는 많은 인간행동은 조작적인 고전적 조건화 원칙이 요구하는 관습적 강화 없이도 드러난다고 보았다. 사람들은 보상과 처벌이 모두 없어도 학습할 수 있다. 하지만 이것이 강화가 인간행동에 무관하다는 뜻은 아니다. 한번 행동이 학습되면 그 행동이 다음에 일어나게 될지를 결정하는 데 있어서 강화는 매우 중요하다.

반두라는 관찰학습의 현상을 설명하기 위하여, 환경적 사건의 상징적 표상을 사용해야 한다고 믿는다. 소거와 처벌을 통해서는 물론, 고전적이고 도구적인 조건화를 통해서도 발생하는 인간행동의 변화는 인지를 통해 활발히 전달된다는 것을 전제로 한다. 또한 인간행동에 있어서 중대한 것은 자기 조절적 과정이다. 사람들은 어떤 행동의 결과가 가시화됨으로써 그 행동을 조절한다. 따라서 자극과 반응 사이의 관계는 이러한 자기 조절적 과정의 영향을 받는다. 반두라의 작업은 치료적 개입에 있어서 새로운 접근의 발달에 매우 중요하다. 특히, 모델링을 통한 새로운 인지 행동의 역량의 획득이 두드러진다. 모델링과 안내된 참여를 통하여 환자는 새로운 기술을 배울 수 있고 약화시키는 두려움을 조절하는 방법도 배울 수 있다. 예를 들어, 반두라는 아이들이 생생하게 촬영된 모델을 관찰함으로써 이전에 두려워하던 대상과 상황을 어떻게 접근하게 되는지를 증명하였다. 최근에는, 모델의 관찰에 의한 두려움과 도피의 치료 축소가 더욱 향상된 자기효능감(self-efficacy)을 통하여 발생한다는 점을 다루고 있다. 이 점은 두려움, 걱정, 불안을 조장해 오고 방어와 신경질적 행위를 유도해 온 약화에 대한 전망을 감소시킨다.

4) 성격의 발달

인간의 습관은 대부분 다른 사람을 관찰하고 모방함으로써 배우는 것이며, 이러한 사회학습의 경험이 성격을 형성한다고 본다. 아이들은 어른이 수행하는 도덕적 가치를 포함하여 모든 행동을 관찰하고 모방하여 가족과 지역사회의 생활방식으로 사회화한다. 모방 이외에도 유전적 소질이나 보상과 벌도 성격에 영향을 미친다고 보았다. 인간의 행동은 많은 부분 자기강화에 따라 결정되며, 자기효능감도 성격발달에 중요한 영향을 미친다.

4. 행동주의 이론과 사회복지실천

행동주의 이론은 사회복지실천에 있어 원조의 초점을 인간의 정신 내적 갈등에서 외적 행동으로 이동시켰다. 인간의 신체적·심리적 발달에 있어서 환경의 중요성에 대한 강조는 사회복지실천의 큰 토대를 이룬다. 행동수정과 행동치료의 고전적 조건화와 조작적 조건화의 원리에 따라 개입 기법을 적용하여 클라이언트의 행동수정과 행동을 가능하게 했으며, 다양한 개입방법을 제시하였다. 사회학습 이론이 사회복지실천에 미치는 영향은 첫째, 사회복지사가 클라이언트 및 모든 사람의 행동을 명확히 인지하고 이 행동이 서로 어떻게 연관되는지 파악하는 것을 가능하게 하였다. 둘째, 사회학습 이론은 어떤 행동이 있을 때와 없을 때 서로 어떻게 다른지 관찰하는 사정의 중요성을 강조하였다. 셋째, 임상 모델링을 통해 관찰과 모방이 클라이언트의 문제행동을 제거하는 데 유용하다는 것이 입증되었다.

생각할 문제

1. 파블로프의 중요 개념을 설명하시오.
2. 스키너의 기본 관점에 대하여 설명하시오.
3. 스키너의 중요 개념에 대하여 설명하시오.
4. 반두라의 모델링 개념을 설명하시오.
5. 반두라의 관찰학습과정을 설명하시오.

Chapter

10 인본주의 이론

제3세력(third force psychology)이라 불리는 인본주의 심리학은 정신분석이나 행동주의와는 근본적으로 다른 인간상을 제시하고 있다. 첫째 세력인 정신분석학은 인간을 본능과 갈등을 지닌 존재로 표현하여 행동을 통제하는 요인으로 무의식과 그로 인한 비합리성을 강조하였고, 둘째 혁명인 행동주의는 인간을 외부자극에 대한 수동적인 희생자로 보고 있으며 '학습'으로 인간행동을 설명하였다.

반면 새로운 인생철학과 인간에 대한 새로운 개념을 제시한 인본주의 심리학은 이전의 심리학과는 달리 인간의 내면을 긍정적으로 인식하여, 내면의 가능성을 완전히 발현함으로써 가지는 지고의 즐거움을 설명하고 있다. 실존주의 철학에서 많은 영향을 받은 인본주의 심리학에서 인간은 근본적으로 선하며 존경받을 만하고 환경조건이 적당하기만 하면 그들의 잠재능력을 실현해 나가려 한다고 보았다.

이러한 인본주의 심리학은 다른 심리학과는 달리 단일의 조직적 이론이나 시스템이 아니라 많은 사조와 학파의 집합이나 수렴이라는 측면에서 일종의 운동(movement)으로 특징지어 지기도 한다. 따라서 인본주의 이론은 산업 · 리더십 · 행정 · 종교 · 의료 및 보건 분야 · 예술 · 지역사회개발 · 정치학 · 국제관계 및 평화에 이르기까지 폭넓게 영향을 끼쳤다.

1. 인본주의 이론의 특성

대표적인 인본주의자인 아브라함 매슬로(Abraham Maslow)나 칼 로저스(Carl Rogers)는 정신분석과 행동주의가 인간의 본질에 대해 극히 일방적인 모습만을 제시하고 있다고 보았으며, 인간은 결코 무의식이나 외부환경에 지배당하는 존재가 아니라고 주장하였다. 그들은 인간을 무기력한 존재로 본 이전까지의 시각을 성장과 자유로 바꾸었다. 즉, 인간은 성장하고 생각하고 창조하며 그 밖의 여러 경험을 새롭게 구성하는 '자기실현'의 존재라고 보았다.

인본주의 심리학이 실존주의로부터 추출한 가장 중요한 개념은 '형성(becoming)'이라는 개념이다. 인간은 결코 정적이지 않으며 항상 무언가 다른 존재가 되려고 하는 과정 중에 있다. 매슬로는 이러한 형성의 과정 또는 자아실현을 인간본성의 고유한 것으로 간주했으며 형성(becoming)되기를 거부하는 것은 인간의 실현가능성에 대한 왜곡이며 비극이라고 하였다.

또 다른 인본주의 심리학의 가장 근본적인 관점 중 하나는 각 개인은 유일하면서도 통합된 전체(organized whole)로서 연구되어야 한다는 점과 인간의 창조성을 높이 평가한다는 것이다. 매디(Maddi, 1980)는 인본주의적 입장을 특징짓는 것으로 다음과 같은 내용을 제시하고 있다.

첫째, 인간은 능동적 존재이다. 인간은 지각 · 사고 · 감정 · 행동에 영향을 줄 수 있는 내적 과정과 구조를 가지고 있다.

둘째, 인간은 심리학적 조직을 가지고 있다. 즉, 인간은 규칙성과 질서를 가진 통합된 인격을 지니고 조직적인 성질을 가진 통합체이다.

셋째, 인간은 심리적으로 복잡한 존재이다. 인간의 통합체로서의 성질은 반드시 인간의 기능이 단순한 것이 아니라 분화과정을 통해 발달하는 여러 가지 요소를 통합한 조직이라는 것이다.

넷째, 인간의 기능은 합리적인 것이다. 합리적 · 비합리적 과정은 성격에 동시적으로 존재하며 대부분의 행위는 무의식적으로 합리적 목표, 의도, 가치관에 의해 결정된다.

다섯째, 인간은 심리적으로 독자적인 존재이다. 인간은 종(種)으로서 매우 독자적이기 때문에 행동주의자와 같은 하등동물의 행동법칙에 의한 인간 이해는 부당하다.

여섯째, 인간은 미래지향적이다. 이러한 입장에서 심리적인 성장 · 진보적 분화와 결합이 강조되고, 성격은 개발된 조직으로 끊임없이 환경에 작용하는 것이라고 생각한다.

2. 로저스의 현상학적 성격 이론

1) 로저스의 생애

로저스(1902~1987)는 1902년 1월 8일 미국의 일리노이 주에 있는 시카고 근교에서 6남매 중 넷째로 태어나, 유대가 강하고 매우 종교적이며 윤리적인 분위기와 근면의 덕을 중시하는 가정에서 성장하였다. 12살 때 그의 가족은 시카고의 서부에 있는 큰 농장으로 이사를 하게 되었는데, 이 이유는 그의 부모님이 성장하는 청소년이 있는 가족은 도시 생활의 '유혹'으로부터 떠나야 한다고 보았기 때문이라고 로저스는 회고하고 있다.

그는 위스콘신대학교(University of Wisconsin)에서 정서적이고 종교적이었던 학생수련회의 결과로 농학자에서 목회자로 꿈을 전환하게 되면서 역사학으로 전공을 바꾸게 된다. 목사가 될 것을 결심하면서 당시 중국의 북경에서 개최되었던 국제기독학생연합회에 미국 대표 중 한 사람으로 참석하였는데, 6개월 동안 북경에서의 생활은 그의 인생을 크게 바꾸는 계기가 되었다. 다양한 종교와 문화 특성을 지닌 외국인들을 만나면서 그의 사상과 종교관이 보다 자유롭게 바뀌는 경험을 한 것이다.

1924년 대학교를 졸업한 로저스는 유니온신학대학(Union Theological Seminary)에서 2년간

공부하였고, 그 후에 다시 컬럼비아대학교 사범대학으로 가서 임상과 교육심리학 박사 과정을 마쳤다. 컬럼비아대학교에서 그는 듀이(Jonh Dewey), 프로이트(Freud), 손다이크(Thorndike)에게서 영향을 많이 받았고 1931년에 박사학위를 취득한 후 로체스터에 있는 사회기관의 아동연구부서에서 심리학자로 일하였다. 여기서 보낸 기간 동안 그는 사회사업가를 통하여 오토 랭크(Otto Rank)의 사상에 접하게 되었고, 그 영향으로 로저스는 개인의 존엄성을 강조하게 되었다.

1940년 오하이오주립대학교(Ohio State University) 임상심리학 교수가 된 로저스는 '비지시적 상담'을 발전시켰고, 1942년 유명한 『상담과 심리치료』라는 저서를 발표하였다. 1945년 이후 시카고 대학교과 모교인 위스콘신 대학교에서 심리학 및 정신과 교수로 1963년까지 재직하면서 학문적 발전을 이루어 갔다.

1964년에 로저스는 대학의 교수직을 그만 두고 캘리포니아 주 남단 샌디에이고 근교의 라 호야(La Jolla)에 있는 '서부행동과학연구소'의 연구원으로 취임하였다. 1968년에는 동료들과 더불어 같은 지역에서 '인간연구센터'를 창설하였다. 이 기간 동안에 참만남 집단 · 대인관계 등에 초점을 두고 활동하였으며 그의 클라이언트 중심의 원리를 과학 철학 · 교육 · 소외와 무기력의 문제에까지 확대하여 적용하려고 하였다. 1974년에 로저스와 그의 동료들은 '클라이언트중심 상담'을 '인간 중심 상담'으로 고쳐 부르고 그의 상담 이론을 상담장면뿐만 아니라 생활지도 · 교육 · 사회사업 · 종교 · 산업경영 · 조직 개발 심지어 국제관계에까지 적용하려 애썼다. 로저스는 1987년 2월에 86년간의 생을 마감하였다.

1940년대 초에 창안된 로저스 이론의 형성 단계는 4단계로 나눌 수 있다. 우선 1단계는 '비지시적 단계'(1940~1950)로 감정의 반영과 비지시적 기술들이 이 시기의 특징인데, 상담자가 허용적이고 비간섭적인 분위기를 만들어야 한다고 강조하였다. 2단계는 '클라이언트 중심 단계'(1950~1957)로 1951년 『클라이언트 중심 치료』의 출판이 그 계기가 된다. 이 시기에 로저스는 도움을 구하는 사람은 의존적인 환자로 취급되기보다는 한 사람의 책임감 있는 클라이언트로서 취급되어야 한다는 점을 강조하면서 자신의 성격 이론과 상담 이론을 확립하기 시작한다. 3단계인 '경험적 단계(1957~1975)'에서는 상담자의 유기체적 경험은 클라이언트의 경우와 마찬가지로 자신의 행동을 이끄는 데 중요한 준거가 됨을 밝혔으며, 마지막 단계인 '인간 중심 단계 혹은 실존주의 단계'(1975)에서는 클라이언트 중심에서 인간 중심으로 전환되는 시기로 모든 인간은 각자의 계속적인 성장에 궁극적 관심을 갖고 있으며 잠재 능력을 갖고 있다는 인간관으로 교육 · 산업 · 사회 전반에 관심 영역을 확대하였다.

2) 인간관과 기본개념

(1) 인간관

로저스의 성격 이론은 개인의 '독특한', '주관적 경험'을 강조하므로 현상학적 성격 이론으로 불린다. 각 개인은 주관적 세계에서 생활하는데, 과학자들이 말하는 객관적 세계조차도 주관적 지각, 목적 및 선택 등의 산물이다. 아무리 노력해도 누구도 다른 사람들의 내적 참조체제(internal frame of reference)를 완전히 가정할 수 없기 때문에 개인 자신이 그의 실체가 무엇인지에 대한 가장 큰 자각의 잠재력을 지닌다. 즉, 개인은 자신에 대한 세계 최고의 전문가이며 자신에 대한 최상의 정보를 지니고 있다. 이러한 방식으로 인간을 이해할 경우 '자기(self)'와 이의 특성이 중요시된다. 이 때문에 로저스의 성격 이론은 '자기 이론'이라고도 불린다.

그는 인간은 선천적으로 자기의 운명을 성취할 수 있으며, 자기의 생을 생산적이고 창의적인 방법으로 살 수가 있다고 믿었다. 그의 기본적인 인간관은 다음과 같이 요약된다.

- 모든 인간은 자기가 중심이 되는 끊임없이 변화하는 경험의 세계 속에서 살아간다. 개인의 사적인 세계는 오직 자기 자신에게만 알려질 수 있다.
- 인간은 자기에게 경험되고 지각되는 대로 반응한다.
- 인간은 현상적 장에 대하여 체계화된 전체로서 반응한다.
- 유기체는 한 가지 기본적 경향성, 즉 경험하는 유기체를 유지하고 고양하고 실현

시키려는 경향성을 갖고 있다.

- 인간행동은 기본적으로 목적지향적이다.
- 인간은 자기를 인도 · 조절 · 통제하는 능력이 있다.

(2) 성격의 구조

로저스는 인간 성격의 핵심요소를 자기(self), 현상학적 장(phenomenal field), 유기체(organism)로 보았는데, 그 내용은 다음과 같다.

① 자기

'자기(self)'는 로저스의 성격 이론에서 가장 중요한 요소로 사람들이 자신에 대해 가지고 있는 조직적이고 지속적인 인식을 말하며 성격구조의 중심이다. 로저스가 말하는 '자기'는 '주체로서의 나(I)'와 '객체로서의 나(me)'와 다른 사람과 여러 생활 측면에서의 관계를 지각한 것이며, 이러한 '나'의 지각 내용에 가치를 부여한 것으로 조직적이고 일관성 있는 개념적 형태이다.

이러한 자기는 개인이 다른 사람과 상호작용한 결과로 발달하며, 우리의 경험의 조합체이다. 즉, 인간이 자라면서 유기체적으로 반응하는 것을 다른 사람들이 존중해 주고 반응해 줄 때 건강한 자기가 발달한다.

자기는 성격구조의 중심이며 성격발전의 핵심이다. 자기는 유기체의 행동의 일관성을 유지하려고 한다. 로저스는 개인은 외적 대상을 지각하고 경험하면서 그것에 의미를 부여하는 존재임을 강조한다. 개인의 지각과 의미의 전체적 체계는 그로 하여금 자신의 현상적 장을 구성하게 한다.

② 현상학적 장

'현상학적 장'이란 주관적 경험의 세계, 즉 끊임없이 변하는 경험의 세계를 말한다. 여기서 중요한 것은 객관적 사실이 아니라 '개인이 대상 혹은 사건을 어떻게 지각하고 이해하는가'이다. 이러한 속성 때문에 모든 개인은 서로 다른 독특한 특성을 보이는 것이다.

같은 현상이라도 사람마다 그것을 경험하고 느끼는 방식에는 차이가 있기 때문에 인간을 이해하려면 그 개인이 자신의 경험들을 어떻게 주관적으로 느끼고 경험하는가를 이해해야 한다. 인간의 행위는 객관적인 현실이 결정하는 것이 아니라 각자가 현실을 보는 방식에 따라 행동의 영향을 받게 된다. 따라서 어떤 사람을 이해하기 위해서는 그의 현상학적 장, 즉 그가 현실을 어떻게 체험하고 있는지를 알아야 한다.

③ 유기체

'유기체'란 개인의 사상 · 행동 · 신체의 존재 모두를 포함하는 전체로서의 한 개인을 지칭하는 개념이다. 로저스는 인간을 '유기체(organism)'로서 세계에 반응한다고 보았다. 어떤 자극이 있을 때 그 자극에 대하여 우리의 전 존재가 반응하는데 이러한 경험을 유기체적 경험이라 한다.

인간은 자기(self)가 처음 형성될 때 유기체적 평가과정의 지배를 받는다. 이러한 유기체적 평가과정은 인간으로 하여금 모든 경험을 자신의 기본적 자기실현 경향을 용이하게 하거나 또는 방해한다는 관점에서 평가하게 한다. 인간유기체는 통합적으로 조직된 체계를 이루고 있으며, 경험에 대해 유기체적으로 반응한다. 다시 말해, 어떤 자극이 있을 때 그 자극에 대하여 우리의 전 존재가 반응을 한다. 그런 의미에서 로저스는 총체적(holistic) 입장을 가진다.

(3) 실현경향성

로저스는 인간이 가진 단 하나의 기본적 동기를 실현경향성(the actualizing tendency)이라 보았다. 즉, 인간 안에는 더 복잡하고 완전한 발달을 향하는 자연적인 성향이 있다. 이러한 실현성향(actualizing tendency)은 모든 살아 있는 유기체 안에 존재한다. 어떤 생명체에게서든 생명이란 수동적 과정이 아니라 적극적 과정이다. 어떤 상황에서건 유기체의 행동은 자기 자신을 유지하고 강화하고 재생산하는 방향으로 가며 이것을 생명이라고 부른다. 유기체가 살아 있는지 죽었는지는 이러한 전체적인 방향성을 가진 과정이 있는지 없는지를 통해서 확인된다.

즉, 인간은 자신을 유지하고 향상시키는 방향으로 자신이 지닌 모든 능력을 개발하려는 강한 성향을 가지고 있다는 것이다. 유기체는 자기실현 경향성을 타고나는데, 이는 개인이 가진 모든 생리적 · 심리적 욕구와 연관되어 유기체를 유지하는 데 기여하게 된다. 로저스는 이러한 유기체의 특성을 실현성향(actualizing tendency)과 우주 안에서 전반적으로 볼 수 있는 무질서와 혼란의 상태인 엔트로피의 힘을 상쇄하는 형성성향(formative tendency)으로 설명한다(Rogers, 1980).

로저스는 인간이 하나의 유기체로서 자신의 잠재력을 완전히 성취하기 위하여 자기완성을 실현하려는 방향으로 나아간다고 주장하였다. 이는 마치 꽃들이 본능적으로 자신을 완전하고 완벽하게 꽃피우는 방향으로 나아가듯이, 인간도 본능적으로 성장과 완성을 향하여 그리고 최상의 '인간존재성(human-beingness)' 성취를 향하여 나아간다는 것이다(오신택, 2015).

(4) 상담자의 태도 '성장을 촉진하는 토양'

로저스의 삶 전체에서 가장 중요한 주제인 인간 중심 접근법의 기본가설은 사람은 자기 자신을 이해하고 자기개념 · 기본적 태도 · 자기주도적 행동을 변화시킬 수 있는 방대한 자원을 자신 안에 갖고 있으며 어떤 토양이 제공되기만 한다면 그 자원을 일깨울 수 있다는 것이다.

상담자는 클라이언트가 '완전히 기능하는 인간'이 되도록 생산적인 분위기를 조성하여야 하고 이것이 치료의 기본 목표가 된다. 상담자는 상호 신뢰적인 분위기를 조성하여 클라이언트가 거리낌 없이 자기 자신을 공개하도록 함으로써 자신의 감정, 욕망 및 가치판단 등과 같은 내면세계를 이해하고, 자신의 문제를 파악할 수 있도록 돕는다. 이러한 관계 속에서 클라이언트는 자신의 환경에 대한 왜곡된 지각을 수정하고 현실적 경험과 자아개념 간의 조화를 이룩하며, 궁극적으로는 자신의 능력과 개성을 최대한 발휘하여 자아실현을 촉진하게 된다.

즉, 상담자의 역할은 클라이언트에게 어떤 행동을 하도록 구체적인 방법을 사용하는 데에 있지 않고 상담자의 허용적인 태도 안에서 클라이언트와 상담자 간에 인격 대 인격의 만남(encounter)을 경험하도록 하는 데에 있다. 그러므로 참다운 관계의 체험을 통해서 클라이언트가 자기탐색과 성장적이고 치료적인 경험을 할 수 있도록 분위기를 조성하는 것이 중요하다.

치료적 관계의 핵심부분을 차지하는 것은 상담자의 세 가지 인간적 특성과 태도이다. 로저스는 이에 대해 '성장을 촉진하는 토양'으로 세 가지 조건을 제시하고 있다.

첫째 요소는 '진정성', '진실성', '일치성'이다. 상담자가 직업적 모습이나 개인적인 가면을 벗고 진정한 자기 자신이 될수록 클라이언트는 건설적 모습으로 변하고 성장한다. 상담자는 자신의 감정과 태도에 대해 개방적이 되고 클라이언트 앞에서 자신을 투명하게 만들고, 클라이언트는 상담자 쪽에서 아무것도 숨기는 것이 없다는 것을 경험한다. 상담자 입장에서는 적절하기만 하다면 그 순간 경험하고 있는 것이 인식될 수 있으며 관계 가운데 나타날 수 있고 전달이 될 수 있다. 그렇게 해서 마음속에서 경험한 것, 인식된 것 그리고 클라이언트에게 표현된 것이 모두 잘 들어맞고 일치하게 된다.

둘째 요소는 변화의 토양을 만드는 데 중요한 '수용', '배려' 또는 '존중'이며 로저스는 이것을 '무조건적인 긍정적 관심'이라고 불렀다. 클라이언트가 그 순간 어떻게 하든지 상담자가 클라이언트에 대해서 긍정적이고 수용적인 태도를 경험할 때 치료적 발달과 변화가 더욱 잘 일어난다. 상담자는 소유하려 하지 않으면서 배려하고 클라이언트를 조건적으로 대하지 않고 전체적으로 수용한다.

관계를 촉진해 주는 셋째 조건은 '공감적 이해'이다. 이것은 클라이언트가 경험하고 있는 감정과 개인적인 중요한 의미들을 상담자가 정확히 감지하고 또 그렇게 이해한 것을 클라이언트에게 전달해 주는 것을 의미한다. 상담자가 상대방의 내면세계 속에 아주 깊숙이 들어가서 상대방이 인식하고 있는 것뿐만 아니라 인식저변에 깊이 숨어 있는 것들까지도 명료화할 수 있게 된다. 진정한 이해, 진실된 공감이 바로 그것이다. 이러한 특별한 경청은 변화를 일으키는 가장 강력한 힘들 중 하나이다.

요약하면, 사람은 수용받고 소중히 여김을 받을수록 자기 자신을 돌보는 태도를 더욱더 발달시키게 된다. 누군가가 자신의 마음을 공감하며 들어줄 때, 그 사람은 자신의 내면에서 경험하고 있는 흐름에 좀 더 정확하게 귀 기울여 들을 수 있게 된다. 자기(self)를 이해하고 소중히 여길 때 그의 자기는 그가 경험하고 있는 것과 더욱 일치하게 된다. 상담자의 호혜성은 사람들로 하여금 더욱 효과적으로 자기 자신의 성장을 촉진시킬 수 있게 해 준다.

3) 로저스의 훌륭한 삶의 관점 '완전히 기능하는 인간'

'완전히 기능'한다는 것은 자신의 잠재력을 인식하고 능력과 재질을 발휘하여, 자신에 대한 완벽한 이해와 경험을 풍부히 하는 방향으로 이동해 나가는 개인을 지칭하기 위해 로저스가 사용한 용어이다. 로저스는 상담자의 역할을 먼저 완전히 기능하는 인간으로 전제한다. 상담자는 촉진적인 조건들과 성장을 돕는 분위기를 만들 수 있어야 한다. 이러한 촉진자로서의 상담자의 태도 · 자세 · 능력을 서술하는 내용은 바로 그 상담자 자신이 완전히 기능하는 인간이 되어야 함을 뜻한다. 로저스는 완전히 기능하는 사람이 공통적으로 가지는 다섯 가지의 성격 특질을 명시하고 있는데, 그 내용은 다음과 같다(Hjelle & Zigler, 1992).

첫째 특징은 '경험에의 개방성(openness to experience)'이다. 개방성은 방어성의 반대개념으로 자기가 경험하는 것을 그대로 느끼는 것을 말한다. 그들은 그 자신을 들을 수 있으며 자신 내부에서 무엇이 일어나고 있는가를 경험할 수 있다. 로저스는 심리적으로 부적응적인 사람들이 자기가 경험한 것을 방어로 인해 왜곡하기 때문에 그대로 체험하지 못한다고 생각했다. 클라이언트의 자기 경험이 사회에 의해서 영향을 받은 자기 개념으로 인해 막히지 않고 느껴야 한다는 것이다. 완전히 기능하는 사람에게 있어서 어떠한 내적 경험이나 감정도 위협이 될 수 없으며 그는 모든 것에 대해 진정으로 개방한다.

완전히 기능하는 사람의 두 번째 특징은 '실존적 삶(existential living)'이다. 이것은 존재의 모든 그리고 각각의 순간을 풍부하게(fully) 사는 전반적인 능력이다. 부적응적 사람들은 '여기 그리고 지금(here and now)'에 살지 못하고 과거 혹은 미래에 매여 있다는 것이다. 철저하게 '지금 여기'에서 산다는 것은 실존적으로 삶을 살고 현재 순간에 자신을 인식할 수 있다는 것이다.

셋째 속성은 '유기체적 신뢰(organism trusting)'이다. 완전히 기능하는 사람은 그들의 유기체적 경험을 그들이 해야 할 것과 하지 말아야 할 것을 결정하는 정보의 타당한 출처로 간주한다. 옳고 그름에 대한 자신의 판단이 자신 안에 존재한다고 보는 것이다. 사회적 판단이나 주변 사람들의 판단이 아닌, 자신의 유기체적 경험을 중시하여 그것에 근거를 두는 것이다.

넷째 특성은 '경험적 자유(experiential freedom)'이다. 훌륭한 삶의 이러한 면은 인간은 자기가 선택한 인생을 자유롭게 살아간다는 뜻을 포함한다. 실존적 자유는 '내 자신의 행동과 그 결과에 책임을 지는 것은 나뿐이다'는 내적 감정을 뜻한다. 이 때문에 그들은 그의 인생에서 많은 선택이 있음을 보며 실제적으로 그가 원하는 것은 어떤 것이나 실제적으로 행할 수 있다고 느낀다.

마지막 특성은 최적의 심리적 성숙과 관련된 것으로 '창조성(creativity)'이다. 창조적인 사람은 그들의 문화 내에서 건설적으로 살아가는 경향이 있으며 아울러 그들 자신의 깊숙이 파묻힌 욕구를 만족시킨다.

4) 인간 중심상담과 사회복지실천

(1) 심리적 증상의 의미

로저스에 따르면 심리적 문제는 스스로 타고난 가능성과 잠재력을 발견하지 못하고 외적으로 부여된 가치조건에 맞춰 살려고 할 때 생긴다. 즉, 외적으로 부여된 가치조건에 따라 형성된 자기개념이 자신의 긍정적이고 창조적인 성장의 힘을 위축, 약화시킴으로써 심리적 문제가 발생하게 되고 이렇게 되면 내재적 가능성은 실현될 수 없다.

로저스 이론에 따른 심리적 증상의 의미는 어린 아이의 긍정적 관심을 받고 싶은 욕구에서 설명되어진다. 즉, 어른에게서 애정을 얻으려는 아이의 욕구는 매우 강하므로 아이들의 행동과 사고방식은 어른들의 애정과 칭찬을 더 받는 쪽으로 발전하게 된다. 따라서 관심에 대한 기본욕구 때문에 아이들은 원래 자신이 하고자 했던 것들을 어른의 반대와 금지에 부딪혀 실현하지 못하게 된다.

결국 아이는 성장하면서 점차 어른에 의해 주입된 가치체계를 내면화하게 된다. 가치의 조건(conditions of worth)이란 한 개인이 가치가 있고 없음을 규정짓는 외적 조건들을 말한다. 아이가 스스로에 대한 가치, 즉 자기개념을 발달시켜 나가는 과정에서 결정적으로 중요한 것은 바로 어른에 의해 부여된 가치의 조건들이다. 아이는 자신도 의식하지 못한 사이에 이러한 가치조건에 길들여지는 것이다(이장호 외, 2005).

다행스럽게도 가치조건과 실현경향성이 잘 조화를 이룬다면 아이에게 이보다 더 좋은 성장토양은 없을 것이다. 그러나 반대로 외적으로 부여된 가치조건에 따라 살아가게 되면 자기개념과 경험 간에 불일치가 생기기 쉽다. 이런 사람에게 '여기와 지금'에서 경험되는 것들은 자기개념과 불일치되므로 결국 부정된다.

(2) 인간 중심적 상담의 의의

로저스의 인간 중심(person-centered) 상담 이론은 클라이언트 중심(client-centered) 상담 이론이라고도 하며, 이는 개인의 성장에 관한 일반적이고 전인적인 것에 관심을 갖게 한다. 로저스는 클라이언트 중심 상담 이론이 인간을 개혁하고 세계를 개선하는 '조용한 혁명(a quiet revolution)'을 가능하게 하리라고 믿었다. 인간 중심적 상담의 목표는 클라이언트가 자기를 실현하도록 돕는 데 있다. 성공적 상담은 클라이언트와 상담자의 관계가 철저하게 인간적이고 주관적인 관계로 몰입되는 것을 전제로 한다.

상담자와 클라이언트의 관계는 한 인간 대 한 인간(a person to a person)의 관계가 되어야 한다. 이 개념은 상담자로서의 인간과 클라이언트로서의 인간을 다 같이 완전히 기능하는 인간으로 성숙하게 하기 위한 관계를 지칭한다. 완전히 기능하는 인간은 가능성과 잠재능력으로 끊임없이 그 완전성을 향해서 성숙해 가는 존재라는 것이다. 때문에 상담자와 클라이언트 사이의 충분한 상호이해 내지는 공감적 이해가 이루어질 수 있다. 그러므로 상담자는 클라이언트가 실존적 선택을 할 수 있도록 분위기를 만들어 주고 촉진자의 역할을 한다.

로저스(1957)는 클라이언트의 성장을 촉진시키기 위해서는 일치성(congruence), 무조건적 긍정적 관심(unconditional positive regard), 공감(empathy)이 있어야 한다고 주장했는데, 그 내용은 앞의 '성장을 촉진하는 토양' 부분에서 언급되었다. 이러한 세 가지 촉진조건은 클라이언트와 사회복지사와의 관계성에 공헌하게 되는데, 클라이언트와 사회복지사 사이를 상호 존중적으로 만들어 줌으로써 상담을 효과적으로 이끌게 된다. 클라이언트는 상담을 통해 자신을 이해하는 것과 의미 있는 선택을 독립적으로 하는 것, 그리고 보다 성숙한 방식으로 다른 사람들과 좋은 관계를 맺는 것을 배우게 된다. 이러한 일치성과 정직한 의사소통으로 긍정적인 작업관계성을 세우는 것은 인간 중심 상담의 핵심이 된다.

3. 매슬로 이론

1) 매슬로의 생애

매슬로(Maslow, 1908~1970)는 미국의 심리학자로 '욕구위계설' 제안으로 널리 알려진 인물이다. 1967년 미국 심리학회 회장을 맡았던 매슬로는 처음에는 행동주의 심리학자였으나, 후에 관찰 가능한 행동이나 환경의 영향에 대해서만 초점을 두는 것에 반대하였다. 매슬로의 행동주의에 대한 열정은 첫 딸이 태어났을 때 사라졌다. 그는 "나는 아기를 가져 본 사람은 누구든지 간에 행동주의자가 될 수 없다고 말하고 싶다"라고 하였다. 그는 모든 인간은 잠재력을 실현하고 살아간다고 보아 인간의 자연적인 본성인 자아실현에 대한 욕구를 강조하였다.

그는 뉴욕의 부르클린에서 태어났으며, 러시아에서 이주해 온 유대인 부모의 칠 남매 중 장남이었다. 그의 부모는 그가 법을 공부하도록 강요했고 그의 고백에 의하면 그는 어린 시절과 청소년 초기에 매우 심한 고독과 고통을 겪었다고 한다. 사람들이 보다 풍요로운 삶을 살도록 도와주려던 매슬로의 바람은 사실은 그 자신이 더 나은 삶을 살려는 갈망에서 비롯된 것일 수 있다.

처음에 매슬로는 부모의 소망을 따라 뉴욕시립대학교에 입학했으나 3학기 뒤 위스콘신대학교로 옮겼고 그곳에서 심리학을 전공하여 1934년에 박사학위를 받았다. 그는 존 왓슨의 행동주의에 결정적인 영향을 받았고, 붉은 털 원숭이와 애착 행동에 대한 연구로 유명했던 해리 할로우와 함께 연구했다. 그의 박사논문은 원숭이의 성적 특성과 지배특성에 관한 관찰연구였으며, 졸업 후 1년 뒤 컬럼비아대학교에서 손다이크와 함께 작업하기 위해 뉴욕으로 돌아왔다.

매슬로는 처음에 부르클린대학교에서 가르쳤는데, 그는 1930년 말에서 1940년 초까지의 뉴욕시를 심리학계의 중심으로 보았다. 히틀러를 피해 온 유럽 지성계의 중심 인물들을 개인적으로 만난 것도 바로 거기였다. 이 시기 동안 그는 아들러와 프롬을 포함한 많은 손꼽히는 유럽 심리학자들을 만났다. 이러한 유명한 학자들과의 비공식적 대화 및 경험들은 그로 하여금 후기 인본주의적 견해의 지적 근간을 형성하는 데 커다란 역할을 하였다.

1951년 매슬로는 브랜다이스 대학교에서 심리학과 과장으로 일했으며 이 기간 중 그는 미국심리학계의 인본주의 운동의 가장 유명한 인물이 되었다. 1969년 캘리포니아의 라후린 자선단체의 특별회원으로 추대되어 비학술단체에 소속됨에 따라 그의 관심사인 민주정치학과 윤리학의 철학정신에 대해 자유롭게 추구할 수 있었다. 그러나 62세가 되던 1970년, 심장마비로 사망했다.

2) 매슬로의 욕구위계설

매슬로는 인간의 욕구(동기)는 타고난 것이며 그것은 강도와 중요성에 따라 일종의 계층적 단계로 배열되어 있는 것으로 가정했는데, 그것이 매슬로의 욕구위계설(Maslow's hierarchy of needs)이다. 인간의 욕구가 그 중요도에 따라 일련의 단계를 형성한다는 일종의 동기이론이 그것이다. 하나의 욕구가 충족되면 위계상의 다음 단계에 있는 다른 욕구가 나타나서 그 충족을 요구하는 식으로 체계를 이루고 있다. 가장 먼저 요구되는 욕구는 다음 단계에서 달성하려는 욕구보다 강하며, 그 욕구가 충분히 만족스럽게 충족되었을 때만 다음 단계의 욕구로 전이된다(Hjelle & Zigler, 1992).

매슬로는 인간의 욕구단계의 개념을 [그림 10-1]과 같이 도식으로 나타내고 있는데, 아래로 갈수록 원초적 욕구를 나타내는 피라미드로 나타낸다. 강도와 순서에 따라 동기는 ① 생리적 욕구(Physiological Needs), ② 안전의 욕구(Safety and security Needs), ③ 애정과 소속의 욕구(Love and Belonging Needs), ④ 자존감의 욕구(Needs for Self-Esteem), ⑤ 자기실현의 욕구(Self-Actualization Needs)로 표현된다. 매슬로는 이들 다섯 가지 욕구들이 유기적 연관성을 맺으면서 욕구발로의 우선순위에 따라 계층을 이루고 있으며, 극히 일부의 사람만이 자아실현의 욕구단계까지 도달하게 된다고 보았다. 그 내용을 살펴보면 다음과 같다.

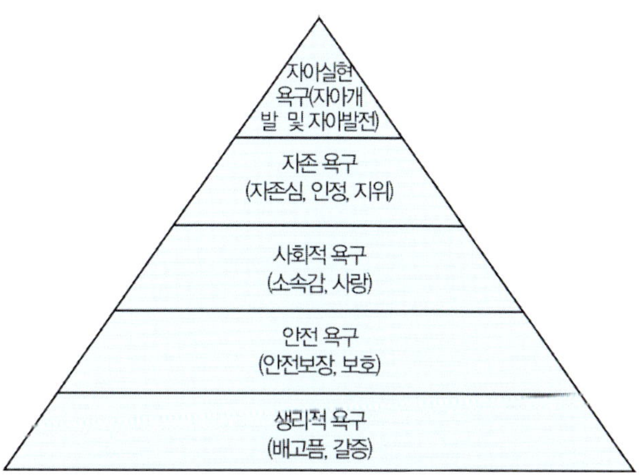

[그림 10-1] 매슬로의 욕구위계 구조

(1) 생리적 욕구

의식주에 대한 욕구 · 성적 욕구 · 수면 욕구 · 추위나 더위로부터의 보호 등 생리적 균형을 유지하는 데 요구되는 기본적 욕구이며 생명을 유지하는 데 없어서는 안 되는 중요한 욕구이다. 생리적 욕구는 인간의 욕망을 지배하고 인간으로 하여금 이것에 집착하게 하여 더 높은 수준의 목표를 추구하지 못하게 한다.

(2) 안전의 욕구

자기 자신을 외부의 위협으로부터 안전하게 보호하고자 하는 욕구로 육체적 안전과 심리적 안정에 대한 욕구이다. 이 동기가 생기는 주요한 이유는 개인의 환경 내에서 확실성, 정돈, 조직 그리고 예측성을 알맞은 정도로 보장받고자 하기 때문이다. 의식주를 해결할 수 있는 직업, 저축, 보험 가입 등의 선호는 부분적으로 안전의 추구 때문에 동기가 부여된다.

(3) 애정과 소속의 욕구

다른 사람으로부터 사랑을 받고 다른 사람을 사랑하고자 하며, 어떤 집단에 소속하여 집단의 성원으로서의 역할을 수행하고자 하는 것이며 대인관계를 통해 서로 정을 교환하고 소속되기를 바라는 사회적 욕구이다. 이 단계에 동기부여된 개인은 남들과의 애정적인 관계, 자기 가족 내에서의 위치, 준거집단 등을 갈망하여 집단의식이 개인의 주요 목표가 된다.

(4) 자존감의 욕구

매슬로는 이것을 두 가지로 분류하였는데, 자기존중과 다른 사람으로부터의 존경이 그것이다. 전자는 능력 · 신뢰감 · 개인의 힘 · 적합성 · 성취 · 독립 · 자유 등을 나타내고, 후자는 명성 · 인식 · 수용 · 주목 · 지위 · 평판 · 인식 등을 포함한다. 어떤 중요한 책임을 맡아 이를 잘 수행함으로써 자신의 가치를 스스로 인정하고자 하며 다른 사람으로부터도 존경을 받고자 원하는 것이 바로 여기에 속한다. 열심히 노력하여 많은 재산을 축적한 사람이 어느 시기에 가서 자신의 전 재산을 사회단체나 교육기관에 기꺼이 내어 놓는 일은 바로 이러한 욕구에서 나온 행동으로 해석할 수 있다.

(5) 자아실현의 욕구

만약 앞의 욕구들이 모두 충분히 만족된다면, 자아실현의 욕구가 등장한다. 매슬로는 자아실현을 자기가 성취할 수 있는 모든 것을 성취하려는 욕구로 설명하였다. 이러한 가장 높은 단계에 도달한 사람은 자신의 재능 · 능력 · 잠재력을 충분히 발휘하기 위해 노력한다. 이는 자신의 모든 잠재적 능력을 최대한 발휘하여 가치 있는 삶을 누리고자 하는 욕구이다. 한마디로 자아를 실현한다는 것은 자기가 원하는 종류의 사람이 되는 것이다. 이를 위해서 아름다움을 추구하고 그 아름다움을 감상하는 심미적 욕구가 충족되어야 하며, 우주에 대해 더 많은 것을 배워서 알고자 하는 지식과 이해의 욕구도 동시에 충족되어야 한다.

매슬로는 자아실현의 욕구를 성장욕구(growth-needs, meta-needs)로 그 외 네 가지 욕구를 결핍욕구(deficiency-needs)로 보았다. 그는 이 중 자아실현 욕구를 부각시켰는데, 이를 '인간이 지닌 가장 최상위 욕구로, 자기 계발과 목표 성취를 위해 끝없이 노력하는 자세'라고 정의했다. 자아실현 욕구는 다른 욕구와 달리 일정한 한계점이 없다.

자아실현의 욕구는 욕구를 충족하면 할수록 더 강해지며, 이 욕구가 발동되고 추진력을 얻기 위해서는 먼저 이전 단계의 결핍상태를 극복해야 한다고 보았다. 결핍동기를 안정적으로 충족시킨 사람은 더욱 수용적인 방식으로 자신과 타인 그리고 세상과 상호작용하며, 세상을 더욱 사랑하고 이해할 수 있고, 세상을 더욱 즐겁게 살 수 있다고 했다.

3) 자아실현적 인간

(1) 인간본성으로서의 자아실현

매슬로는 '자아실현'이라는 용어를 즐겨 사용했다. '완전한 인간성 및 생물학적 기초에 근거한 인간본성의 발달'을 강조한 말이다(Maslow, 2005). 그는 심리의 병리현상을 신경증 · 정신증 · 정신병이라고 하지 않고 '인간성의 감소나 위축'이라고 보고 심리적 병의 근원은 결핍 · 갈등 · 공포라고 하였다. 욕구불만이나 결핍은 발병의 원인이고 욕구만족이나 충족은 건강이라고 했으며, 따라서 기본 욕구는 사악하거나(evil) 죄스러운(sinful) 것이 아니라고 보았다.

그런데 문제는 우리 대다수가 이러한 인생의 즐거움을 누리지 못하고, 대부분 한두 종류 이상의 욕구 결핍으로 인하여 고통받고 그에 따른 부정적 심성에 얽매여 산다는 것이다. 우리가 지닌 더 수준 높고 더 인간적인 욕구와 동기들은 욕구결핍과 결핍동기에 가려져 나타내지 못한다. 그러나 자기를 실현하는 사람들의 특징은 결핍동기로 인해 자기실현 욕구를 약화하거나 미루거나 무시하지 않는다. 자아실현의 욕구는 언제나 강력하며 생존과 생식 등 생리적 기본 욕구에 우선한다. 그러나 일반사람들은 결핍동기의 끈질긴 요구에서 벗어나기 힘들다.

그는 자아실현 상태를 설명하기 위하여 절정경험(peak experience)에 대하여 말하고 있는데, 부모가 되는 경험 · 신비적 또는 광활함에 대한 경험 · 자연에 대한 경험 · 미학적 지각 · 창조적 순간 · 치료적 또는 지적 통찰력 · 특정 운동에서의 성취 등을 맛보는 순간이 그것이다(Maslow, 1970). 이처럼 최상의 행복감과 완성감을 느끼는 순간에 나타나는 인지적 현상들이 절정경험이다. 절정경험을 일상생활에서 얼마나 많이 경험하는가에 따라 자기실현 정도가 다르며, 보통 사람도 절정경험을 경험하기 위해서 노력하라고 권한다.

(2) 자아실현자의 특성

매슬로가 밝힌 자아실현적 인간(self-actualizing people)의 모습은 다음과 같다.

- 현실을 보다 효율적으로 지각하여 현실과 수월하고 안정된 관계를 맺는다(perception of reality).
- 자기 · 타인 · 자연에 대해 수용적 태도를 갖는다(acceptance).
- 자발성 · 단순성 · 자연스러움을 갖는다(spontaneity).
- 자기 중심적이라기보다 문제 중심적이다(problem centering).
- 고독과 프라이버시에 대한 욕구를 가져 자기만의 세계를 불편 없이 즐길 수 있다(solitude).
- 문화와 환경으로부터 비교적 독립적이어서, 자신의 주된 만족을 외계에 의존하지 않고 자율적으로 행동한다(autonomy).
- 삶의 기본적인 경험을 지속적으로 신선하고 천진하게 감지한다(fresh appreciation).
- 절정경험을 가진다. 이는 신비적 체험으로도 불린다(peak experiences).
- 공동사회적 정서, 즉 인간에 대해 동일시, 동정, 애정의 감정을 가진다(human kinship).
- 깊고 순수한 대인관계를 가지고 있다(interpersonal relationships).
- 겸허, 타인에 대한 존경 등 민주적 성격구조를 가지고 있다(humility and respect).
- 확고한 도덕 규준을 가지고 있다(ethics).
- 비웃거나 냉소적이 아닌 철학적 · 사색적 유머감각을 가지고 있다(humor).
- 창조성과 독창성을 보여 준다(creativity).
- 심오한 의미에서 사회화에 저항하고, 사람들이 빠져들게 되는 문화로부터 어느 정도 내적인 거리를 유지한다(resistance to enculturation).
- 수단과 목적 · 선과 악을 구별할 줄 알며, 확고한 가치체계에 더하여 유연성을 지니고 있다(values).
- 이분법을 극복하고, 사람들이 본질적으로 정반대라고 보던 극단의 의견들을 통합하여 연합체를 형성한다. 자기실현자들에게 욕망은 이성과 훌륭한 조화를 이루고 있다(resolution of dichotomies).

(3) 자아실현으로 이끄는 행동

매슬로는 『The Farther Reaches of Human Nature』(1971)에서 자기실현으로 이끄는 행동을 다음과 같이 나열하고 있다. 우선 자아실현이란 깊은 집중과 전념을 통해 완전하고, 생생하며, 사심 없이 경험하는 것을 의미한다. 둘째, 인생을 일련의 선택들의 과정이라고 보았을 때 각 기점에서 성장을 위한 선택을 하는 것이다. 셋째, 자기 내면의 목소리에 귀 기울이는 것이다. 넷째, 정직하고 책임을 지는 것이다. 다섯째, 자신의 판단과 직관을 믿는 것이다. 여섯째, 자기실현은 목표이기도 하나, 매순간 잠재력을 실현하는 부단한 과정이기도 하다. 일곱째, 절정체험(peak experience)은 자기실현의 일시적 순간이다. 여덟째, 방어기제를 파악하게 되므로 이를 버릴 용기를 얻게 된다.

매슬로의 의견에 따르면, 모두는 아니지만 대부분의 인류는 내적 실현을 원하며 찾고 있다. 그는 인간의 잠재력을 실현하려는 충동은 자연스럽고 필요한 것이라고 했다. 그러나 대개 선택을 받은 극소수만이 그것을 달성했다고 보며 그는 이들을 인구의 1% 이하로 추정하고 있다. 모든 사람이 자아실현을 달성하지 못하는 이유는 우선 많은 사람들이 그들의 잠재력의 존재와 자기증진(self-enhancement)이 가져다주는 보상도 이해하지 못하고 있기 때문이며, 사회적 환경 또한 자기실현을 억눌러 버린다고 했다.

자아실현의 또 다른 장애는 안전 욕구가 가져다주는 강한 부정적 영향이다. 즉, 인간이 성장하는 과정에서 위험을 무릅쓰고 실수를 하고 구습을 타파하겠다는 지속적 의지가 요구되지만 이는 용기를 필요로 하므로, 개인은 두려움과 걱정을 증가시키는 것에서 도피하여 안전과 보호로 되돌아가려는 경향을 띠게 된다는 것이다.

결국 매슬로에 의하면 보다 많은 사람들이 자기실현을 하게 하려면, 그들이 낮은 단계의 욕구에 만족할 수 있는 기회를 광범위하게 제공하도록 세상을 변화시켜야 할 필요가 있다고 하겠다. 이러한 작업은 사회체계와 정치구조의 대폭적 변화가 있을 때 가능한 일이 된다.

4. 인본주의 이론과 사회복지실천

인본주의 이론은 인간에 관하여 보다 희망적이고 낙관적인 견해를 지니고 있다. 모든 인간은 자신의 내부에 건전하고 창조적인 성장을 위한 가능성을 가지고 있다고 믿는다. 사회복지실천의 기본이 되는 인간존중의 가치관은 인본주의와 맥을 같이한다. 인간을 '된 존재(be)'로 보기보다 현재 어떠한 모습을 하고 있건 '되어 가는 존재(becoming)'로 바라보는 인본주의 심리이론은 다양하고 때로는 부정적인 삶의 모습을 보여 주고 있는 클라이언트의 상황에 대해 이해하고 존중하고 접근하도록 하는 사회복지실천의 철학적 기반을 제공한다. 이러한 자세는 클라이언트에 대해 덜 결정론적이고, 덜 판단적인 태도로 대할 수 있도록 긍정적 인간관을 가지게 한다.

또한 인본주의는 이상적인 인간상을 제시하고 있다. 로저스의 '완전히 기능하는 사람'과 매슬로의 '자아실현자'는 인간의 이상적 모습, 즉 정신적으로 건강한 사람의 기준을 제공하고 있다. 이는 사회복지실천 또한 치료적 접근인 의학적 모델에만 머무르지 않고 긍정적인 인간상을 기본으로 예방적인 차원의 접근이 이루어져야 함을 시사하는 것이라 하겠다. 이는 최근 많은 관심을 모으고 있는 '긍정심리학'과 그 맥을 같이하는 것이다.

인본주의는 이상적 사회에 대해서도 언급하고 있는데, 매슬로는 인간의 욕구는 적절히 충족되어야 하며 따라서 개개인이 자기의 욕구를 충족시키기 위해 노력하는 것은 물론 국가와 사회도 건강한 복지사회를 건설하기 위하여 사회구성원의 욕구가 결핍되지 않도록 해야 할 의무가 있음을 설명하고 있다. 보다 많은 사람들이 자기실현을 하게 하려면, 그들이 낮은 단계의 욕구에 만족할 수 있는 기회를 광범위하게 제공하도록 세상을 변화시켜야 할 필요가 있음을 주장하고 있다.

로저스의 이상사회 혹은 이상세계는 이상적 인간상에 바탕을 둔 것으로 이상적 인간상을 실현할 수 있게 하는 사회가 이상사회이며, 이 이상사회의 실현은 이상적 인간상의 실현을 전제조건으로 한다는 것이다. 즉, 이상적 변화는 인간개혁과 사회개혁의 두 측면에서 함께 서로 영향을 주면서 일어나야 된다는 뜻이다. 이러한 내용들은 사회복지의 역할과 기여에 대해 새로운 의미를 부여해 주는 것이라 할 수 있다.

이처럼 인본주의 성격이론은 병리적인 부분보다 건강한 인간상과 이상적 사회상을 제시하여 현대인의 요구에 부응하면서, 현대의 생활문화를 건전하게 발전시킬 수 있는 이론적 바탕을 제공해 주는데, 이러한 면은 사회복지실천에 있어서 강점 중심의 실천뿐만 아니라 건강한 지역사회를 추구하는 지역사회복지실천에도 철학적 함의를 제공한다고 하겠다.

생각할 문제

1. 매슬로의 '자아실현자'의 특성과 본인의 삶의 모습을 비교해 보고 그에 이르기 위해 어떤 노력들을 할 수 있는지 모색하시오.
2. 로저스의 '완전히 기능하는 사람'의 특성과 본인의 삶의 모습을 비교하고 그에 이르기 위한 어떤 노력들을 할 수 있는지 모색하시오.
3. 실현성향과 형성성향을 설명할 수 있는 주변의 사건이나 상황들을 찾아보시오.

PART 3

사회환경

Chapter 11

사회환경 관련 이론

사회복지실천에서 인간에 대한 이해 못지않게 사회환경에 대하여 정확하게 이해하는 것은 매우 중요하다. 사회복지실천의 기본적 관점은 인간과 사회와의 상호작용에 의한 인간의 발달과 그 발달과정에서의 문제점을 분석하고 이를 해결하기 위한 자원 또한 인간과 사회환경과의 상호작용 가운데에서 발견하여 사용할 수 있다고 보기 때문이다. 이번 장에서는 인간의 삶과 관련되어 있는 다양한 환경체계에 대한 기초 이론으로서 체계 이론과 생태학 이론에 대하여 살펴보고자 한다.

1. 체계 이론

체계 이론은 일반체계 이론이라고도 한다. 일반체계 이론의 창시자는 오스트리아 출생의 생물학자인 루드익 본 버틀란피(Ludwig von Bertalanffy)이다. 일반체계 이론은 1928년에 발표되었으나 1968년『일반체계 이론(General Systems Theory)』이 출판되어서야 알려지게 되었다(엄신자, 2007). 체계 이론은 여러 체계 간의 상호작용을 강조하고 '개개인, 집단, 조직, 또는 커뮤니티 간의 관계'(Baker, 1999)에 중점을 두고 있다. 체계 이론은 사회복지사가 사회환경 내에서 인간의 행동을 폭넓게 이해하고 가치중립적인 태도를 갖도록 한다(Green, 1991). 인간이 상호작용하는 환경은 매우 다양하다. 그중에서 사람들과 관련한 사회환경 중 가장 기초적 요소는 체계이다. 가장 작은 규모의 체계는 두 명으로 시작되는데, 가장 기초적인 체계를 부부체계라 할 수 있을 것이다. 다음으로 복잡한 체계는 3자 관계로서 가족, 소집단 조직, 지역사회, 사회, 국가 등이 있다. 개인과 사회 간의 교류는 상호작용 단계와 사회 문화적인 단계에서 발생할 수 있다. 상호작용 단계에서의 교류는 직접적인 접촉을 수반하며, 이러한 교류를 생성시키는 체계는 일반적으로 1차 집단으로 언급된다. 1차 집단에는 친구 및 이와 대등한 사람들로서 가족, 친족, 기타 친밀한 관계의 사람 및 공동체가 있다. 사회문화적인 단계에서의 교류는 개인과의 관계보다는 일반적으로 규모가 더 큰 관계에 해당한다. 비개인적인 교류로 대표되는 체계는 2차 집단과 관련이 있다. 2차 집단에는 사업단체, 학교, 정당, 종교단체 등이 있다.

체계 이론(system theory)은 다양한 체계들 간의 상호작용을 강조하는 개념이다. 체계 이론은 광범위한 상징의 의미를 포괄하며, 개인, 집단, 조직, 지역사회 간의 관계를 강조한다. 체계 이론은 세상을 이해하는 데 필요한 폭넓은 시각을 제공하기 때문에 다양한 현장에 적용할 수 있다. 체계 이론과 생태적 관점을 합한 것을 생태체계 이론(ecosystems theory)이라고 한다. 체계 이론은 인간을 통합된 하나의 체계로 간주하는 전체적인 인간관을 가지고 있다. 인간의 신체, 심리, 사회적 부분은 분리된 존재가 아니라 하나로 통합된 전체로 기능한다고 본다. 한 영역의 변화가 전체 인간의 사회적 기능에도 영향을 미칠 수 있다는 관점으로, 부적응을 보이는 한 개인의 문제의 원인은 그를 둘러싸고 있는 사회체계와의 역기능적 상호작용에 있다고 본다. 체계 이론은 인간행동 문제에 대해 보다 전체적인 시각을 제시하여 문제를 개인과 사회 및 환경이 상호작용하는 총체로 보게 하여 문제사정과 개입체계를 명확하게 해 주는 유용한 이론이다.

1) 체계 이론의 주요 개념

(1) 체계

체계란 개념은 나름의 독특한 특성을 가지고 있다. 몇 가지로 나누어 살펴보면 다음과 같다. 첫째, 체계란 상호 의존적이고 상호작용하는 각각의 부분들로 구성된 전체, 즉 부분들 간의 관계를 맺고 있는 일련의 단위들로 정의된다. 둘째, 체계의 한 부분에 미치는 영향은 체계를 구성하는 다른 요소에 전해지며, 반대로 체계의 다른 구성요소에 미치는 영향이 체계의 한 부분에 영향을 미치기도 한다. 셋째, 체계는 스스로 규정한 안정상태를 유지하려는 경향을 가지며 이것을 항상성이라고 한다. 넷째, 체계는 외부 혹은 내적인 영향에 대해 적응적인 방법 혹은 비적응적인 방법으로 안정상태를 회복하려는 경향, 즉 항상성의 원리에 의해 작용한다.

① 개방체계

경계의 투과성을 지닌 체계로서 체계 내에서 정보와 자원을 자유롭게 교환하고, 체계 내·외부로부터 성상 및 발달에 필요한 정보나 에너지를 자유롭게 교환하고 받아들임으로써 체계 자체의 기능을 유지·발전시킬 수 있다. 예를 들어, 입회와 탈퇴가 자유로운 단체가 여기에 해당될 것이다.

② 폐쇄체계

다른 체계와 상호작용하지 않아 고립되어 있는 체계로서 정보나 에너지의 투입(input) 또는 산출(output)이 거의 없다. 폐쇄체계를 구성하고 있는 부분들은 시간이 지남에 따라 성원들 사이의 구별이 거의 없어지게 되며 점차 동일성을 띠게 된다. 따라서 체계 내의 조직 구성 및 그 기능이 쇠퇴하게 된다. 예를 들어, 가족이나 특별한 자격을 가진 사람만을 회원으로 하는 조직들이 여기에 해당된다.

③ 대상체계

분석 대상이 되는 체계로서, 예를 들면 어떤 가족의 갈등이 관심사라면 이 가족이 대상체계이다.

④ **상위체계**

대상체계 외부에 있으면서 그 체계에 기능적으로 영향을 미치는 사회단위로서, 예를 들면 어떤 가족이 다니는 종교기관(교회, 성당, 사원, 사찰 등)은 대상체계의 상위체계이다.

⑤ **하위체계**

2차적, 종속적 체계로 큰 체계 속에 있는 작은 체계를 말한다. 대상체계 내부에 있으면서 내부의 다른 하위체계들과 상호작용하면서 체계를 구성하는 것으로, 예를 들면 어떤 가족의 하위체계에는 부부체계, 부모자녀체계(부자체계, 모자체계, 부녀체계, 모녀체계), 형제자매체계 등 매우 다양한 체계가 있다.

(2) 경계

경계는 체계의 외부와 내부 또는 한 체계와 다른 체계를 구분짓는 구획, 선 혹은 침투성을 지닌 테두리로, 경계선은 체계 내부로의 에너지 흐름(투입)과 외부로의 에너지 유출(산출)을 규제한다. 예를 들어, 가족의 경계는 명확하면서도 융통성이 있는 것이 바람직하며, 경계가 지나치게 경직 또는 혼란스러운 경우는 가족 내 문제가 발생할 가능성이 높다.

① **명확한 가족경계**

명확한 가족경계는 가족성원 간이나 가족 하위체계 간 혹은 가족과 외부체계 간에 독립성과 자율성이 인정되면서도 동시에 상호 융통성 있는 의사소통이 이루어질 수 있다. 비유로 본다면 가족 간에 언어적 비언어적 소통이 원활한 가운데 질서정연한 커튼 정도가 쳐 있는 상태라고 할 수 있다. 예를 들어, 부부가 서로 배려하고 존중하며 지낸다면 명확한 경계를 가졌다고 할 수 있다.

② 경직된 가족경계

경직된 가족경계는 체계들이 상호분리, 고립(disengaged boundary)되어 있어 융통성 있는 의사소통이 어렵고 다른 체계에 대한 관심과 지지가 이루어지지 못한다. 비유로 본다면 가족 간에 두꺼운 커튼이 쳐 있는 것처럼 언어적으로나 비언어적으로 소통이 없는 상태라고 할 수 있다. 예를 들어, 부부간 대화가 단절되어 있고 교류가 없이 별거 중이라면 경직된 경계를 가졌다고 할 수 있다.

③ 혼돈된 가족경계

혼돈된 가족경계는 가족성원 및 가족의 하위체계 간에 독립성과 자율성이 결핍되어 지나친 밀착상태(enmeshed boundary)에 있어 체계 간 경계를 구분하기 어려운 경우이다. 비유로 본다면 가족 간에 아무 커튼도 쳐 있지 않아서 지나치게 무질서한 상태라고 할 수 있다. 예를 들어, 자녀가 부모 침실에 수시로 들어와 자거나 부모의 대화에 거리낌 없이 끼어드는 경우가 해당될 것이다.

(3) 항상성

비교적 안정적으로 지속적인 균형 상태를 유지하기 위한 체계의 경향을 말한다. 만약 체계의 균형을 깨뜨리려는 것이 있다면 체계는 적응하기 이전의 안정성을 회복하려 한다. 즉, 체계는 지속적으로 변화의 상태에 놓여 있는 동시에 역동적 균형상태를 유지해야 한다는 것이다. 그러나 단지 현상유지만을 의미하는 것이므로 효과적으로 기능한다는 의미는 아니다. 때때로 이 현상유지가 비효과적이거나 비효율적이면 심각한 문제가 될 수도 있다. 현재의 상태가 좋든 나쁘든 간에 현 상태를 유지하려는 체계의 특성을 말한다. 예를 들어, 부부가 심각한 갈등을 반복하면서 지내 오다가 자녀가 아프게 되면 자녀를 치료하는 동안 잠시 덮어 두었다가 자녀가 퇴원하여 집에 오면 예전과 같이 갈등상태에 돌입하게 되는 경우이다.

(4) 안정상태

부부간 관계를 유지하고 붕괴되지 않도록 에너지를 계속 사용하는 상태를 말한다. 환경과 교환할 뿐 아니라 변하는 여건에 적응하기 위해 구조를 변경할 수 있는 개방체계에 존재한다. 예를 들어, 가정에서 자녀가 어릴 때 행사하던 부모의 권위를 질풍노도의 시기인 청소년기에는 다소 융통성 있게 대처함으로써 권위를 긍정적으로 유지하는 경우이다.

(5) 투입

투입이란 체계가 환경으로부터 에너지, 사물의 정보 등을 받아들이는 방법을 말한다. 생물학적·심리사회적 생존과 성장은 투입과정을 통해서 보장받는다. 투입된 정보가 일단 체계 내부로 입수되고 나면 영향을 받고 변형되며, 규제받고 체계의 기능수행을 위해 활용된다. 이러한 처리과정이 시작되면 체계는 적극적으로 환경에 반응하게 된다. 산출이라고 불리는 이 같은 반응은 환경에 직접적으로 영향을 미치며, 다른 체계에 대해 투입으로 작용하는 동시에 그 자체에 대해 환류를 통해 다시 투입으로 작용하게 된다.

(6) 환류

환류는 정보의 투입에 반응하는 행동을 가져오며, 새로운 정보에 자신의 행동결과를 포함시켜, 그것에 의하여 다음의 행동을 수정하는 의사소통의 조직망을 의미한다. 이러한 환류는 체계의 평형을 유지시키거나 변화를 촉진함으로써 체계를 혼란시키는 작용을 하는데, 긍정적 및 부정적 환류로 구성되어 있다. 첫째, 긍정적 환류는 체계가 그 목적과 관련하여 올바르게 행동하고 있으며 같은 종류의 행동이 더 요청되는 것을 의미한다. 둘째, 부정적 환류는 체계가 그 목적달성을 어렵게 하는 행동을 하고 있는 정도를 전달하며, 체계행동의 수정을 가져온다.

(7) 역할: 환경 속에서의 개인

개인은 사회체계 속에서의 역할을 통해 그 체계와 연결되어 있다. 역할이란 개인이 수행하는 행위의 한 요소인 동시에 사회체계의 한 요소이다.

① 역할의 개념

어떤 한 사람의 역할에 대해서는, 역할을 맡은 자에 대한 타인의 기대치, 역할을 맡은 자신의 기대치, 역할을 맡은 자의 실제 행동 전망 등과 같은 세 가지 방식으로 정의된다. 첫째, 규정된 역할은 지위(status)를 둘러싼 사회 내의 기대치를 말한다. 둘째, 지각된 역할은 한 위치에 있는 사람이 다른 위치의 사람과 상호작용할 때 자신의 행동에 적절한 것이라고 인식한 특정 기대치를 말한다. 셋째, 법령적 역할은 어떤 위치에 있는 사람이 다른 위치의 사람과 상호작용할 때 나타나는 특정적이고도 명백한 행동, 자신의 역할과 다른 사람의 역할 간 상호작용에 의한 실제적 결과다.

② 개인과 사회체계 간의 교류

역할의 획득과 유지 · 변화 등은 개인과 사회체계 간의 교류를 통해 이루어진다. 이러한 교류가 이루어지는 기본적 사회과정은 다음과 같다(McCall and Simmon, 1982). 첫째, 보십으로서 개인의 사회체계 참여를 결정짓는 과정으로 이 과정을 통하여 지위 및 역할에 대한 기준을 결정하고, 거기에 합당한 선정(selection)이 이루어진다. 둘째, 사회화로서 개인이 체계 성원으로서의 역할을 수행하게 될 때 개인 참여에 대한 규정 및 조정이 이뤄지도록 하는 수단적 과정으로 타인의 기대를 인식하고 거기에 부응할 수 있는 태도와 지식, 능력 등을 습득하는 과정이 포함된다. 셋째, 상호작용은 체계 내에서 참여가 이루어지는 수단으로서의 과정으로 상호작용을 통하여 성원이 서로 영향을 미치며, 사회체계는 형성과 재형성을 거친다. 넷째, 혁신은 개인의 체계 참여에 변경 내지 변화를 가져오는 수단으로써의 과정으로 물리적 환경 변화로 인해 체계 성원은 환경과의 관계방식을 재고하도록 외부에서 부여되거나 내부적으로 계획될 수 있다. 다섯째, 사회적 통제는 개인의 체계 참여에 제한 내지 한정을 가져오는 수단으로써의 과정이다.

(8) 산출과 성과

산출(output)은 성과(outcome)와는 질적으로 다르다. 산출은 과정의 결과를 지칭하는 좀 더 일반적인 용어이며, 성과는 평가 목적을 위해 측정하는 특정 변수이다. 성과는 체계 과정에서 얻은 긍정적인 효과를 측정하는 반면, 산출은 효과와는 무관한 결과 모두를 말한다.

(9) 공유영역

공유영역이란 서로 다른 체계나 조직들이 접촉하거나 의사소통하는 지점이다. 예를 들어, 입양기관 실습 담당자와 지도감독을 받을 학생 사이의 서면계약도 일종의 공유영역이다.

(10) 분화

분화는 단순한 형태에서 좀 더 복잡한 형태로 변하려는 체계의 경향을 말한다. 관계, 상황, 상호작용 등은 시간이 지나면서 보다 복잡해지는 경향이 있다. 예를 들어, 어떤 가족은 살면서 매일 새로운 것을 경험한다. 새로운 정보를 얻고 새로운 방법을 찾는다. 가족의 삶은 점점 더 복잡해진다.

(11) 엔트로피

체계가 해체하는 방향으로 진행하는 경향이다. 어떤 것도 영원히 존재할 수 없다. 사람은 나이를 먹고 결국 죽는다. 가족도 시간이 흐르면서 바뀌고 자녀들도 자신의 가족을 이루기 위해 떠난다. 시간이 흐르면서 오래된 기관이나 체계들은 결국 새로운 것으로 대체한다.

(12) 역엔트로피

엔트로피의 반대말로 체계가 성장하고 발달하는 방향으로 진행하는 과정이다. 인간은 성장하면서 신체적, 지적, 정서적으로 발달한다. 사회서비스 기관도 발전하며 새로운 프로그램과 서비스 대상을 확대한다.

(13) 동등결과성

두 개의 각각 다른 체계가 초기에는 각기 다른 상태였다고 하더라도 투입(input)이 같은 경우에는 비슷한 안정상태에 도달할 것이라는 의미이다. 여러 가지 다른 방법으로 동일한 결과를 얻을 수 있으므로 단지 한 가지 사고에만 집착하지 않는 것이 중요하다. 어떤 상황이든 대안은 있다. 예를 들면, 사회복지사는 한 가족을 위해 다양한 곳에서 필요한 자원을 얻을 수 있다. 생계급여, 주거수당, 식품권, 보조금, 개인적인 후원 등이 있을 수 있으며, 그중 가능한 대안을 선택한다.

(14) 평형상태

폐쇄체계에서 고정된 균형 상태를 말하는 것, 환경과의 상호작용과 상애에 대한 회피가 거의 없는 것이 특징이다. 개방체계에서 각 변수는 다른 변수에서의 상쇄나 동등한 변화를 요구하고, 따라서 끊임없이 변화하기 때문에 진정으로 이룰 수 없는 상태나 조건이다.

2) 사회체계의 수준: 다중체계

인간과 그를 둘러싸고 있는 환경의 다양한 체계들 간의 상호작용은 인간행동에 큰 영향을 미친다. 따라서 클라이언트는 사회환경의 다른 체계들과 지속적이며 역동적으로 상호작용하면서 영향을 주고받는다. 이러한 체계에는 가족, 집단, 조직, 제도, 지역사회 등이 있으며, 체계 목적에 따라 다시 세 가지 기본형태, 즉 미시체계, 중 범위체계,

거시체계로 나눈다.

(1) 미시체계

개인을 의미하며 인간은 넓은 의미에서 생리적 · 심리적 · 사회적 체계의 한 형태이며, 이러한 체계 모두는 상호작용한다. 가족과 같은 직접적인 환경 내에서의 활동, 역할, 그리고 대인관계 유형 등이다. 미시체계는 성장하면서 변화하며, 예를 들어 어릴 때는 가족이 가장 중요하지만 청소년기에는 또래집단이 더 큰 영향을 미칠 수 있다. 사회복지실천에서 미시적 접근은 개별 클라이언트의 심리사회적 갈등과 이러한 문제를 효과적으로 해결하는 데 유용한 기술을 향상할 것을 강조한다. 따라서 미시적 실천은 개인의 기능 향상에 관여한다.

(2) 중 범위체계

가족, 직장, 여러 사교집단 등 소집단 혹은 가족과 같은 개인을 둘러싸고 있는 두 가지 이상의 환경에서 일어나는 과정과 연결성을 의미한다. 클라이언트 사정 시, 미시체계와 개인을 포함한 중 범위체계를 구분하는 일은 쉽지 않다. 개인이 새로운 환경으로 이동할 때마다 중 범위체계는 새롭게 형성되거나 확대된다. 개인은 친밀한 사람(중 범위체계)과 상호작용하면서 밀접하게 연결되어 있다. 따라서 미시체계와 중 범위체계가 함께 관련된 문제를 임의로 구분하는 경우가 많다.

(3) 거시체계

소집단보다 큰 체계이며 개인에게 영향을 미치는 환경요소를 말한다. 예를 들어, 아동의 경우 부모의 직장, 형제가 속한 학급, 교육청 등이다. 개별 미시체계(개인)는 사회환경 속에서 상호작용하는 거시체계의 영향을 지속적으로 받는다. 미시체계에 영향을 주는 네 가지 주요 거시체계는 문화, 지역사회, 제도, 조직이다. 사회복지실천에서 거시적 접근은 사회 전반을 개선하고 바꾸는 일에 참여하는 것이다.

(4) 각 체계의 상호작용

모든 체계는 사회환경 내에서 상호작용한다. 사회환경은 주변 조건이나 상황, 인간 간의 상호작용이며, 생존과 번성을 위해 환경과 효과적으로 상호작용하는 것이 필요함을 강조한다. 미시체계는 사회환경 내의 다양한 중 범위 체계와 역동적으로 쌍방으로 상호작용한다. 예를 들어, 가출한 아이는 가족 전체에 영향을 미칠 수 있다. 역으로, 그 아이는 자신의 존재를 무시하며 자신의 행동을 비난하는 가족의 영향으로 가출을 결심했을 수도 있다. 개별 미시체계는 사회환경 속에서 상호작용하는 거시체계에서 지속적으로 많은 영향을 받는다. 사회복지실천 고유의 중요한 측면은 바로 개별 클라이언트 체계에 미치는 거시체계의 영향을 사정하는 것이다. 이러한 실천에 대한 주요한 이론적 관점으로 조직 이론과 지역사회 이론이 있다.

첫째, 조직 이론은 조직이 어떻게 기능하며, 사명을 달성하기 위해 조직의 능력을 향상 또는 감소하는 것은 무엇인지, 목적을 달성하기 위해 성원을 동기화하는 요인은 무엇인지 이해하는 데 관심이 있다. 조직 이론 가운데는, 관리나 지도자 유형에 초점을 맞춘 것도 있고, 조직의 위세, 계획, 인사관리, 예산과 같은 구조적인 문제를 다루는 것도 있다. 둘째, 지역사회 이론은 지역사회 특성과 지역사회에서의 사회복지실천을 강조한다. 워렌(Warren, 1978)은 다양한 관점에서 지역사회를 개념화했다. 예를 들어, 지역을 특정한 지리적 경계로 나누거나(시 · 군 · 구), 관심과 신념을 공유하는 집단(사회복지사협회)으로 본다. 사회환경에 미치는 사회적 힘의 영향력도 기억해야 한다. 정치적인 힘(정부의 구조, 법, 민중에 대한 힘의 분배 등), 경제적인 힘(가능한 자원, 자원의 분배 방식과 활용 방법 등), 환경의 힘(폭발적 인구 증가, 지속적인 산업화 등), 사상의 힘(인간이 추구하는 가치와 신념 등)이 있다. 인간행동을 이해하기 위해서는 사회환경 내의 다중적인 상호작용(즉, 중 범위 또는 거시체계들 간의 상호작용)을 볼 수 있어야 하며 동시에 개인의 정상적인 삶에 지속적으로 작용하는 생리적 · 심리적 · 사회적 체계의 영향력을 이해해야 한다. 사회복지사는 두 가지 상호작용 측면, 즉 개인의 정상적인 주요 사건과, 체계들이 어떻게 영향을 주고받는지 이해해야 한다.

사회복지사는 클라이언트와 문제를 해결할 뿐 아니라 클라이언트와 관련이 있는 주요 체계들과 함께 일해야 한다는 것이 체계영향 모델의 주요 내용이다. 사회복지실천에서 가장 중요한 목적은 미시 차원에서 개별 클라이언트와 상담하는 것 또는 중범위 차원에서 집단을 지도하는 것에서 벗어나는 것이다. 체계영향 모델은 사회복지사가 클라이언트를 위해 기관이나 조직 차원에서 일하는 것을 강조한다. 그 목표는 서비스 전달이나 자원 배분을 바꾸고 개선하는 것일 수 있으며 지역사회 조건이나 서비스를 개선하는 것으로 바뀌기도 한다.

2. 생태학 이론

생태학 이론은 본래 유기체와 환경의 관계를 연구하는 생물학 이론으로 체계 이론에 의한 개념보다 덜 추상적이고, 보편적인 인간의 경험에 좀 더 밀접한 개념을 제공했다. 생태학은 유기체의 적응과 환경과 유기체가 역학적인 평형상태를 유지하면서 성장하는 방법 등에 관심을 두는 학문이다. 이 이론의 특징은 환경이 인간행동을 결정한다는 점에 있다. 생태학에서 도출된 생태학 개념은 모든 자연환경 안에 존재하며, 생태학의 상호적응은 인간관계의 상호 관련 과정을 의미한다.

1) 생태학적 관점

생태체계적 관점(혹은 생태학적 관점)은 카렐 저매인(Carel Germain)에 의해 1973년 사회복지실천의 한 관점으로서 소개됐다. 저매인과 기터맨(Germain and Gitterman, 1995)은 사람과 환경이 얼마나 밀접한지를 의미하기 위해 사람: 환경으로 표기하였는데, 이것은 사회복지사들의 환경 속의 인간이라는 세계관과 일치한다. '환경 속의 인간(P.I.E;

person-in-environment)'에 대한 사회복지의 실천에도 불구하고 대부분의 직접실천은 개인과 가족 안에서만 이루어졌다. 물질환경, 사회환경, 문화와 인간상호관계에 대한 관심은 거의 존재하지 않았다. 이러한 무관심은 환경과 문화, 그리고 이 두 요소가 인간발달과 기능이 어떻게 영향을 주고받는지에 대한 유용한 개념이 부족했기 때문이다.

이론 자체로 보면, 생태학 개념은 실천가와 클라이언트에게 인간과 환경, 그리고 그 두 요소의 상호작용에 동시에 초점을 맞추게 해준다. 생태학 개념으로부터 나온 실무원칙은 개인, 가족건강, 성장의 촉진, 사회적 기능을 충족시키는 데 중점을 두고 있다. 생태학적 관점은 인간과 환경을 독특한 문화적 · 역사적 맥락에서 단일체계로 바라볼 필요성이 있음을 명확히 하였다. 생태학적 시각에서 나온 모든 개념은 환경 또는 개인을 독립적으로 간주하기보다는, 개개의 인간과 환경의 관계가 긍정적인 관계인지, 부정적인 관계인지, 중립적인 관계인지를 밝히고 있다.

2) 생태학의 주요 개념

(1) 인간과 환경의 조화

인간과 환경의 조화란 개인 또는 집단의 욕구, 권리, 목적과 능력 등이 문화적 · 역사적 맥락 안에서 물질적 · 사회적 환경의 특성과 작용에 조화되는 것을 의미한다.

인간과 환경의 조화는 우호적이거나, 최소한의 적응상황이거나 적대적일 수 있다. 우호적이거나 최소한의 적응상황은 상대적 '적응'의 상태를 나타낸다. 적응은 고정되지 않고 인간과 환경의 상호작용에 따라 변화하는데, 일반적으로 시간의 경과에 따른 인간과 환경의 긍정적인 변화를 반영한다. 시간의 경과에 따른 적응의 변화가 부정적일 때는 발달, 건강, 사회적 기능은 손상되고 환경은 위해를 입게 될 수 있다.

(2) 적응

적응은 인간이 환경과의 조화 수준을 유지하고 증대시키기 위해 사용하는 지속적이자 변화 지향적인 과정이다. 적응은 환경과 인간 모두를 변화시키는 활동과 그 변화에 적응하는 과정을 포괄하고 있으며, 새로운 사회적 기대 또는 자연재해와 같은 환경변화를 포함한다.

한 개인이 효과적으로 기능하기 위해서는 새로운 조건과 환경에 따라 변하고 조절해야 한다. 사회복지사는 흔히 새로운 결혼상대자나 새 직장, 새로운 이웃에 적응하는 과정에서 사람들을 돕는다. 적응은 대개 노력이라는 형태의 에너지가 필요하며, 사회복지사는 사람들이 가장 생산적으로 이러한 에너지를 사용하도록 돕는다.

(3) 생활의 스트레스 요인

생활의 스트레스 요인은 개인적 · 환경적 자원으로는 감당할 수 없다고 인식되는 위급한 삶의 사건에 의해 생겨난다. 어려운 사회적 발달상의 변화, 적응을 방해하는 생활의 갖가지 사건도 생활 스트레스의 요인이다. 특히, 가난과 억압은 다른 것보다 더 많은 스트레스 요인을 야기하는 삶의 문제이다.

(4) 스트레스

스트레스는 생활의 스트레스 요인에 대한 내적 반응이며, 감정적 · 생리적인 불안상태가 그 특징이다. 스트레스 요인과 연관된 부정적 감정에는 불안, 죄의식, 분노, 공포, 우울, 무력감, 절망이 있으며, 이러한 부정적 감정은 일반적으로 능력, 자존감과 자기조절 수준이 낮은 데서 비롯된다.

한편, 적절히 대처하지 못한 개인적인 취약성을 지닌 스트레스는 생리적 · 감정적 · 사회적 기능장애를 유발할 수 있다. 스트레스 요인을 극복하려는 도전은 주기적인 불안을 유발하기도 하지만 개인에게 희망과 자신감을 주고 자존감, 자기 조절을 유지할 수 있게 한다.

(5) 대처방안

대처방안은 생활의 스트레스 요인에 의해 발생된 요구를 다루기 위해 고안된 행동이다. 이는 부정적인 감정을 조절하려는 노력과 생활 스트레스 요인에 의해 요구되는 문제해결 방법을 획득하고자 하는 노력을 포함한다. 성공적 대처는 다양한 환경적·개인적 자원에 달려 있다. 보통 개인과 환경과의 변화의 질을 발전시키고 연관성, 능력, 자존감, 자기조절의 수준을 높이면 개인과 환경의 조화 수준은 상승한다. 다섯 가지 주요 대처기술로는 첫째, 적절하게 기능하는 데 필요한 여러 형태의 정보로서, 예를 들어 환자는 의료보험 혜택을 알아야 한다. 둘째, 계획을 세우는 데 필요한 대처기술로서, 예를 들어 실직자는 직장을 찾을 계획을 세워야 한다. 셋째, 감정을 통제할 수 있는 대처기술로서, 예를 들어 부부싸움을 할 때 사소한 이견으로 고함치지 않는다. 넷째, 즉각적 충족 욕구의 통제로, 예를 들어 가계 예산에 따라 소비한다. 다섯째, 문제 상황에 접근하는 다양한 방법을 찾고 각 대안의 장·단점을 평가하는 대처기술이다.

(6) 연관성

연관성은 애착, 우정, 긍정적 관계, 지지적인 사회적 관계망을 형성하고자 하는 감정과 관련이 있다. 연관성의 개념은 '애착은 인간의 선천적인 능력'이라는 애착이론(Bowlby, 1973)에 부분적으로 근거하고 있다.

(7) 능력

능력은 모든 유기체는 선천적으로 생존을 위하여 환경에 영향을 끼치도록 동기화된다고 전제한다. 효력 있는 행동을 위한 기회는 유아기부터 노년기에 걸쳐 인간 효능의 발달과 유지에 도움이 된다. 효능의 축적된 경험은 능력을 이끌어 낸다.

(8) 자존감

자존감은 자아개념에 있어 가장 중요한 부분이다. 자신이 능력 있고, 존경받고 있고, 가치 있다고 느끼는 정도를 의미한다. 높은 수준의 자존감은 본질적으로 만족과 즐거움을 준다. 자존감은 특히 유아기와 청소년기에 중요하지만 성인기에도 변화되거나 발달될 수 있다. 낮은 자존감은 자신에 대한 존중의 부족 및 부적합, 열등감, 애정 결핍, 무가치한 느낌을 반영하며 간혹 우울한 감정을 느끼게 만든다.

(9) 자기조절

자기조절은 자기 자신을 통제할 수 있는 수준, 자신의 결정에 대한 책임감, 타인의 요구와 권리를 존중하는 행동에 대한 능력이다. 이 능력은 유아기에서 노년기까지 목적 지향적인 행동과 성숙하고 건전한 결정을 할 수 있는 환경배경에 의해 고양된다.

(10) 거주지와 생활공간

생태학에서 거주지는 보금자리, 주택지역, 영토와 같이 유기체가 사용할 수 있는 장소를 의미한다. 인간의 서식지는 생활할 수 있는 장소, 즉 지역사회의 물리적 시설, 학교, 일터, 병원, 사회복지기관, 쇼핑장소, 종교기관, 공원, 여가시설 등을 포함한다. 생태학에서 생활공간은 생명공동체 안에서 종이 차지하는 위치를 가리킨다. 생활공간은 일정한 지역의 사회적 구조에 놓인 개인과 가족이 점유하고 있는 상태를 의미한다.

3) 생태체계관점(ecosystems perspective)

생태체계라는 용어는 생태학과 일반체계 이론의 두 개념을 포함한다. 생태학의 상호적응의 개념은 앞서 언급한 바와 같이, 인간관계의 상호 관련 과정을 의미한다. 일반체계 이론은 상호작용하는 요소들과, 인간과 환경과 같은 변수 간의 체계적인 상호 관련을 기술하는 전체를 조망하는 일반과학이다. 일반체계 이론은 어떤 사례에서 한 요소가 행동이나 사건에 영향을 받으면 다른 요소가 반응을 하는데, 이는 두 요소가 체계적으로 연관되어 있기 때문이다.

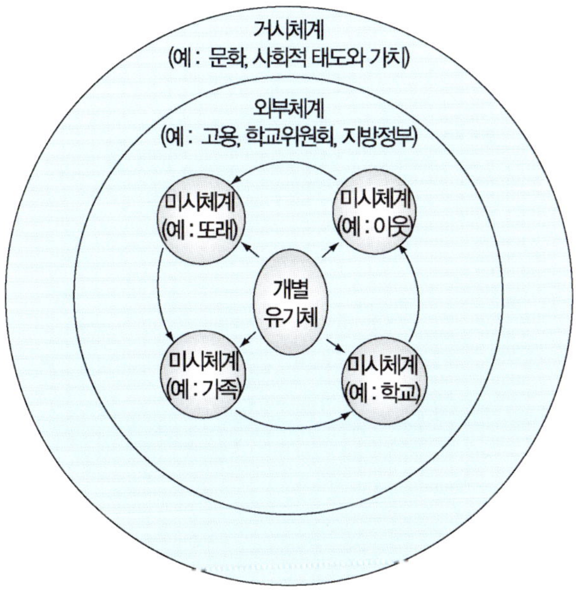

[그림 11-1] 생태체계의 단계

출처: Garbarino(1982), Pecora et al.(1992)에서 재인용

생태체계관점은 인간과 다른 생물체계, 그리고 이들 간의 교류를 설명하고 분석하기 위해 사용되는 체계 이론이다. 이 관점에 따르면, 인간의 심리과정은 생물학적, 대인관계적, 문화적, 경제적, 정치적 요인 사이의 복합적인 상호작용의 결과로 나타난다. 이러한 여러 요인들이 상호작용하면서 일생을 통하여 인간행동에 영향을 미친다. 사회복지실천에 있어서 생태체계 관점은 어떤 특정한 규정을 하지 않으며 여러 이론을 적용하여 사례를 연계할 수 있도록 한다. 이는 사례를 지나치게 단순화하거나 축소하는 것을 피하면서 문제의 복잡성을 정돈하고 이해할 수 있도록 돕는다.

생태체계관점은 생태도(ecomap), 즉 경계선 내부의 관련된 사례요소 모두를 보여 주는 그래픽으로 그릴 수 있다. 생태도는 사례의 중요한 요소들을 포함하고 그 요소들을 둘러싸는 경계를 나타낸다. 또한 사회복지사와 클라이언트에게 여러 변수들 간의 상호관계를 탐구하고 평가할 기회를 제공한다. 사회복지사는 사회복지 영역 중 어느 한 분야(개인, 가족, 집단, 지역사회) 또는 모든 분야에 생태도를 사용할 수 있다.

생태도는 사례의 많은 상호관계를 보여 준다. 따라서 사회복지사는 생태도를 통해 사례의 변수들을 다른 방식으로 조명하고 그 상호관계에 대해 더 새롭고 더 깊은 통찰력을 얻는다. 생태도는 사례의 가능성에 관심을 모으는 방법으로 사례 현상을 설명한다는 점에서 모든 사례과정을 개별화하는 도구이다.

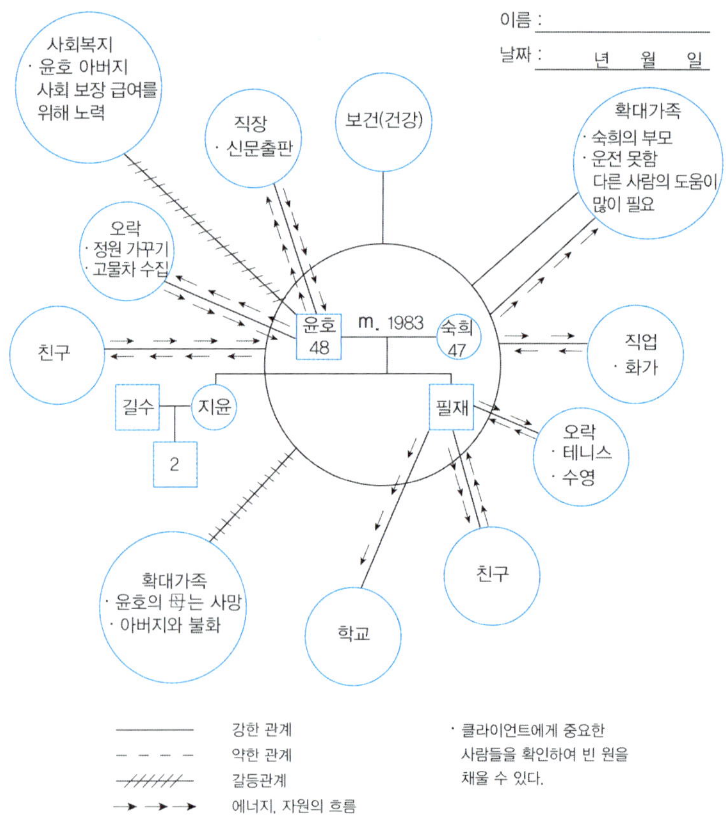

[그림 11-2] 생태도

출처: 이준우 · 이화옥 · 임원선(2005: 315).

3. 사회환경 관련 이론과 사회복지실천

체계 이론에 기초한 사회복지실천에서는 인간행동의 원인이 반드시 기본체계의 내부에 있는 것이 아니라 다른 체계에 있을 수 있다는 것을 알려 주고 체계들 간의 기능에서 증상이 나타나는 현상을 더욱 잘 이해하도록 하고 있다. 체계 이론은 인간행동 문제에 대해 보다 전체적인 시각을 제시하여 문제를 개인과 사회 및 환경이 상호작용하는 총체로 보게 하여 문제사정과 개입체계를 명확하게 해 준다.

생태학적 관점은 환경의 다양한 요소들과 지속적으로 교류하는 인간의 적응적이고 진화적인 특성을 잘 설명해 주고 있다. 인간은 그러한 환경과 상호작용하면서 환경을 변화시키기도 하고 때로는 그 환경에 의해 변화가 되기도 한다. 따라서 체계 이론과 생태학 이론은 사회복지실천에 있어서 문제를 사정하거나 해결하는 데 있어서 중요한 단서를 제공해 주고 있다. 생태체계 이론은 인간과 환경 사이의 상호보완성을 설명하는 데 관심을 두고 있으며, 환경과 인간을 하나의 총체로 간주한다. 생태체계 이론을 사회복지실천에 적용함으로써, 첫째 클라이언트의 정신적 생활과 환경적 조건을 개선하는 목적의 서비스의 통합이 가능하게 되었다. 둘째, 생태체계 이론은 인간과 환경의 상호 적합성, 상호 교류, 그리고 이러한 교류에 영향을 미치는 힘에 대한 폭넓고 포괄적인 실천지식을 제공하고 있다.

생태체계 이론은 클라이언트가 사회복지사와의 상호작용, 긍정적 생활경험을 통해 성장할 수 있다고 본다. 또한 클라이언트가 속한 환경 내의 타인과 상호작용하는 방식을 방해하는 생활상의 문제에 관심을 가지게 하였다. 생태체계 이론은 개인, 가족, 지역사회 등의 체계에 어려움을 유발하는 상황을 보다 적응적 상황으로 재구조화한다. 따라서 이 이론은 사회복지 영역의 모든 문제에 포괄적으로 적용될 수 있다. 또한 생태체계 이론은 단 하나의 개입기법을 가지는 모델이 아니라 통합적인 접근을 가능하게 한다. 이러한 생태체계 이론은 환경과 개인 간의 상호작용 유형에 초점을 두고 있으며 환경 내 인간의 욕구 충족을 가능하게 하는 개인의 능력 강화와 환경적 개선이 문제 해결의 초점이라고 본다.

생각할 문제

1. 체계 이론의 주요 개념 중 항상성에 대하여 설명하시오.
2. 사회체계의 수준을 제시하고 각각의 개념을 설명하시오.
3. 생태학적 관점은 누가 사회복지와 접목시켜 소개하였는지 설명하시오.
4. 자신의 생태도를 그리고 설명해 보시오.
5. 생태학이 사회복지실천에 주는 유용성에 대하여 설명하시오.

Chapter 12

가족과 집단

1. 가족

1) 가족의 정의

가족은 모든 사회에서 공통적으로 발견되고 있는 보편적 사회제도로서, 한 사회 내에서는 가장 기본적인 사회적 단위이다. 가족은 개인들이 태어나서 죽을 때까지 친밀하고 지속적인 상호작용을 제공하고 사회와 중재하는 역할도 한다.

가족에 대한 전통적 협의의 개념 정의로 미국의 인류학자 머독(George P. Murdock)이 제시한 것을 들 수 있다. 머독은 가족을 '주거를 같이 하고 경제적 협동과 출산으로 특징지어지는 집단'이라고 규정하면서, 가족에는 사회적으로 인정된 성관계를 갖는 최소한 2인 남녀를 포함한 성인과 그들이 출산한 자녀나 입양한 자녀들이 포함된다고 하였다. 이 개념은 사회적으로 인정된 혼인에 의해 이루어진 부부와 혈연 및 입양을 기반으로 하는 자녀들을 포함하는 것이다. 정리하면 전통적 협의의 개념으로서의 가족은 혼인, 혈연 및 입양을 통해서 이루어진 관계자들의 집단이며, 이들은 의식주의 해결을 공동으로 하고 정서적 · 정신적 유대와 공동체적 생활방식을 갖는 집단이라고 정의

할 수 있다(여성한국사회연구회 편, 1995).

그러나 오늘날 가족을 논의하기 위해서는 전통적 협의의 개념보다는 혼인, 혈연, 입양 이외에도 성원의 필요에 따라서 기타 관계의 사람들이 지속적 연대의식으로 일상생활을 함께 영위하는 집단까지도 포함시키는 광의의 개념이 유용하다고 본다. 이것은 사회변화와 인구변동에 따라 다양하게 나타나는 가족의 형태를 포괄할 수 있기 때문이다.

광의의 가족 개념은 미국사회복지사협회(National Association of Social Workers)가 정의한 개념에서 찾아볼 수 있다. 미국사회복지사협회는 가족을 '자신들을 가족으로 규정하면서 일반적으로 가족체계의 본질적 요소로 간주되는 서로에 대한 의무를 지속적으로 수행하는 2인 이상의 집단'으로 정의하고 있다(Proctor, Davis, & Voler, 1995). 이러한 가족 개념에서는 미혼모가족, 동거가족, 동성애가족, 공동체 가족 등 다양한 가족형태들을 포괄할 수 있다.

가족과 유사한 개념으로 가구(household)란 개념이 있다. 가구는 주거나 가계를 같이하는 자 또는 독신으로서 주거를 갖고 단독생활을 하는 자를 말하며, 가구의 개념에는 경제활동과 주거가 중요한 요소가 된다. 가구의 성원에는 동거하고 있는 근친자는 물론 주거와 가계를 같이 하는 집사, 가정부 등이 포함된다. 따라서 동일한 가옥에 거주하나 세를 얻어 가계를 달리하는 자는 가구원에 포함되지 않는다.

2) 가족발달의 역사

인류 역사에서 가족이라는 개념이 형성되기 이전 시기에는, 혈연으로 맺어진 운명공동체로서 동일한 계보를 가지는 흔히 종족이라고 일컬어지는 집단이 구성되어 활동했을 것으로 추정되고 있다(김미경 외, 2005). 엥겔스(F. Engels)가 야만시대로 분류한 역사적 기간 동안에는 한 종족 내의 모든 성원이, 즉 공통의 혈연관계를 가진 양성 모두가 성관계를 맺는 집단혼의 형태를 취했을 것으로 보고 있다. 그러나 가족형태가 발전하면서 결혼할 수 있는 배우자의 범위가 계속 축소되는 발전과정을 보여 준다. 처음에는 가까운 친족 간의, 이것이 확대되어 먼 친족에 이르고 마침내는 인척에 이르기까지 결혼 금지가 확대되어 궁극에는 어떤 집단혼도 실제로 불가능하게 된다(이효재 편, 1988).

역사학자 로렌스 스턴(Lawrence Stone)은 가족발달사의 주요 측면을 세 가지로 구분하여 제시하고 있다. 첫째는 개방형 혈통 가족이다. 이 가족형태는 16세기 이전 몇 백 년간에 걸쳐 유지되었던 것으로, 여타의 친족과의 접촉을 포함하여 지역사회에서 깊은 상호작용을 하는 유형인데, 가족이 지역사회와 분명하게 분리되어 있지 않았다. 이 당시에는 가족생활의 주요 초점은 가족성원 간의 정서적 유대나 상호 간 의존에 기반을 두지 않았는데, 즉 당시의 사람들은 가족생활을 통하여 오늘날 우리가 가족생활과 연계시키는 정서적 친밀감을 얻거나 또 기대하지 않았다는 것이다. 결혼에서 이루어지는 성 접촉은 쾌락의 원천으로서가 아니라 자녀를 생산하기 위해 필요한 것으로 고려되었다. 결혼의 성립 그리고 가족생활의 그 밖의 측면들을 구체화하는 데 개인의 자유로운 선택 의지는 부모, 그 밖의 친족 혹은 이웃과 같은 다른 사람들의 이해관계에 종속되었다. 이 당시의 가족은 바깥에서 이웃과 친족으로부터 지지를 얻고, 충고받고, 검토되고, 참견을 받는 대상이었으며, 가족 내적인 사생활은 존재하지 않았다.

둘째는 제한적 가부장 가족이다. 이 형태는 개방형 혈통 가족을 이어서 16세기 초기부터 18세기 초반까지 지속되었다. 이 형태는 주로 사회의 상류층에 한정되었으며 과도기적 형태였다. 그럼에도 불구하고 이것은 아주 중요한 위치를 차지하는데, 이 가족 형태로부터 어느 정도 보편적으로 정착하게 되는 태도가 비롯되었기 때문이다. 가족발달의 측면에서 볼 때에 이 단계에 들어서서 아버지의 권위적 힘이 확고해졌으며, 또한 부부 중심의 사랑과 부모 자식 간의 애정이 중요한 것으로 점차 부각되기 시작했다. 이처럼 가부장적 가족제도에서 가족성원 간의 사랑이라는 새로운 이념이 부각되었으나, 이것은 여전히 낭만적 애착관계보다는 의무사항을 강조하였다.

셋째는 폐쇄적 가족 중심 핵가족이다. 제한적 가부장 가족의 자리를 이어받은 폐쇄적 가족 중심 핵가족은 긴밀한 정서적 결속력으로 뭉쳐졌으면서 가내의 사생활이 보장된 조직으로 자녀양육에 전력하는 집단을 의미한다. 이것이 21세기까지 이어져 온 가족집단의 형태인 것이다. 폐쇄적 가족 중심 핵가족제도하에서, 결혼관계의 성립은 낭만적 사랑에 의하여 개인이 선택한 결정에 기반을 두는 애정관계적 개인주의에 토대를 둔다. 이러한 가족형태는 산업화가 진전됨에 따라 보편적인 가족형태로 자리 잡게 되고, 배우자의 선택은 애정이나 사랑을 제공해 주는 욕구에 기반을 둔 관계가 그 기준이 된다.

중세의 전 산업사회에서는 가족과 지역사회가 재화와 용역 생산의 주요 중심이었다. 가족은 그 성원의 하루하루의 삶에 필요한 자원의 대다수를 생산하였고, 때로는 지역사회의 시장에서 몇 가지 재화를 매매하였다. 가족집단은 가족성원 전원이 생산과정에 합심하여 종사하는 통합된 생산 단위였다. 여성들은 자녀양육의 책임이 있었을 뿐만 아니라 오늘날 여러 개발도상국가에서 이루어지는 관행과 같이 생산 경제에 관련된 협력자로서 가내 경제생활에 중요한 부분을 담당하였다.

유럽의 경우 17세기경부터이고 미국은 이보다 좀 더 늦은 시기에, 소규모 농가 가족은 대규모의 상업 영농이 발전함에 따라 그들의 토지로부터 추방되었다. 이러한 대체과정은 산업화가 진행됨에 따라 곧 이어서 엄청난 속도로 빨리 진행되었고, 재화와 용역의 생산은 작업장, 공장 또는 사무실에서 진척되었다. 가족은 더 이상 생산의 단위가 아니었으며, 작업장은 가족과 분리되었다.

이러한 변화는 개방형 혈통 가족을 와해시키는 데 기여하였다. 산업화는 우선 상층계급에게 영향을 끼쳤는데, 초기의 상업화된 농민들, 상인들 그리고 기업가들은 스스로를 이전 시대에 특징적으로 나타났던 전통과 지역사회의 속박으로부터 벗어나고자 하였다. 이들은 제한적 가부장 가족의 시조가 되었으며, 그 이후에는 하층 계급에도 그 특징적 자질이 보급되어, 종국에 가서는 폐쇄적 가족 중심 핵가족이 보편적 형태로 정착되는 상황을 초래하도록 하였다.

가족 내 남성, 여성 및 자녀의 역할 모두가 이러한 변화의 영향을 받았다. 산업화 초기부터, 여성들은 가내에서 자녀를 양육하는 것뿐 아니라 가정 밖에서 일하기 위해 산업 현장으로 진출하였다. 그러나 보다 부유한 계급에서는 '여성의 장소는 가정이다'라는 믿음과 동시에 남성이 '밥벌이' 역할을 수행해야 한다는 논리가 보편적으로 받아들여졌다. 기혼 여성의 역할은 남편과 자녀를 돌보는 것을 전제로 하며, 가내의 무급

종사자로서 '가정주부'화하였다. 아동취업을 금지하는 법령이 통과되는 한편, 그 밖의 법조문이 아동의 의무교육을 명시화함에 따라 아동의 상황 또한 변하였다.

사랑의 본질과 성애에 관한 태도가 변화하게 된 것은 이러한 여타의 변화 양상과 더불어 연결되었다. 낭만적 사랑에 대한 논리는 결혼의 경제적 비중이 자리를 잃어감에 따라 부각되었다. 더욱이 가정이 직장으로부터 분리됨에 따라, 가족에서 일어나는 개인적인 관계는 직장 세계에서의 관계와는 완전히 구분되는 것이 되었다. 애정관계적 개인주의가 결혼의 기본 주춧돌인 동시에 여성과 남성 관계에 변화를 불러일으킨 중요한 요인으로 부상하였다(Giddens, 1999).

3) 가족제도의 변화추세

전 세계적으로 발생하고 있는 가족제도의 중요한 변화추세를 정리하면 다음과 같다.

첫째, 확대가족과 기타 형태의 친족조직은 쇠퇴하고, 핵가족형태가 확산되어 가는 것이 전 세계적 추세다.

둘째, 배우자를 자유 선택하는 흐름이 일반적으로 지배적이다. 확대가족은 중매결혼과 관련되고, 가족집단에 대한 의무가 결혼 결속력을 성립시키는 데 무엇보다 중요한 역할을 담당한다. 한편으로는 개인주의와 낭만적 사랑을 강조하는 서구적 사고의 영향에 의해서, 다른 한편으로는 확대가족제도를 약화시키는 여타의 요인들에 의해서, 중매결혼은 위기상태에 놓여 있다. 특히, 도시에 거주하는 젊은 세대들은 본인의 결혼 상대자를 자신이 선택할 권리를 주장하고 있다.

셋째, 결혼선택과 가족 내 의사결정이라는 양 측면에서 볼 때 여성의 권리가 보다 강하게 인정되고 있다. 이혼에 대한 진보적 성향과 더불어, 여성의 사회참여가 더 빈번한 현실은 이러한 변화와 관계가 있다.

넷째, 친족결혼은 점차 줄어들고 있다. 전통 문화에 기반을 둔 대개의 결혼은 친족결혼의 형태를 띠었다. 사람들은 친족들이 추천한 배우자와의 결혼을 기대하거나 혹은 그들과 결혼해야만 했다. 예를 들어, 혈족관계가 깊이 뿌리내리고 있는 곳에서 개인들은 일상적인 경우에 먼 친족관계에 있는 사람이라 할지라도 결혼은 허용되지 않았다. 이러한 관행은 족외혼(exogamy)으로 불린다. 족내혼(endogamy)은 그 반대로서, 개인은 친족 집단 내의 배우자와 결혼해야 하는 관행을 말한다. 이 두 경우, 친족성원이라는 점이 결혼 관계의 성립을 완성시키는 요인이 된다. 일반적으로 이러한 친족결혼의 관행은 점점 더 드물게 발생하고 있다.

다섯째, 성이 억압되었던 사회들에서 더 높은 수준의 성적 자유가 발달하고 있다.

여섯째, 아동의 권리 확대가 진전되고 있다. 여러 나라에서 아동은 아직도 극단적 박해의 대상이거나, 성적으로 착취되고 성의 노리개가 되고 있다. 대개의 정부는 아동의 권리가 보편적으로 보장되는 데까지는 이르지 못했지만 아동의 권리를 보호하는 법률적 장치를 마련하고 있다(Giddens, 1992).

4) 가족의 기능과 역기능

(1) 가족의 기능

구조기능주의 이론에서는 가족이 전체사회의 존속과 유지에 기여하는 기능적 측면을 강조한다. 사회변화에 따라 가족이 전통적으로 수행해 오던 기능들이 다른 제도에 흡수되거나 병합되어 온 것은 사실이다. 그럼에도 불구하고 가족이 그 중요성을 잃지 않고 확고한 사회제도로 남아 있는 것은 다음과 같은 기능들을 여전히 수행하고 있기 때문이다(안계춘 외, 1990).

① 성행위를 규제한다

인간은 일정한 연령에 도달하면 성적 충동과 욕구를 갖게 된다. 그런데 인간의 성적 충동은 다른 동물과는 달리 언제 어디서나 그 만족을 추구하려는 생리적 특성이 있다. 이로 인해 자칫 무질서해지기 쉬운 사회적 혼란을 방지하고, 정당한 방법으로 성욕을 충족시키도록 마련된 제도가 바로 가족이다. 어느 사회에서든 출산과 관련된 행위는 그 사회 특유의 전통 및 규범의 통제를 받아 온 것이 사실이다. 근친의 범위 및 제한의 엄격성은 각 사회마다 다를지라도, 대부분의 사회에서 근친상간 및 혼외성교는 금지된다는 사실을 상기해 보는 것이 좋을 것이다.

② 재생산을 통해 새로운 사회구성원을 충원한다

어떠한 사회든 영속성을 유지하기 위해서는 적절한 수준만큼의 다음 세대를 확보하지 않으면 안 된다. 인구의 증감을 조절하는 방법이 자연적인 것으로부터 인위적인 것으로 옮겨 가고 있으나, 재생산을 담당하는 제도가 가족이라는 사실에는 변함이 없다.

③ 자녀를 양육하고 사회화한다

생물학적 차원에서 볼 때 인간은 가장 미성숙한 상태로 태어난다. 따라서 상당히 오랜 기간 동안 타인의 보호와 도움이 절대적으로 필요하다. 또한 이들이 개체적 존재로부터 사회적 존재가 되기 위해서는 사회가 기대하는 행위 유형을 습득하고, 문화의 내용을 학습하는 사회화 과정이 반드시 필요하게 된다.

④ 사회적 지위와 역할을 부여한다

결혼을 통한 가족의 형성은 결혼 당사자에게 성인으로서의 지위와 더불어 남편과 아내, 사위와 며느리 등의 새로운 지위와 역할을 부여한다. 또한 가족은 가족성원 개인의 사회경제적 지위와 그와 관련된 삶의 기회를 결정짓는 데 영향을 미친다. 가족 및 사회에서의 지위와 그에 따른 역할수행을 통해 가족성원은 개인적 및 사회적 정체감의 많은 부분을 형성하고, 사회에 적응해 나간다(최옥채 · 박미은 · 서미경 · 전석균, 2007).

⑤ 가족성원은 정서적인 면에서 친밀한 유대감을 형성한다

흔히 가족을 안식처, 보금자리라고 표현한다. 이는 사람들이 가족을 사회생활에서 오는 긴장을 풀고 몸과 마음을 편히 쉴 수 있는 곳으로 인식하고 있기 때문이다. 가족성원은 혼인과 혈연관계에 의한 강한 정서적 유대에 뿌리를 박고 있기 때문에, 다른 인간관계에서는 찾아보기 힘든 깊은 심리적 안정과 만족을 느끼게 된다. 따라서 오늘날과 같이 경쟁이 치열해진 상황 속에서는 쌓이는 긴장을 풀어 주고 새로운 에너지를 제공하는 곳으로서의 가족 기능이 더욱 절실해지고 있다.

⑥ 노인, 환자, 장애인 등을 보호해 준다

가족은 스스로의 힘으로는 생활할 수 없는 환자, 장애인, 노인들을 물질적 · 심리적 · 정신적으로 도움을 줌으로써 보호해 왔다. 자력으로 생활을 영위할 수 없는 사람에게 사회복지제도나 시설 같은 지원체계가 있다고는 하지만 이들을 위한 보호 기능을 수행하기 위해서는 가족의 역할이 필요하다. 그런 의미에서 가족은 일종의 사회보장의 기능을 수행해 왔다고 볼 수 있다(이광자 외, 2000).

⑦ 가족은 경제의 기본단위로서 성원들에게 안정감을 제공한다

전통적 농경사회에서의 가족은 자급자족적인 단위로서 생산과 소비의 기능을 동시에 수행했다. 오늘날 그 기능의 중심이 생산에서 소비로 옮겨오긴 했으나, 경제의 기본 단위로서의 의미가 완전히 상실된 것은 아니다. 개인이 경제적 어려움에 처해 있을 때 도움을 주는 것은, 역시 가족성원이라는 사실이 이를 잘 설명해 주고 있다.

(2) 가족의 역기능

갈등 이론에서는 다음과 같은 가족생활의 역기능적 측면을 강조한다(이광자 외, 2000).

① 여성을 예속한다

마르크스(K. Marx)와 엥겔스(F. Engels)는 결혼은 인류 역사상 최초의 계급적대감을 보여주는 제도라고 주장하면서 가족 내에서의 남편과 아내의 관계를 지배와 피지배의 관계로 보았다. 가족에서 아내는 남편의 종속물로서 여성은 남성에게 예속되고 있음을 피력했다. 이와 같이 가족에 있어서 부부간에 나타나는 모든 억압관계를 자본주의 사회에서의 자본가와 노동자 간의 억압관계의 원형으로 분석하였다. 여성은 자녀출산과 자녀양육의 책임을 맡음으로써 가정을 지키고 있는 반면, 남편은 사회에 참여함으로써 모든 중요한 문제들을 결정하는 데 핵심 역할을 한다는 것이다. 그러나 기족의 기능은 사회가 변화함에 따라 계속 변화할 것이며, 이미 현대사회에서는 남녀 간의 평등관계가 강하게 나타나고 있음을 볼 수 있다.

② 가족 내 폭력을 유발한다

갈등론자들은 가족 내에서 일어나고 있는 심각한 폭력을 지적하고 있다. 가내 폭력은 가족성원의 한 사람이 다른 성원들을 향해서 가하는 폭력으로서, 배우자 학대, 자녀에 대한 폭력, 부모에 대한 폭력 등을 포함한다. 가족은 혈연으로 구성된 친밀한 관계이므로 가족 내에서 긴장과 갈등이 발생할 경우 다른 집단에 비해 오히려 더 큰 흥분과 감정이 유발될 가능성이 많다.

③ 계층체계를 영속화한다

갈등론자들에 따르면, 가족은 자유로운 사회이동을 통해서 일어날 수 있는 변화를 오히려 억압하고 있다고 주장한다. 상류층과 중산층 가족의 자녀들은 노동자계급의 자녀들보다 고학력을 가지고 좋은 직업을 얻어 좀 더 많은 수입을 받고 쾌적한 분위기에 살면서 건강한 삶을 유지하고 있다는 것이다. 부유하고 권력 있는 사람들은 스스로 획득한 기득권을 포기하지 않기 위해 또한 자신들의 이익을 보호하기 위해 애를 쓰며 살아가기 때문에 계층체계는 영속화될 것이다.

④ 다양한 생활방식을 용인하지 못한다

전통가족은 기존의 방식과는 다른 생활방식을 용인하지 못하고, 창의성과 변화를 방해하기 때문에 사회에 어떤 이익도 가져다주지 못하며, 개인적인 면에서도 좀 더 큰 행복과 안정을 저해하는 요소로 작용한다.

5) 가족의 유형

다양한 분류기준에 따라 구분된 가족 유형을 정리해 보면 다음과 같다(안계춘 외, 1990).

(1) 배우자의 수에 따른 분류

① 단혼제(monogamy): 일부일처제를 말한다.

② 복혼제(polygamy)

- 일부다처제(polygyny): 한 사람의 남자가 두 명 이상의 부인을 거느린다.
- 일처다부제(polyandry): 한 사람의 부인이 두 명 이상의 남편을 거느린다.

③ 군혼제(group-marriage)

(2) 배우자의 선택범위에 따른 분류

① 족내혼(endogamy): 동일 씨족 내부에서 배우자를 고른다.

② 족외혼(exogamy): 다른 씨족집단에서 배우자를 고른다.

(3) 결혼 후의 거주지에 따른 분류

① 부거제(patrilocal): 남편의 가족과 함께 기거한다.

② 모거제(matrilocal): 부인의 가족과 함께 기거한다.

③ 양거제(bilocal): 양편의 친족과 함께 기거한다.

④ 신거제(neolocal): 신혼부부가 새롭게 살림을 차린다.

(4) 가족의 권위관계에 따른 분류

① 가부장적(patriarchal): 아버지가 가장권을 소유한다.

② 모가장적(matriarchal): 어머니가 가장권을 소유한다.

③ 평등주의적(equalitarian): 비교적 평등하게 부모가 함께 소유한다.

(5) 상속권의 소재에 따른 분류

① 부계제(patrilineal): 부계를 따라 상속된다.

② **모계제**(matrilineal): 모계를 따라 상속된다.

③ **양계제**(bilateral): 부계와 모계 어느 쪽으로도 상속된다.

(6) 가족규모에 따른 분류

① **핵가족**(nuclear family): 부부와 미혼자녀로 구성된다.

② **확대가족**(extended family): 3대 이상이 한 가족을 형성한다.

6) 현대 가족의 성격

산업화와 도시화에 따라 현대의 가족은 전통적인 연대성과 안정성을 유지하고 있으면서도 눈에 띄게 변화하는 과정에 있다. 이러한 변화는 가족의 개인주의화라고 할 수 있으며, 그 주요 동향을 열거하면 다음과 같다.

첫째, 확대가족제도에서 강조되던 가족주의와 공동체 지향적 가치관이 점차 소멸되면서 개인주의적 가치관이 대두되었다. 가부장의 권위에 의해 가족성원의 행위와 사고방식이 일률적으로 규제되던 확대가족제도하에서는 가족성원이 자발적으로 참여할 수 있는 영역이 극히 제한되어 있었던 만큼, 사회구조도 경직성을 벗어날 수 없었다. 대신 가부장의 권위를 중심으로 가족성원 상호 간의 유대를 지속함으로써 가족 내의 사회적 응집력을 유지할 수 있었다. 그러나 개인주의적 가치관을 강조하는 핵가족제도하에서는 개인의 자율성과 주체성이 보다 중시됨으로써 사회구조가 유연성을 띠게 되는 대신 가족성원 간의 사회적 연대감은 그만큼 쇠퇴하게 되었다.

둘째, 가부장권의 축소는 부자관계와 부부관계를 과거의 권위주의적 속박으로부터 해방시켜 상호 이해에 의한 평등주의적 관계로 변모시키는 데 크게 이바지하고 있다. 현대사회에서는 가부장이나 연로자의 권위가 지탱될 수 있는 구조적 바탕이 점차 무너지고 있다. 이들이 과거 전통사회에서 권위를 유지하고 행사할 수 있었던 것은 인간의 생존에 필요한 지식과 기술, 경험 및 경제적 자원을 독점적으로 소유하고 있었기 때문이다. 그러나 오늘날에는 생존에 필요한 지식과 기술은 다른 사회제도를 통해서 자유롭게 습득할 수 있으며, 직업을 가짐으로써 경제적 독립도 가능하게 되었다(안계춘 외, 1990).

셋째, 가족의 보호 및 부양기능이 약화되어 가고 있다. 전통적 가족에서는 가족성원이 스스로의 힘으로는 생활할 수 없는 환자, 장애인, 노인을 물질적 · 심리적 · 정신적으로 보호하는 기능을 담당하였다. 그러나 오늘날에는 가족성원 이외에 국가나 사회복지기관, 기업체들이 가족을 대신하여 보호 및 부양의 기능을 하는 등 여러 가지 원조를 하고 있다.

넷째, 기혼여성의 사회활동참여가 늘어나고 있다. 점차 탈산업사회로 진전되어 감으로써 주부의 가사노동이 경감되고 여가시간이 증가하게 되며, 생산과 고용이 전통적인 산업보다는 문화나 서비스 분야에서 더욱 많이 이루지게 되는데, 이러한 변화는 여성의 노동과 사회참여를 증가시키게 된다. 또 다른 한편으로는 경제의 세계화는 경쟁을 심화시킴으로써 가족성원 중 가장의 역할을 하는 남성 노동자의 임금소득을 어렵게 만들어 여성의 취업에 의한 가계소득 보충의 필요성을 증대시킨다.

다섯째, 다양한 가족생활양식을 바탕으로 한 다양한 가족 유형이 증가하고 있다. 탈산업화, 정보화, 세계화 등은 개인이 더욱 자유와 다양성을 추구하게 함으로써 전통적인 제도화된 가족 틀에 묶이기보다 다양한 가족생활양식을 추구하게 된다. 공식적으로 결혼식이나 혼인신고를 하지 않고 사는 동거부부, 계약결혼, 무자녀가족, 재혼에 의한 재결합가족, 독신자가족, 동성애가족, 공동체가족 등 다양한 가족 유형이 생겨나고 있다(조흥식 외, 2006).

여섯째, 이혼이 점차 보편화되고 있다. 사회변화의 영향과 함께 몇 가지 요인들이 이혼을 증가시키는 데 작용하고 있다. 아주 소수의 재력을 가진 사람들을 제외하고, 오늘날의 결혼은 더 이상 세대 간에 재산이나 지위를 계승하려는 의도와 연결되어 있지 않다. 여성이 점차 경제적으로 독립할 수 있게 됨에 따라, 결혼은 과거에 그러했던 것보다 경제적 호구책으로서 삶의 필요조건이 점차 아니게 되었다. 현재 이혼에 대한 부정적 견해가 줄어들고 있다는 사실도 이혼의 증가에 기여하고 있다. 이보다 더 중요한 요인은 결혼이 개인 간에 만족을 제공해 주어야 한다는 관점에서 평가되는 경향이 증진되고 있다는 점이다(Giddens, 1999).

7) 한국사회의 가족

한국사회의 가족은 다양한 측면이 존재하지만, 다음과 같은 인구의 대다수에 적용되는 가족의 일반적 특징들을 찾아볼 수 있다.

첫째, 한국의 가족은 단혼제로서 이것이 법으로 제정되어 있다. 개인은 동시에 남편이나 아내를 한 명 이상 취할 수 없게 되어 있다.

둘째, 한국의 가족은 부계제이며 신거제이다. 부계 상속이란 자식이 아버지의 성을 따르며, 가계 계승이 남성 중심으로 이루어진다. 급격한 사회변동과 서구화 과정을 겪어 왔으면서도 가부장적 가족 의례 및 경제적 측면에서는 부계제의 전통이 강하게 남아 있다(여성한국사회연구회 편, 1995). 신거제는 신혼부부가 자신들의 부모의 거주지에서 벗어나 새로운 장소에서 주거하는 형태를 말한다.

셋째, 한국의 가족은 자녀와 부부 혹은 부모 가운데 한쪽이 동일 가구에 거주하는 핵가족이 보편적이다. 그러나 핵가족이라 할지라도 여타의 친족 관계와 완전히 절연되어 있는 것은 아니다.

넷째, 한국의 가족은 전통적으로 부모-자녀 관계가 부부관계보다 중시되어온 바, 서구의 부부 중심 핵가족과는 다른 특성을 보인다. 서구의 경우는 부부간에 사랑이 식으면 굳이 함께 살아야 할 이유가 없기에 헤어진다. 그러나 한국 가족은 여전히 제도가족의 성격이 강하게 남아 있다. 즉, 아내에게는 남편에 대해 경제부양자 및 아버지로서의 역할에 대한 기대가 부부간의 사랑이나 성생활에 대한 기대보다 우선하고, 남편에게는 아내에 대해 알뜰한 살림꾼이자 어머니로서의 역할에 대한 기대가 우선한다. 이는 부부 둘만의 사랑이나 정서적 유대, 성생활의 만족이 중시되는 서구의 가족과는 구별되는 한국 부부관계의 독특한 양상이다. 그러나 젊은 세대로 갈수록 부모-자녀 관계보다 부부 관계를 중요하게 생각하는 경향이 늘어나는 추세이다(여성한국사회연구회 편,

1995).

다섯째, 한국 가족의 부모-자녀 관계는 포함 관계적 특성을 지닌다(문은희, 1994). 한국의 부모들은 자녀를 가족이라는 하나의 집단 안에 포함된 존재로 간주하고, 자녀들 역시 부모를 그렇게 대한다. 그래서 한국의 부모는 자녀가 독립할 나이가 되어도 또는 심지어 결혼한 후에도 자녀를 대신해서 생각하고 판단한다. 그러기 때문에 자녀를 심리적으로 분리하고 독립시키려 하기보다 자녀를 떠나지 못하게 할 뿐 아니라 이른바 우리 식의 사랑으로 서로 엉켜서 평생을 살고 있다고 할 수 있다. 이에 비해 서구인은 자녀를 자신과 분리된 독자적 존재로 보기 때문에 자녀는 부모로부터 떨어져 나와 독립하는 과정이 아무리 어렵다고 하더라도 개인의 독자성을 위해 누구나 그 발달 과업을 수행해야 한다. 그러므로 그들은 스스로 생각하고 판단하는 훈련과 기회를 어려서부터 가지게 되고 또는 그런 능력을 갖추게 된다.

2. 집단

1) 집단의 정의

집단은 사회적 관계에 의해 서로 연결되어 있는 둘 이상의 개인이라고 정의할 수 있다(Forsyth, 2009).

(1) 둘 이상의 개인

집단은 두 명으로부터 수천 명에 이르기까지 그 크기가 다양하다. 2인 집단이나 3인 집단과 같은 매우 작은 집단뿐만 아니라 군중, 관중 등과 같은 매우 많은 사람들의 모임도 집단이다. 군중과 관중의 경우는 정서적 유대, 공동과제, 의사소통 등 사회적 수준에서 일시적으로나마 서로 연결되어 있으면 집단으로 볼 수 있다. 그러나 평균적으로 대부분의 집단들은 2명으로부터 7명까지의 성원들로 이루어져 비교적 그 규모가 작다. 많은 경우 더 큰 집단들은 더 작은 집단들로 서로 연결되어 있다. 집단이 크면 클수록 성원들 간의 상호작용은 보다 형식화되고 분절화된다.

사회학자 짐멜(G. Simmel)은 2인 집단(dyad)과 3인 집단(triad)이 전혀 다른 특성을 갖는다는 사실을 발견하였다. 2인 집단은 참여자인 두 사람 모두가 서로서로에 의해서만 대면된다는 점에서 다른 어떤 유형의 집단들과도 질적으로 상이하다. 이 유형의 집단은 단지 두 참여자에게만 매여 있기 때문에 한 사람의 소멸은 곧 전체의 붕괴를 가져온다. 2인 집단은 다른 모든 집단에서처럼 그 성원들 간에 구속감을 불러일으키는 초개인적인 힘을 지니지 않는다. 그러나 2인 집단에서는 각 당사자들이 직접, 그리고 즉각적으로 모든 집합적 행동에 책임을 져야 한다.

3인 집단으로 옮겨 가게 되면 보기에는 한 사람이 더 늘어나는 것에 불과해 보이는 사실이 실제로 중요한 질적 변화를 가져오게 된다. 3인 집단에서는 세 사람 이상으로 이루어진 모든 집단에서와 마찬가지로 개개 참여자들이 다수에 의해 압도될 가능성에 직면하게 된다. 3인 집단은 전체로서의 집단이 그 성원들에 대하여 지배력을 행사할 수 있는 가장 단순한 구조이다. 즉, 그것은 집합적 목적을 위하여 개개 참여자들을 구속할 수 있는 사회적인 틀을 제공한다. 2인 집단은 직접적 상호성에 입각해 있으나 3인 집단은 두 사람의 연합을 통하여 다른 한 성원에게 그 의지를 강요할 수 있다(Coser, 1980).

(2) 서로 연결

특정한 집단의 성원은 서로 연결되어 있다. 이러한 연결은 가족끼리나 친구 사이처럼 강한 정서적 유대가 될 수도 있다. 이러한 연결은 또한 시간이 흐름에 따라 혹은 관계를 손상시키는 사건에 의해 깨지기 쉬운 비교적 약한 것일 수도 있다. 연결 관계는 집단 내에 있는 한 사람이 모든 다른 사람들과 직접 연결될 필요는 없고 간접적으로 연결될 수도 있다.

(3) 사회적 관계

한 무리의 개인을 집단으로 보려면 집단성원은 사회적 수준에서 연결되어 있어야 한다. 사회적 수준에서의 연결이란 상호 의존, 조직화, 상호영향 등을 의미한다. 집단성원은 목표를 달성하고 긍정적 결과를 확보하기 위해 서로 의존하며, 집단은 어떠한 방식으로든 조직되어 있고, 또한 집단성원은 다른 성원에게 영향을 주고 또 그들에 의해 영향을 받는다.

집단성원 간의 관계를 사회적인 것이라고 기술하는 것은 집단을 통계적인 범주나 사회적인 범주와 구분하기 위해서이다. 통계적 범주는 올해의 출생자 수, 키 190cm 이상의 사람과 같이 공통의 특성은 공유하고 있으나 동류의식과 사회적 관계를 가지고 있지 않다. 사회적 범주는 동류의식을 가지고 있으나 사회적 관계를 맺고 있지 않다. 예를 들어, 노동자계급은 노동자라는 유사한 동류의식을 가진다. 하지만 노동자계급 성원 상호 간의 관계는 구체적이지 않다. 집단은 동류의식과 공통의 사회적 관계를 갖고 있다는 것이 핵심이다. 예를 들어, 한 공장에서 일하는 노동자들의 모임을 우리는 집단이라고 부를 수 있다. 특히, 노동자들 사이에서 활발한 상호작용이 있다는 점에서 사회적인 범주로서의 노동자계급과는 다른 특징을 가진다(김미경 외, 2005).

2) 집단의 분류

(1) 일차집단과 이차집단

사회학자 쿨리(Cooley, 1971)는 '친근하고 면접적(face to face)인 결합과 협동으로 특징지어지는 집단'을 일차집단(primary group)이라 부르면서, 일차집단 중에서 가장 중요한 것은 가족, 어린이의 놀이집단, 그리고 어른의 이웃 또는 지역사회집단이라고 하였다.

일차집단의 특성을 좀 더 자세히 살펴보면 다음과 같다(안계춘 외, 1990).

첫째, 일차집단의 목표는 원초적 상호작용 그 자체에 있다. 일차집단의 성원은 특정 목표를 달성하기 위해서보다는 친밀하고 인간적인 상호작용, 즉 원초적인 상호작용의 즐거움 때문에 일차집단을 형성하고 유지시키려고 한다.

둘째, 일차집단의 성원들 사이의 인간관계는 전인격적이고 개방적이며 표출적이다. 인간관계가 특정의 역할과 기능에 국한되어 부분적, 파편적으로 이루어지는 것이 아니라, 전인격적으로 이루어진다. 의사소통 또한 특정의 관심사에 국한되어 이루어지는 것이 아니라, 개개인의 모든 것이 표출되고 또 포용된다.

셋째, 일차집단의 성원들은 가치체계를 공유하며 강한 소속감을 갖는다.

넷째, 일차집단은 사회의 문화를 전승하고 해석하는 기본적 대행자 기능을 수행한다.

다섯째, 일차집단은 사회화에만 관계되는 것이 아니라, 규범을 집행하고 집단성원의 일탈 행동에 대해서는 제재를 가하기도 한다. 일차집단의 규범 집행과 제재는 통상 비공식적으로 이루어지는 특징을 지닌다. 끊임없는 미소와 칭찬과 보상을 통해 따뜻하게 적극적인 제재를 가하기도 하고, 찡그리고 흘기고 꼬집고 야단치는 등의 소극적 · 부정적 제재를 통해서 규범을 지키도록 하기도 한다.

여섯째, 집단성원 개개인이 '나'라는 개념보다는 '우리'라는 정체감을 보다 강하게 갖는다. 따라서 이해타산을 따지고 갈등을 유발하기보다는 상호 협동적이고 의존적이다. 쉽게 말해서 원초적 관계는 사랑과 우정과 감정을 서로 나누는 정의적인 모든 관계를 말한다. 사람들은 일차집단 내에서 감정과 정서를 키우고 사회의 규범을 배우며 희망과 꿈을 가꾸어 나가고 삶의 의미를 찾는다.

일곱째, 일차집단의 성원은 자신의 성원으로서의 위치를 쉽게 바꾸거나 남에게 양도할 수 없다. 친구관계, 애인관계 같은 것을 하루아침에 다른 사람들과 바꾸기 어려울 뿐 아니라, 일차집단에 한번 소속하면 그것을 떠나가기가 쉽지 않다.

쿨리의 일차집단 개념과 대비시키기 위해 후대의 사회학자들은 이차집단(secondary group)이라는 개념을 만들었다. 이차집단은 특정한 목표를 달성하기 위해 형성된 것으로, 그 인간관계는 인격적인 관계가 아니라 형식적이고 비인격적인 관계이다. 상대방을 전인격적으로 보지 않고 특정 기술이나 지위를 주로 보며, 인간관계가 수단적인 성격을 띤다. 상대방과의 의사소통도 사무적이고 형식적으로 흐른다. 일차집단이 소규모 집단 안에서 면 대 면의 잦은 접촉으로 이루어진다면, 이차집단은 대규모의 집단 안에서 거리를 두고 간접적으로 접촉한다. 인간관계는 부분적인 성격을 띠게 된다(한완상 · 한균자, 2000). 이차집단의 보기로는 작업집단, 노동자집단, 전문가집단 등을 들 수 있다.

(2) 계획된 집단과 자연발생적 집단

카트라이트와 잰더(D. Cartwright & A. Zander)는 어떤 목적을 달성하기 위해 의도적으로 형성된 계획된 집단(planned group)과 개인이 같은 지역에 있거나 반복적으로 동일한 사람들과 상호작용하게 됨으로써 점차적으로 형성된 자연발생적 집단(emergent group)으로 집단들이 자연스럽게 두 가지 범주로 구분된다고 보았다(Forsyth, 2009). 사람들은 계획된 집단은 만들고, 자연발생적 집단은 발견하게 된다.

조정위원회, 원정대, 배심원단, 음악집단, 연구팀, 자조집단, 사회단체, 스포츠 팀, 학습집단, 과제집단, 치료집단, 퇴역군인집단, 작업집단 등은 모두 계획집단의 예들이다. 계획집단은 조직적이며, 과제 중심적이고, 공식적이다. 이러한 집단은 일반적으로 멤버십 기준을 명확히 하여 누가 집단 내에 있고 누가 그렇지 않은지에 대해 항상 알 수 있다. 그들은 흔히 집단의 수용 가능한 절차와 관행을 기술하는 규정을 갖고 운영된다. 집단의 구조는 누가 다른 사람들보다 더 큰 권한을 가지고, 누가 누구에게 보고하며, 혹은 하위집단들이 어떻게 서로 연결되는지가 조직규정에 공식화되어 있다. 계획된 집단들은 관습과 의식, 절차 등을 중시하는 특징을 가지지만, 따뜻함과 정서적 깊이는 부족할 수 있다.

행사장의 관중, 군중, 가족, 직장 친구 모임과 같이 자연발생적 집단은 사건 관련 성원들의 반복된 만남으로 인해 시간이 지남에 따라 출현한다. 이 집단들은 명시적으로 조직되어 있지는 않지만 성원들이 서로에게 무슨 행동이 기대되는지, 누가 더 호감을 주는지, 누가 지도하고 누가 따르는지 등에 관해 결정하면서 구조적 요소들이 발전된다. 성원들이 공식적 방식으로 참여하도록 요구하는 것이 아니라 자연스럽게 참여하거나 이탈하도록 하기 때문에 자연발생적 집단의 경계는 모호하다. 이 집단들은 명문화된 규칙은 없지만, 집단 내에서 어떠한 행동이 적절하고 적절하지 않은지를 규정하는 불문율의 규범들을 발전시키기 쉽다. 계획집단과 달리 자연발생적 집단의 성원은 집단 가입 그 자체가 목적이 된다. 사람들은 다른 목표를 달성하기 위해 가입하는 것이 아니라 다른 성원들과의 교제에서 만족을 얻게 된다.

(3) 그 밖의 집단 분류

집단의 크기에 따라 소집단과 대집단으로 분류할 수 있다. 소집단은 집단성원 간에 친밀하고 직접적인 상호작용이 가능한 규모의 집단을 의미하고, 대집단은 집단성원의 수가 많고 규모가 큰 집단을 일컫는다.

집단성원의 수 측면에서 볼 때, 대체로 7명 이하일 때까지는 모든 사람들이 동시에 대화와 토론에 참가할 수 있다. 그러나 12명을 넘게 되면 대개의 경우 한 사람의 지도자가 출현하지 않는 한 동시적인 대화와 토론에 참여하는 것이 어려워진다. 집단성원 수가 더욱 늘어나면 사람들은 격의 없는 대화보다는 문서나 정해진 틀에 따라서 자신의 의견을 개진하게 되고, 공식적인 기구를 통해서 집단 의사가 결정되게 된다. 그렇게 되면 집단은 소집단의 특성에서 벗어나 더 이상 소집단이 아니라고 보아야 한다.

다음으로 집단소속감에 따라서 집단을 분류할 수 있다. 내가 속해 있다고 실제로 느끼는 집단, 그래서 그 집단과 나를 동일시하며 다른 성원들에 대해 동료의식을 느끼는 집단을 내집단(in-group), 나와 관계없다고 느끼는 집단, 따라서 무관심하거나 심지어는 적대감마저 느끼는 집단을 외집단(out-group)이라 부른다. 내집단을 우리집단(we-group), 외집단을 그들집단(they-group)이라고도 부른다.

집단성원의 가입과 탈퇴의 자율성 여부에 따라 개방집단과 폐쇄집단으로 나누어 볼 수 있는데, 가입이 극히 제한되어 있으면 폐쇄집단이고, 가입이 누구에게나 열려 있으면 개방집단에 해당한다(안계춘 외, 1990).

뉴콤(T. M. Newcomb)은 소속집단(membership group)과 준거집단(reference group)을 구별하여 설명하고 있다. 소속집단은 가족이나 정치집단, 종교집단 등과 같이 한 개인이 실제로 소속되어 있는 집단인 데 비해서, 준거집단은 한 개인이 실제로 그 집단성원일 필요가 없이 단지 심리적인 차원에서 자기가 소속되었으면 하고 바라는 집단이거나, 아니면 자기가 어떤 행동상의 중요한 결정을 할 때 그 집단성원의 기준에 맞추어서 판단의 근거로 삼는 집단을 의미한다. 대개의 경우 소속집단이 한 개인에게는 준거집단이 되겠지만 이따금 한 개인의 준거집단이 자기가 실제 소속되어 있는 집단과는 전혀 다른 집단이 되는 수도 있다(전병재, 1997).

3) 집단의 특성

모든 집단은 각 집단들의 독특한 특징들에도 불구하고 공통 특성을 가진다. 대부분의 집단에서 일관되게 나타나는 특성인 상호작용, 상호의존성, 구조, 목표, 집단응집성에 대해 검토해 보면 다음과 같다(Forsyth, 2009).

(1) 상호작용

집단은 성원 상호 간의 상호작용을 창조하고, 조직하고, 유지하는 체계다. 베일스(Robert Freed Bales)는 대부분의 집단에서 공통적인 두 가지 유형의 상호작용을 제시하고 있다. 하나는 과제적 상호작용(task interaction)이다. 과제적 상호작용은 집단작업, 과제, 계획들 및 목표 등에 주로 초점을 둔 집단행동을 포함한다. 대부분 집단성원은 여러 기술, 자원 그리고 동기들을 조절해야만 의사결정을 하고, 생산품을 만들고, 승리를 얻는다. 배심원단에서 각 증언을 검토할 때, 위원회에서 가장 좋은 행동을 놓고 논쟁을 벌일 때, 그리고 가족이 여름휴가 계획을 세울 때, 집단 상호작용은 과제지향적이다.

다른 하나는 관계 상호작용(relationship interaction)이다. 관계 상호작용은 집단생활의 대인적이거나 사회적 측면에 초점을 둔다. 만약 집단성원 중 한 사람이 넘어지거나 지원이 필요할 때, 다른 사람들은 따뜻한 말을 하거나, 다른 형태의 도움을 줄 것이다. 동료가 새 옷을 입을 때 다른 사람들은 그것을 알아보고 이를 칭찬하거나 비판할 것이다. 그러한 행동들은 집단이 주어진 과제를 완수하도록 도와주는 것은 아니지만, 성원들로 하여금 집단에 혹은 서로 간에 정서적 유대를 유지하도록 해 준다.

(2) 상호의존

대부분의 집단에서는 성원들의 성과, 활동, 사고 및 경험이 다른 성원들에 의해 일부 결정되는 상호의존성(interdependence)이 존재한다. 공장에서 조립선의 노동자는 그 앞 동료가 끝낸 상품을 넘겨주지 않는다면 일을 완성할 수 없을 것이다. 회사 임원의 성공은 부하 직원들이 얼마나 일을 잘 완수하느냐에 달려 있다. 임원은 자신의 업무를 잘 해낸다고 하더라도 직원들이 자기 일을 잘 못한다면 그 임원도 실패하게 된다. 이러한 상황에서 성원들은 다른 사람들을 지원하고 도와주기 때문에, 서로에 대해 책임과 의무를 가지게 된다.

집단에서의 상호의존성은 여러 가지 형태로 진행된다. 한 성원이 거의 일방적으로 다른 성원에게 영향을 미치는 형태를 일방적 상호의존성이라고 할 수 있고, 한 성원이 다른 성원에게 영향을 미치고, 이 사람은 이어서 그 옆 사람에게 영향을 미치는 형태를 계기적 상호의존성, 둘 이상의 성원들이 서로 각자에게 영향을 미치는 형태를 상호적 상호의존성이라고 할 수 있다. 또한 큰 집단에 하위집단들이 속해 있고 큰 집단의 성과가 하위집단들의 활동과 성과에 달려 있는 형태를 위계적 상호의존성이라 한다.

(3) 구조

집단의 역할관계의 틀이 곧 집단의 구조인데, 이는 규범과 역할로 구성된 것으로 볼 수 있다. 집단규범은 집단 내에서의 행위에 대한 규칙과 기대를 의미한다. 일차집단의 경우에는 규범이 대체로 비형식적이며 전면적 상호관계를 통해서 형성된다. 그러나 공식집단의 경우, 엄격한 규범이 성원들에게 부과되도록 되어 있다. 군대조직이나 회사조직과 같은 공식조직에서 성원들의 집단행위를 이해하기 위해서는 이러한 행위를 규제하는 규범을 이해할 필요가 있다.

역할은 집단 내에서 각각의 위치에 상응하는 직무를 밝히고 있는데, 가족과 친구집단과 같은 일차집단에서는 이런 역할이 비공식적인 데 반해서, 회사와 같은 이차집단에서는 각 지위에 상응하는 역할이 공식화되어 있다(전병재, 1997). 집단에 대해 이해하기 위해 집단의 한 측면만을 선택해야 한다면, 집단구조가 집단을 가장 많이 알려 줄 것이다.

(4) 목표

집단은 보통 그 존재 이유가 있다. 특정한 팀은 경쟁에서 다른 팀을 이기고자 한다. 학습집단은 이에 속한 모든 학생의 성적을 향상시키기를 원한다. 각각의 경우에 집단 성원은 공통목표를 추구하기 위해 뭉친 것이다. 집단에서 우리는 문제를 해결하고, 물건을 만들고, 지식을 전달하고, 즐기고, 다른 집단의 공격으로부터의 안전을 보장받기도 한다. 간단히 말해서 집단은 우리의 목표달성을 쉽게 하도록 해 준다.

(5) 집단응집성

집단은 독립적 개인의 단순한 모임이 아니라, 하나의 통합된 사회적 실체다. 집단을 개인의 수준으로 환원시켜 고찰한다면 하나의 전체 단위로서의 정보는 상실될 수밖에 없다. 집단은 발현적 속성(emergent properties)을 가지는 하나의 체계로서, 개인 성원들의 합 이상을 의미한다.

이와 같은 집단성 혹은 통합성은 일부 집단응집성에 의해 결정되는데, 이는 집단성원을 서로에게 연결시키는 관계의 정도를 의미한다. 결정을 할 때마다 서로 다투는 임원들의 집단은 완벽한 조율과 효율성을 위해 매일 훈련을 받는 스포츠 팀보다 더 응집력이 낮다. 그러나 어떤 집단이든지 최소한의 응집성은 필요하고, 그렇지 못하면 집단으로서 남아 있을 수 없다.

4) 집단의 형성과 발달

(1) 집단형성

집단형성과 관련된 요인을 개인적 요인, 상황적 요인, 대인관계적 요인의 세 가지로 나누어 살펴본다(Forsyth, 2009).

① 개인적 요인

성격, 사회적 동기, 경험 등 개인적 요인은 부분적으로 집단 가입의 경향성에 영향을 미친다.

내향성격자는 수줍어하고, 위축되며, 조용하고, 은둔적이고, 남들로부터 떨어져 있거나 달아나려는 특성을 보인다. 반면에 외향성격자는 다른 사람과의 접촉을 추구한다. 이들은 사교적이고, 외부지향적이며, 집단적으로 모이기를 좋아한다. 집단에서도 내향적인 사람들보다는 외향적인 사람들을 찾는다. 외향적인 사람들은 더 적극적이고, 열정적이며, 정력적이기에 집단성원으로 더 선호될 수 있다.

결연욕구(need for affiliation), 친밀욕구(need for intimacy), 권력욕구(need for power)와 같은 사회적 동기의 강도도 집단에의 가입경향성을 예측하는 데 도움을 준다. 결연욕구가 높은 사람들은 집단에 가입하는 빈도가 높고, 집단성원과 더 많은 의사소통을 하고, 타인들로부터의 사회적 승인을 더 추구하고, 다른 사람들을 더 쉽게 받아들이는 경향을 보인다. 높은 친밀욕구를 가진 사람들은 다른 사람들과 모이기를 좋아한다. 집단 상호작용은 다른 사람들에게 영향력을 행사할 기회를 많이 제공하기 때문에 권력욕구가 높은 사람들은 집단을 찾아 나서는 경향을 보인다.

이전에 집단에 소속되어 긍정적 경험을 한 사람들은 집단 가입을 하기 쉬우나, 수줍음과 사회적 불안을 경험한 사람들은 집단에 가입하기가 쉽지 않다.

② 상황적 요인

남들과의 결속은 상황 자체에서 올 수도 있다. 사람들은 자신이 애매하고, 위협을 느끼고, 어려움을 느끼는 상황에 놓이면 남들을 찾는다. 샤흐터(Schachter, 1959)는 불안하고 위협을 느끼는 상황에서는 혼자보다는 타인과 함께 자신의 운명을 기다린다는 사실을 발견하였다. 또한 위협적 상황에서 일반적으로 사람들은 자신들과 비슷한 사람들이 가장 유익한 정보를 주기 때문에 특정한 방식으로 비슷한 사람들과 함께 있으려 한다는 점도 알아냈다.

사람들은 흔히 스트레스를 받는 상황에서는 집단성원을 찾는다. 질병, 이혼, 자연재난, 또는 개인적인 손해와 같은 어려움을 만나면 친구나 친척을 찾는다. 실직, 시간압박, 부적절한 감독 등 일과 관련된 스트레스를 받으면 동료들과 어울려 헤쳐 나가려 한다. 집단들은 스트레스 상황에서 사람들이 위기를 헤쳐 나가도록 정서적 지원, 충고, 안내, 물질적 지원 등의 사회적 지원을 제공할 수 있다. 집단의 사회적 지원은 스트레스 상황이 가져오는 부정적 결과를 막아 주는 완충 역할을 한다.

③ 대인관계적 요인

뉴컴(T. M. Newcomb)은 친교관계를 연구하여 서로 좋아하는 사람들이 하나의 집단을 이루는 것을 발견하였다. 대인관계 측면에서 집단은 다음과 같은 원리에 의해 형성된다.

첫째는 근접성 원리(proximity principle)이다. 물리적, 지리적으로 서로 가까이 위치해야 상호작용의 가능성이 증대하고 집단형성이 용이해진다.

둘째는 정교화 원리(elaboration principle)이다. 집단은 자기 조직화 과정을 통해 시간을 두고 복잡성을 더하게 된다. 두 사람만으로 시작한 집단은 근처에 다른 사람과 연결되면서 크기가 증가한다.

셋째는 유사성 원리(similarity principle)이다. 사람들은 어떤 식으로든 자신과 비슷한 사람들을 좋아한다. 유사성은 태도, 가치, 신념에서의 일치뿐만 아니라 인종, 성 그리고 연령과 같은 인구학적 특성에 근거하기도 한다. 사람들이 서로 유사하다는 것은 서로에게 일체감, 연대감을 느끼게 하며, 앞으로의 상호작용에 갈등이 없고 협동적이며 서로에게 보상을 가져올 것이라는 신호로 작용한다.

넷째는 상보성 원리(complementary principle)이다. 사람들은 자신의 개인적 특성을 보완해 줄 특성을 가진 사람들을 좋아한다. 사람들은 일반적으로 지배적 행동에는 수동적 행동으로, 수동적 행동에는 지배적 행동으로 반응하며, 지도자들은 부하들을 찾고, 강자는 약자를 찾는다.

다섯째는 상호성 원리(reciprocity principle)이다. 우리 대부분은 다른 사람들이 우리를 받아들이고 인정해 주는 것을 알면, 매우 긍정적으로 반응한다. 호감은 보답으로 호감을 만나게 되는 경향이 있으므로, 친교관계는 상호적이다.

여섯째는 극소극대 원리(minimax principle)이다. 사람들은 가치 있는 보상은 최대로 주고 부담은 최소인 집단에 가입하고 잔류하고자 한다.

(2) 집단발달

집단은 시간의 흐름에 따라 변화·발달한다. 집단발달에 관한 여러 이론들은 대개 두 가지로 나뉜다. 순환단계 이론은 집단의 상호작용을 지배하는 중심 문제가 시간이 흐르면서 순환적으로 반복되는 점을 강조한다. 집단발달 연구의 선구자라고 할 수 있는 베일스(R. Bales)가 이러한 이론의 대표자라고 할 수 있는데, 그는 집단성원 간의 보다 나은 관계를 형성하기 위해서 직무 지향적 작업과 감정적 표현 사이의 균형이 존재한다고 본다. 집단이 두 가지 관심 사이에서, 어떤 때는 집단의 결속 강화를 위해 힘쓰는가 하면, 또 어떤 때는 작업 생산성 향상에 힘쓰게 된다는 것이다. 베일스는 집단이 발달하는 과정에서 세 단계를 거친다고 했는데, 첫째 단계에서는 집단성원 간의 대화, 활동을 통해 정보를 수집하고, 둘째 단계에서는 이 정보들을 평가하며, 마지막 단계에서는 서로가 통할 수 있는 규범을 결정하게 된다는 것이다(전병재, 1997).

다음으로 연속단계 이론에서는 집단발달단계가 전형적 연속순서를 갖는다고 보고 있는데, 이 이론의 대표적인 학자는 터크만(Bruce W. Tuckman)이다. 그는 집단이 연속적인 다섯 단계를 거쳐 발달한다고 보았는데, 형성기(오리엔테이션 단계), 격동기(갈등단계), 규범기(구조발달단계), 수행기(작업단계), 휴지기(해체단계)가 그것이다. 형성기 단계에서 집단형성 초기에는 성원 사이에 잠정적 상호작용이 이루어지나 긴장이 흐르고, 집단발달의 불확실성에 대한 우려가 존재한다. 그러나 시간이 지날수록 상황의 성격을 확인하려는 시도가 이루어지고 성원 사이에 상호의존성이 증가하기 시작한다. 격동기 단계에서 성원들은 집단에 대한 불만족을 표현하고, 절차에 대한 의견 불일치가 존재하며, 성원 간의 갈등과 리더와의 대립이 발생한다. 그리고 갈등을 처리하고 집단환경을 개선할 수 있는 어떤 해결책을 찾으려고 한다. 규범기 단계에서는 성원들 사이에 단결력이 증가하고, 소속감이 안정되며, 성원의 만족감 표시가 증가하고, 집단 내부의 신뢰와 의사소통이 증가한다. 수행기 단계에서는 초점이 과제의 수행과 목표달성으로 옮겨간다. 휴지기 단계에서 집단은 흩어진다. 집단은 계획된 바에 따라 해체단계에 다다를 수도 있고, 자발적으로 해체단계에 들어갈 수도 있다. 계획된 해체란 집단이 설정한 목표를 완수했거나 시간과 재원을 소진한 경우이다. 이와는 대조적으로 자발적 해체는 집단해체시기가 정해져 있지 않은 경우이다. 이를테면 집단의 상호작용이 더 이상 계속될 수 없도록 만드는 문제가 발생했을 때, 그리고 집단활동과 목표가 그 성원들을 충분히 만족시켜 주지 못하는 경우에 자발적 해체가 일어난다(Forsyth, 2009).

3. 가족과 집단과 사회복지실천

1) 가족과 사회복지실천

가족은 사회복지실천의 중요한 기본단위로 간주되어 왔다. 가족복지실천은 가족성원 개개인에게 초점을 맞추는 것이 아니라 한 단위로서의 가족 전체에 주목하면서 가족의 보호, 보장, 강화를 도모하는 조직적 제반 활동이다.

가족이라는 복합성 혹은 포괄성 때문에 가족복지실천은 사회복지의 다른 분야인 아동문제, 노인문제, 장애인문제, 여성문제 등의 분야와 중첩된다. 그런데 가족복지실천이 다른 사회복지 분야와의 차이점은 아동복지, 노인복지, 여성복지 등은 그 대상으로 특정인을 취급하는 데 비하여 가족복지는 가족성원 개개인은 물론 가족 전체를 취급하는 것이라 할 수 있다. 가족복지실천의 주요 대상이 될 수 있는 가족은 한부모가족, 배우자학대가족, 장애인가족, 비행청소년가족, 알코올중독자가족, 치매노인가족 등이다.

가족복지실천의 접근방법은 크게 분류하여 거시적 접근방법과 미시적 접근방법으로 구분할 수 있다.

거시적 접근방법은 가족문제를 사회 전체의 문제로서, 즉 가족이 전체 사회의 제도적 구조와의 관계에서 보다 잘 존속할 수 있는 조건 혹은 환경을 조성하는 접근방법으로서 직접적으로 가족과의 만남 속에서 이루어지기보다는 간접적 정책의 차원에서 이루어진다. 거시적 접근방법의 대표적인 것은 가족정책이다. 가족정책은 문제가족에 대하여 사회복귀적 처우라기보다는 예방적 처우라는 관점을 갖고서 사회의 구조적 문제에 대하여 제도적 · 환경적 · 거시적으로 접근하는 것이다. 그러므로 가족정책은 정부가 가족을 위하여 시행하는 모든 활동을 의미한다고 하겠다. 가족정책은 가족에 대한 소득보장, 인구정책, 부적응가족에 대한 원조 대책 등을 중심으로 전개되어 왔으며, 최근에는 아동의 인권옹호 및 주부를 위한 정책, 특히 취업모를 위한 시책으로서의 가족정책을 강조하고 있다.

미시적 접근방법은 문제 혹은 장애로 고통을 당하고 있는 가족에게 직접적으로 접근하는 방법으로서 서비스의 차원에서 논의될 수 있는 방법이다. 미시적 접근방법으로서의 가족복지 서비스는 특수한 욕구를 가진 가족성원의 특별한 문제를 취급하는 가족복지기관의 서비스 활동으로 다분히 가족복지의 제도적 개념을 보완하는 잔여적 성격을 띠고 있다. 가족복지기관의 목표는 가족 내의 개인 및 그 성원이 가족생활에서 원만한 인간관계를 갖도록 하는 것이다. 가족복지 서비스의 대표적 프로그램에는 가정생활교육, 가족계획사업, 가족보존과 가정기반 서비스, 가족치료, 가족옹호 등이 포함된다(조흥식 외, 2006).

2) 집단과 사회복지실천

집단사회복지실천은 집단이 개인에게 미치는 영향을 중요시하며, 개인 및 집단의 목표달성을 위해 집단과정을 활용한다. 집단사회복지실천은 사회적 기능의 향상과 사회적으로 바람직한 목표의 달성을 위해 집단 속의 사람을 대상으로 하는 사회복지실천의 한 방법이다.

역사적으로 집단사회복지실천은 19세기 중반경 조직된 YMCA와 YWCA가 시행한 집단 프로그램 및 활동과 함께 시작되었다. 19세기 후반에는 영국의 토인비 홀, 미국의 헐 하우스 같은 세틀먼트(settlement)에서 집단 프로그램을 활용하여 빈민을 지원해 주는 활동을 하였다. 20세기에 와서는 보이스카우트, 걸스카우트, 4H 클럽 같은 여러 형태의 집단사회복지기관이 발전하기 시작하였다. 오늘날 수많은 청소년과 성인은 집단 상호작용에 기초한 조직에 속해서 살아가고 있다(Skidmore, Thackeray, & Farley, 1991). 집단사회복지실천 방법은 YMCA, YWCA와 같은 전통적 집단사회복지기관뿐만 아니라 범죄와 비행에 관한 교정 분야, 병원, 학교, 결혼과 가족관계, 아동 학대 등의 영역에서 폭넓게 활용되고 있다.

파펠과 로스만(Papell & Rothman)은 집단사회복지실천 모형으로 사회적 목표 모형, 치료적 모형, 상호작용 모형으로 나누어 설명하고 있다(Skidmore, Thackeray, & Farley, 1991). 사회적 목표 모형은 집단의 이해관계와 목표를 달성하려는 집단의 노력과 관련된다. 그래서 사회적 목표 모형은 지역사회 내의 문제를 제기하고 그 문제에 대한 해결책을 사회복지관, 사회복지협의회와 같은 기관 내에서 실천하는 활동을 의미한다. 또한 사회적 목표 모형은 지역개발에 따르는 사회문제를 제기하고 해결하는 데 활용되기도 한다. 치료적 모형에서 집단은 변화의 도구로 활용된다. 사회복지사는 개인들이 변화를 일으킬 수 있도록 집단성원 간의 상호작용을 촉진시킨다. 또한 사회복지사는 개인들이 자기인식을 갖고 사회적 기능을 향상할 수 있도록 돕기 위해서 여러 가지 지식과 기술을 활용한다. 치료적 모형은 정신병원, 교정기관, 가족복지기관, 학교, 상담기관 등 여러 기관에서 폭넓게 활용되고 있다. 상호작용 모형은 개인과 사회의 체계적인 관계를 전제로 한다. 개인과 사회의 상호 의존성이 사회복지실천의 초점이 되며, 집단은 개인과 사회의 기능이 향상될 수 있는 장으로 활용된다. 치료적 모형과는 달리 상호작용 모형은 바람직한 결과를 설정하지 않는다. 다시 말해, 상호작용 모형은 치료적 목표와 변화 프로그램을 전제로 하지 않는다. 문제의 방향 설정은 오로지 집단을 구성하는 개인들의 만남에서 생겨난다. 그래서 상호작용 모형에서는 인간관계의 과정에 대한 참여를 강조한다.

생각할 문제

1. 협의의 가족개념과 광의의 가족개념을 비교하면서 정의하시오.
2. 폐쇄적 가족 중심 핵가족의 등장배경과 특징을 논의하시오.
3. 한국사회의 핵가족은 서구사회의 핵가족과 비교하여 어떠한 점에서 차이가 나는지를 논의하시오.
4. 집단에 대해 정의하고, 집단에 포함될 수 있는 구체적 사례에 대해 토의하시오.
5. 집단형성에 영향을 미치는 개인적 요인, 상황적 요인, 대인관계적 요인에 대해 논의하시오.

Chapter 13

조직과 지역사회

1. 조직

1) 조직과 현대 생활

현대사회는 조직사회이다. 조직에 의해서 작동되고 통제되며 그리고 조직 자체가 일상생활 환경이 되어 있는 사회이다. 전화를 사용할 때, 수도꼭지를 틀거나 텔레비전을 켤 때, 자동차를 탈 때마다, 조직과 접촉하고 조직에 의존한다. 그리고 항상 이러한 조직들은 당신과 관계를 맺을 뿐만 아니라 다른 조직들과 상호관계를 맺고 있다.

오늘날 조직은 이전보다 훨씬 더 우리의 일상생활에서 중요한 역할을 담당한다. 더욱이 거의 대다수의 현대인은 조직 속에서 태어나서 조직 속에서 교육을 받고 조직 속에서 생계를 영위하다가 조직 속에서 죽어간다. 우리가 태어나기 전 우리의 어머니와 아마 아버지까지도 병원이나 다른 의료조직에서 시행되는 강습, 임신 검사 등에 참여했을 것이다. 모든 신생아는 정부에 의해 등록되고 정부는 태어날 때부터 죽을 때까지의 정보를 수집한다. 오늘날 대부분의 사람들은 병원에서 죽는다. 각자의 죽음도 또한 정부에 등록된다. 우리는 살아가는 데 필요한 대부분의 지식을 학교에서 배우고, 회사나 각종 기관에 취직하여 생계를 유지하고 자아실현을 꾀한다.

그러나 우리의 삶에 엄청난 영향력을 행사하는 조직은 모두가 개인들에게 즐거운 것만은 아니다. 조직은 우리의 주머니에서 돈을 꺼내어 우리가 아무런 영향력을 행사할 수 없는 관료나 전문가에게 가져간다. 예를 들어, 우리는 세금을 내거나 군대에 간다거나 하는 등의 정부가 요구하는 무엇을 하도록 요구받고 있고 그렇지 않으면 처벌을 받는다. 사회적 권력으로서의 조직은 개인을 복종시켜 꼼짝 못하게 한다(Giddens, 1999).

2) 조직의 정의

일반적으로 수식어 없이 조직이라고 말할 때는 공식조직(formal organization)을 지칭하는 것이다. 공식조직에는 회사, 군대, 정당, 정부, 학교, 병원, 조합, 교회, 교도소, 사회복지기관 및 시설 등이 포함된다. 조직은 이들 예에서처럼 글자 그대로 공식적으로 설립된 사회적 집합체 또는 사회적 단위이다.

오늘날 대체적으로 인정되고 있는 공식조직의 구성요소로는 ① 목적 추구, ② 의도적 설립, ③ 조정과 권위체계를 들 수 있다. 조직이 사회적 상호작용에 의해서 자연발생적으로 생겨난 것이 아닌, 어디까지나 의도적으로 혹은 의식적으로 만들어진 것인 이상, 조직에 있어 의도적 설립은 필요불가결한 요소이며, 동시에 어떤 공식조직이든 목적을 전제로 하지 않고는 설립될 수 없기 때문에, 목적 추구 또한 조직의 필수적 요건이 된다. 조정과 권위체계 역시 그것이 없이는 분업화된 조직성원 자체의 활동과 상호작용을 미리 예기하고 통제할 수 없는 이상, 조직적 통합의 가장 중요한 요소가 아닐 수 없다. 그러나 이러한 요소들만으로 이른바 공식조직과 다른 집합체를 명확하게 구분할 수는 없다. 공식조직이 아닌 다른 사회적 단위에서도 그것이 비록 의도적으로 구성된 것이 아니라 할지라도 실제 행위에 있어서는 의도적 혹은 의식적인 것이 더러 작용하고 있을 뿐 아니라, 목적 추구나 조정 및 권위체계 등도 전혀 찾아볼 수 없는 것은 아니다. 문제는 얼마만큼 의도적으로 구성되고, 얼마나 조직 자체 특유의 고유한 목적을 추구하며, 얼마만큼 조직 그 자체의 성격과 운명을 통제하고 있느냐이다. 이러한 문제에 있어 소위 말하는 공식조직은 다른 집합체에 비해 그 정도가 훨씬 높다고 할 수 있다.

조직의 구성요소를 고려해서 조직을 정의해 보면, 조직은 조정과 권위체계를 통해 특정 목적을 추구하기 위해 의도적으로 설립된 사회적 단위 혹은 집합체로 정의될 수 있다(안계춘 외, 1990).

3) 조직의 유형

조직의 유형을 분류하는 데 자주 사용되는 방법은 블라우와 스카트(Blau & Scott)가 제시한 것이다. 블라우와 스카트(1962)는 '누가 조직의 주 수혜자인가'를 변수로 조직의 유형을 분류하고 있다. 어떤 조직이든 그 조직의 산출은 사회의 특정 부분에 의해 이용·소비되게 되어 있고, 따라서 누구인가에 대해서는 혜택을 주게 되어 있다. 하지만 그 중에서도 누가 그 조직의 산출에 대해서 가장 많은 혜택을 보느냐, 즉 주 수혜자(prime beneficiary)가 누구인가 하는 것이 조직 자체의 성격을 특징짓는 데 가장 결정적인 것이 된다고 볼 수 있다. 그 이유는 첫째로 가장 혜택을 많이 보는 자, 즉 주 수혜자가 그 조직에 대해 가장 많은 관심을 갖게 될 것이고, 조직참여도도 가장 높을 것이며, 그렇기 때문에 조직이 당면한 주요 문제의 해결에도 가장 적극적인 자세를 보일 것이기 때문이다. 둘째로 주 수혜자가 받는 수혜의 대상이 무엇인가에 따라서 그 조직의 대사회적 기능, 조직과 환경의 관계, 조직 활동의 내용 및 조직성원 간의 상호작용 방향이 결정된다. 그러므로 주 수혜자가 누구인가 하는 단 하나의 변수로 조직구조를 분석할 수 있고, 조직의 성격을 기술할 수 있으며, 나아가 조직 내 지도자와 성원 간의 권력을 둘러싼 상호작용 과정까지도 설명해 볼 수 있다.

블라우와 스카트는 조직의 주 수혜자가 누구인가에 따라 조직을 네 가지 유형으로 분류하고 있다. 첫째는 호혜조직(mutual-benefit associations)이다. 호혜조직의 주 수혜자는 조직의 성원(member)이다. 즉, 그 조직에 속해 있는 모든 성원이 다 그 조직의 주 수혜자라는 것이다. 예컨대, 정당의 당원이라든지, 노동조합의 조합원이라든지, 변호사회, 의사회 등의 전문가단체의 회원 등은 자기가 속해 있는 조직의 주 수혜자이다. 호혜조직에서는 누가 조직에서 혜택을 보다 많이 받는다거나 보다 적게 받는다는 것이 처음부터 결정되어 있는 것이 아니라, 누구에게나 다 공평하게 그 혜택이 돌아가도록 규정되어 있다. 물론 지위에 따라서 혜택의 차이가 있을 수 있지만, 그것은 조직된 이후의 경쟁 과정에서이지 조직 설립부터의 결정사항은 아니다.

둘째는 사업조직(business concerns)인데, 조직의 소유주(owner) 혹은 경영자(manager)가 주 수혜자가 되는 경우이다. 특정 조직을 처음 설립해서 그 조직의 소유주가 된 사람이라든지, 아니면 뛰어난 경영기술에 의해 그 조직의 경영권을 맡은 사람이 조직의 주 수혜자가 된다. 예컨대, 생산기업체, 은행, 보험회사, 운수회사 등 회사의 사장이나 경영자는 그 조직의 과실을 가장 많이 점유하는 사람들이다. 이 사람들은 해당 조직에 자본을 투자했거나 아니면 기술을 투자함으로써 처음부터 이익과 이윤 독점이라는 특정 목적을 가지고 있었고, 또한 이 목적의 실현에서 자동적으로 주 수혜자가 된 사람들이다.

셋째는 조직의 클라이언트가 주 수혜자가 되는 봉사조직(service organization)이다. 봉사조직의 클라이언트는 조직과 직접적으로 접촉해서 그 조직의 산출을 점유하는 사람들이다. 봉사조직의 범주에는 사회복지관, 병원, 학교 등이 포함된다.

넷째는 일반 대중(public)이 주 수혜자인 공익조직(commonweal organization)이다. 여기서 일반 대중은 일반 국민이며 사회구성원 전체를 의미한다. 이들은 해당 조직에 직접 접촉을 하거나 접촉을 하지 않거나 관계없이 이 조직들의 산출을 직접 또는 간접적으로 차지하는 수혜자들이다. 예컨대, 정부기관은 말할 것도 없고, 경찰서, 소방서, 군대까지도 사회구성원으로 인정된 모든 사람에게 골고루 혜택을 주기 위해서 만들어진 조직이다. 이 조직들의 목적 자체가 사회 전체 성원의 수혜를 대상으로 성립되었고, 이들 조직의 구조 역시 전체 성원의 수혜를 목적으로 편성된 것이며, 그 구조의 편성 역시도 일반 사회구성원에 의해서 이루어진 것이다. 따라서 이들 조직의 존립 이유는 특정 국가 조직의 존재 이유와 같은 것이 된다. 국민의 것, 국민을 위한 것, 국민에 의한 것이라는 것은 이들 조직의 소유주도 일반 사회구성원이고, 이들 조직의 주 혜자도 일반 사회구성원이며, 그리고 이들 조직의 설립자도 일반 사회구성원이라는 것이 돼서, 일반 대중은 그 어느 조직보다도 철저한 주 수혜자가 된다.

블라우와 스카트는 각 유형의 조직이 상이한 구조, 성원들의 독특한 참여의 성격을 기반으로 하여 고유한 조직상의 문제를 갖는다고 하였다. 예를 들어, 호혜조직에서는 조직성원의 참여와 통제를 조건으로 하여 조직 내부 활동의 민주성을 확보하는 문제가 대두되고, 사업조직의 중심적인 문제는 경쟁 상황에서 조직 운용의 효율성을 어떻게 극대화하는가이다. 공익조직의 경우는 일반 대중이 외부에서 조직을 민주적으로 통제할 수 있는 수단을 어떻게 갖는가가 관심의 대상이 된다(유홍준, 1994).

4) 조직의 기본 특징

조직의 기본 특징은 관료적 특징과 조정적 특징의 두 가지로 나누어 살펴볼 수 있다(안계춘 외, 1990).

(1) 관료적 특징

거의 모든 공식조직은 그 구조 면에서 관료적 특징을 내포하고 있다. 막스 베버(Max Weber)가 제시한 관료적 특징을 중심으로 공식조직의 기본적 특징을 살펴보면 다음과 같다.

① 분업

공식조직의 분업은 어떤 목적도 치밀하게 달성할 수 있게끔 모든 업무를 전문화 · 세분화하여 최소 비용으로 짧은 시간 내에 최고 업적을 올릴 수 있도록 한다.

② 위계적 권위구조

권위수준이 둘 또는 그 이상이면 어떤 조직이든 그 권위수준을 수직적인 위아래의 높낮이 상태로 만든다. 이 위계구조에 의해 조직 내의 협동적 노력이 강화되고, 조직 내의 움직임이 검열되며, 효율을 올리기 위한 제반 조치가 강구된다.

③ 성취적 요인에 의한 인원 교체

적재를 적소에 앉히기 위한 의식적 노력은 조직의 어디에서나 끊임없이 일어난다. 적응이 늦은 사람 혹은 무능력한 사람을 즉각 교체하고 또한 전보와 승진을 통해 성원의 재결합을 언제나 시도한다. 공식조직에서 인원 선정의 기준은 가문, 성별, 인종 등의 귀속적 요인에 의존했던 과거와는 달리 교육, 훈련, 지식 및 기술 등의 성취적 요인에 주로 의존한다.

④ 지위와 역할에 따른 차등화된 보수체계

지위, 역할 및 경력에 따라 보수가 차등적으로 배정된다. 일반적으로 지위는 권위서열의 높고 낮음에 따라, 역할은 임무 수행의 중요도에 따라 다르게 보수구조가 형성되어 있다.

(2) 조정적 특징

조정은 공동 목적을 추구함에 있어 행위의 통일성을 강구하기 위한 집단적 노력을 의미한다. 공식조직에서 조정적 특징을 구성하는 요소를 살펴보면 다음과 같다.

① 통합

일반적 의미로 통합은 조직 활동의 결과가 하나의 응집된 전체가 되도록 체계 내의 각 부분들이 협동하는 것을 말한다. 이러한 의미에서 노동의 분업은 통합을 전제로 하지 않고는 세분화된 각 부분들이 서로 연결되어 작동할 수 없게 된다. 따라서 조정의 주요 목적은 통합에 있다고 할 수 있다.

② 권위집중화

앞의 위계적 권위구조에서처럼 역할수행의 자율성과 책임 한계를 명백히 해서 그 한계 내에서의 권한 행사의 허용이 조직에서 필요불가결한 것과 마찬가지로 조직 전체의 방향 설정과 주요 정책 결정 및 조직 내 각 부서 간의 힘의 배열과 활동의 조절 · 조정 역시 조직에서는 없어서는 안 되는 기능이다. 이러한 조절 · 조정 기능은 앞의 위계적 권위구조와는 달리 권위의 집중화를 통해 가능하게 된다. 많은 공식조직들이 조절 · 조정의 문제를 조정기관에 의한 권위의 집중화를 통해 해결하고 있는 것은 바로 이 이유 때문이라고 할 수 있다. 이것은 바로 부서가 많아지고 인원이 많아지는 것만큼 자율성도 커지지만 힘의 집중도도 높아진다는 것을 의미하는 것이다.

③ 리더십

공식조직에 있어 권위는 상하관계로 구조화되어 있는 한 어디에나 있는 보편적 요인이지만, 리더십은 그 자체가 개인적 자질이라는 한계성 때문에 어디에나 있는 보편적 요인이라고 보기는 어렵다. 그러나 공동의 목적을 위해 행위의 통일성을 강구하지 않으면 안 된다는 점에서 이 리더십은 꼭 필요한 것이다. 권위의 중심체인 조정기관이 엄연히 존재하고 있다 할지라도 리더십은 성원들의 조직 목적에 대한 헌신을 그만큼 쉽게 해 주고 행위의 사발싱을 촉구해 줄 뿐 이니라, 부서 간 및 성원 간 노력과 활동을 쉽게 조정해 주는 요소가 된다.

④ 기풍(discipline)

일반적으로 기풍은 조직성원의 행위와 심성을 조직의 요구에 맞도록 훈련 통제해 나가는 규칙체계 및 그 규칙체계가 내면화되어 있는 상태를 말한다. 다시 말해 기풍은 조직 특유의 사고, 행위양식, 행동규칙, 분위기라고 할 수 있다. 이 기풍이 있을 때, 우리는 가족의 경우 가풍이 있다고 말하고, 회사의 경우 사풍이 확립되어 있다고 말하며, 학교의 경우 교풍 내지 학풍이 형성되어 있다고 말한다. 이 기풍이 확립되어 있지 않을 때 그 조직은 그만큼 단합과 통합이 어렵고 성원 활동의 조정이 어려우며 알력과 마찰이 그만큼 심해진다.

이상과 같은 기본적 특징에 의해 조직은 조직화되지 않은 그 어떠한 사회적 집합체보다 훨씬 많은 업적을 낸다. 이것은 바로 베버가 현대 조직의 설명에서 이상의 조직이 갖는 기본적 특징을 토대로 하여 조직화된 사회적 집합체와 그렇지 못한 사회적 집합체의 비교는 마치 생산에 있어 공장제 생산과 수공업적 생산의 차이와 같다고 비유한 것을 보더라도 공식조직이 갖는 생산력이 얼마나 월등한가를 짐작할 수 있다.

5) 조직의 기능

공식조직이 사회의 존속과 유지 및 발전을 위해 수행하는 기능을 따져 보면 다섯 가지로 나누어 설명해 볼 수 있다(안계춘 외, 1990).

(1) 권력분배 기능

호혜조직, 즉 자발적 조직은 정당이나 노동조합 등의 전형적인 예에서 보는 것처럼 사회영향력집단이다. 정부기관에 실제로 들어가지 않고도 정책결정과정에 영향력을 행사하고, 비정치적 활동을 통해서도 국가권력을 견제할 수 있는 기능을 한다. 그러므로 이 조직들의 증대와 확대는 사실상 국가권력을 정부에만 국한시키지 않고 사회 내로 광범위하게 분산시키는 것을 가능하게 한다. 반대로 이 조직들의 수적 감퇴와 기능적 축소는 국가권력을 정부에로 집중시키는 결과를 가져온다. 그러나 다른 유형에 속하는 조직은 그 조직 하나하나로서는 그 같은 권력분배기능을 하기가 어렵고, 다만 여기 속하는 조직들이 다시 모여 자발적 조직이라는 유형, 예컨대 전국경제인연합회, 상공회의소, 중소기업협회 등을 구성할 때 보다 적극적인 권력분배 기능을 수행할 수 있게 된다.

(2) 적응 기능

현대사회는 점점 복잡성과 불확실성이 증대하고, 따라서 일반 시민은 사회적 기제의 복잡한 통제를 더욱더 이해하기 어렵게 된다. 그러나 공식조직은 적어도 그들이 활동하고 있는 범위 내에서 최소한 무엇이 어떻게 행해지고 있는가에 관한 정보를 그들 성원에게 제공한다. 특히, 그들 조직의 목적과 활동에 영향을 주는 사회적 제 문제에 대한 정보는 말할 것도 없고, 그들이 살고 있는 사회의 권력구조가 어떻게 무엇이 잘못되어 있는가에 관한 정보를 구체적으로 제시해 준다. 이는 복잡한 사회적 기제의 통제를 부분적으로나마 이해하게 하는 통로를 마련해 주는 것이 된다.

사회적 기제의 통제에 관한 이 같은 이해와 구체적 방향의 제시는 성원에게 만족감을 높여 주고 창조적 활동의 동기 부여를 제공해 주어 복잡한 사회구조에 대한 적응도를 높여 준다. 이 같은 적응에 대한 적절한 예는 노동조합에서 찾아볼 수 있다. 노동조합은 그들 성원에게 스스로 노동조건을 상당한 정도 통제할 수 있게 하는 기회를 열어주고, 또한 그들의 경제적 · 개인적 안전을 강구해 주며, 레크리에이션이나 사회기여적 활동의 길을 마련해 줌으로써 현대적 생활구조의 반복적 작업에 의한 효과 감퇴와 만족도 상실을 보상해 줄 수 있고, 그리하여 불만에 찬 성원들의 비적응적 과격성과 급격성을 사회적응적 차원으로 전환, 혹은 융화를 가능하게 한다. 이러한 면에서 이 조직은 사회를 밑뿌리째 구조적으로 재개편하는 것이 아니라, 점진적으로 발전하도록 해 준다.

(3) 사회변화 기능

조직은 사회변화를 유인하고 사회변화를 주도하며, 사회변화의 추진자, 사회변화의 전파자 역할을 한다. 어떤 종류의 사회변화이든 그 필요성을 절감하자마자 조직은 행동적 차원에서 그 변화의 실현을 위해 즉각 노력할 수 있다. 이 조직의 성원은 경각심 높은 유권자이고 국가에 대해서 효과적으로 압력을 가할 수 있는 조직체를 구성하고 있다. 그중에는 전문가 조직처럼 어떤 유형의 조직보다 교육수준이 높고 사회경제적 지위가 높은 성원들로 구성된 조직이 있는가 하면 정당이나 노동조합처럼 그 어떤 유형의 조직보다 방대한 성원 수와 효과적 관리체계를 가진 조직도 있다. 이들 조직은 명실 공히 영향력 집단, 압력단체로서 충분히 기능할 만큼 권력을 언제나 소지하고 있다. 그리고 외부적 압력에 맞설 수 있는 자율성도 갖고 있다.

따라서 그들의 소망을 드러내고 그것을 실현하는 사회적 제 변화는 말할 것도 없고,

그들의 이해와 간접적으로 관련이 있는 문제까지도 예의주시함으로써 정부로 하여금 보다 많은 관심을 두게 해서 정책의 변화를 유도한다.

물론 조직은 사회의 다른 부문에서 진행되는 변화를 저지하는 기능도 한다. 특히, 자신들 조직의 이해관계에 상반된 사회변화에 대해선 그들의 이해관계를 촉진하는 사회변화만큼 예리한 반응을 보인다. 더구나 같은 유형의 자발적 조직 간에 상반된 이해관계를 보이는 변화를 추진하는 경우도 많다. 하지만 충분히 발달된 조직들은 어느 한 조직도 다른 하나의 조직을 완전히 지배할 수 없다는 힘의 균형을 전제로 하기 때문에 이들 조직의 사회변화에 대한 역기능은 부분적인 것으로 밖에 보기 어렵다.

(4) 사회결속 기능

공식조직은 그 자체가 바로 갈등집단이 될 수 있다. 조직 간 이해관계가 완전히 일치된다고 볼 수 없고, 혹 이해관계가 일치된다 해도 그것을 촉진하는 방법이 같아진다는 보장은 없다. 따라서 조직 간 상반된 이해관계를 얼마든지 드러낼 수 있고, 급기야는 심각한 갈등상태를 일으켜서 극단의 경우 사회를 완전히 분열된 상태로까지 몰아갈 수 있다. 그러나 일반적으로 이 같은 극한의 상태는 거의 일어나지 않는다. 오히려 이 같은 사회분열적 결과를 극소화하고 사회를 결합하는 기능을 하는 것이 조직이다. 그 이유는 첫째로 어느 한 조직의 성원은 다른 한 조직의 성원이 되어 있는 경우가 많다. 즉, 성원 간 중복성이 상당히 높다는 것이다. 노동조합의 회원이면서 노동당 당원이고 변호사협회 회원이면서 특정 보수당의 당원이 되어 있는 경우가 허다하다. 따라서 조직 간 갈등은 이 성원 중복성에 의해서 사전에 방지될 수가 있고, 그럼에도 불구하고 한 조직의 다른 조직에 대한 갈등의 야기는 다른 조직에 우의를 가진 성원 일부를 상실해 버리는 결과를 초래할 수도 있다.

둘째로 공식조직은 어느 한 조직의 지배적 우위, 즉 독점적 지배를 허용하지 않는다. 대부분의 조직은 모두 자율적 목표를 갖고 있고, 그 목표에 도달하려는 동기 부여가 되어 있으며, 그 목표에 도달 가능한 힘을 소지하고 있다. 그렇기 때문에 조직 상호관계에서 어느 한 조직의 독점적 우위는 구조적으로 배척되고, 힘의 균형 속에서 다원적 지배가 가능해진다. 이 다원적 지배상태하에서는 힘의 대결보다는 힘의 화해가 모든 조직을 공존하게 만드는 요인이 된다.

이러한 두 가지 요인에 의해서 공식조직은 갈등을 극소화하고 사회를 보다 역동적으로 통합해서 결합하는 기능을 수행할 수 있다. 만일 이 같은 힘의 화해상태가 이루어지지 못할 경우, 정부라는 최고의 권력기구가 개입해서 조직 간 중재 기능을 수행할 수밖에 없게 되고, 최악의 경우 이 정부에 의해서 모든 갈등집단이 해체되거나 활동이 정지되어 버리는 비극이 초래될 수도 있다. 그러나 현실적으로 사업조직처럼 적나라하게 이해의 상반관계로 대치되어 있는 경우가 많이 있다 해도, 전국경제인연합회와 같은 그들끼리의 자발적 조직의 재구성에 의하여 독점적 행위를 방지하거나 해결해 가는 경우가 많다.

(5) 정체 부여 기능

현대사회는 도시사회로 치닫고 있고, 그 도시화의 속도는 가속화되고 있다. 이같이 빠른 속도의 도시화는 대중사회의 특징을 더욱 가중시킨다. 즉, 인간관계는 원자적 개인주의로 변화하고, 사람 간의 상호작용은 익명적이고 일시적이며 피상적이고 공리적이다. 이 같은 익명성, 일시성, 피상성, 공리성은 개인으로 하여금 사회적 공허의식상태에 빠지게 한다. 이리하여 개인의 정체의식은 떨어지고 사회로부터의 분리감, 타자로부터의 소외감은 점점 높아 간다. 현대의 조직은 이러한 개인을 조직으로 불러들여 정체의식을 높여 주는 기능을 한다. 즉, 이러한 개인을 조직에 참여시켜 타자와의 관계를 심층적, 비일시적, 전인격적으로 지속하게 하고, 동시에 그 조직 내에서 특정 지위와 역할을 부여해서는 적극적 사회활동에의 동기의식을 촉발시킨다. 더구나 자기의 역할이 사회적 조건을 개선하는 것과 관련되어 있다고 생각하게 됨으로써 그 개인은 보다 활기에 차고 보다 정열적이 되며, 또 이러한 자기의 역할이 조직 내 다른 성원으로부터 지지되고 신뢰받고 있다고 생각함으로써 그 개인의 사회적 만족도는 더욱 높아지게 된다.

이리하여 개인은 조직 속에서 자기의 의미를 찾고, 조직과 자기는 분리될 수 없으며, 그 조직과 자기는 일체라는 정체의식의 상태가 고취되어 사회적 공허의식에서 해방된다.

이와 같은 조직의 기능들에 의해 현대사회는 더욱더 공식조직의 사회가 되어 가고 있고, 현대사회 개인들은 조직을 떠나서는 살 수 없는 사회가 되어 가고 있다.

6) 조직의 변화추세

조직은 내부적 요인과 외부적 요인에 의해 변화한다. 내부적 측면에서 볼 때, 조직은 그것의 유연성을 증가시켜 왔다. 조직 내 부서 간의 연계성, 직원의 충원과 작업배분에 있어 조직은 탄력성을 높여 왔다. 위계, 권력 그리고 명령과 규율을 중심으로 한 조직의 경직성은 개인의 창의성과 자율성을 약화시켜 효율성을 저하시키면서 이에 대한 반성이 나타난다. 이에 대한 반응으로 조직은 민주적이고 인간적이며 개인의 자율성을 조화시키는 방향으로 발전하는 추세이다.

다음으로 조직 외부의 사회변화에 따른 조직의 변화추세를 살펴본다.

첫째는 탈현대화의 영향이다. 많은 학자들은 대량생산 대량소비의 현대사회는 다품종 소량생산체제의 탈현대사회로 변화할 것이라고 예측한다. 이러한 사회변화를 가정한다면 기업도 역시 다품종 소량생산체제로 전환해야 한다는 것이다. 조직의 운영과 업무 형태에서도 변화가 나타난다. 기업은 과거에 전문화를 시도했지만 요즘은 유사부문과의 통합 그리고 생산, 관리 및 연구의 연계성 증대를 통하여 통합력을 높이고 있다. 이러한 변화는 직원의 업무에도 적용된다. 탈현대사회에서 직장인은 전문성도 중요하지만 업무 전반에 대한 이해력을 가질 필요가 있다(김미경 외, 2005).

두 번째는 세계화의 영향이다. 경제가 세계화되면서 대부분 대규모 기업은 초국적 기업이 되어 가고 있다. 초국적 기업은 두 개 이상의 나라에 공장이나 사무실을 가지고 있는 기업이다. 가장 큰 초국적 기업은 한 나라의 국민총생산보다 더 큰 대규모 기업이다. 오늘날 거대 경제단위의 반이 국가이고, 나머지 반이 초국적 기업들이다. 초국적 기업들은 세계 경제에서 점차 중요한 위치를 차지하고 있다. 그들은 세계적 수준에서의 일자리 분배에서 핵심적인 중요성을 지닌다.

한편, 세계화로 인하여 나타나는 새로운 형태의 변화에 대한 대응으로 많은 기업들은 베버적 의미에서의 관료적 위계보다는 집단 간의 느슨한 네트워크로 변해 가고 있다. 네트워크는 권위적 위계구조보다는 하의상달식 또는 수평적 의사결정을 중시한다.

세 번째는 정보통신기술의 발전에 따른 조직변화이다. 오늘날 정보기술과 전자통신이 최근까지 전혀 알려지지 않았던 방식으로 공간을 초월하고 시간을 통제하는 것을 가능케 하고 있다. 컴퓨터에 입력된 복잡한 정보는 세계 각지에서 접근 가능하다는 사실이 우리 삶의 많은 부분을 변화시키고 있다. 모든 현대 조직은 지식의 전문화와 정보의 전달에 의존하고 있다. 정보통신기술의 사용이 증가하면서 전문화는 전체적으로 조직의 유연성을 높이고 있다(Giddens, 1999). 정보통신기술의 발달은 조직이 급속한 사회변화에 신속하고 유연하게 대응하고 조직 간의 연결성을 증대시키는 데 기여하고 있다.

2. 지역사회

1) 커뮤니티와 지역사회

지역사회라는 용어는 커뮤니티(community)라는 영어를 우리말로 번역하여 사용하고 있는 것이다. 그런데 영어권 국가에서 커뮤니티는 두 가지 의미로 사용되고 있다(Bernard, 1973).

첫째는 지리적 장소 및 공간(locale)을 기본요소로 하는 개념으로 사람들이 일정하게 자리를 잡고 살아가는 곳을 의미한다. 이런 의미의 커뮤니티는 농업과 관련된다. 식량과 목초지를 찾아 이동해야 하는 유목민 사이에서 지리적 공간은 한 장소에 정착하여 사는 농민과는 다른 의미를 지닌다. 물론 유목민도 농민들과 마찬가지로 토지 자원에 의존한다. 그러나 유목민은 자꾸 이동해야 하기 때문에 어떤 한 장소에 대한 감정적 애착은 약해질 수밖에 없다.

둘째는 공통의 유대와 사회적 상호작용이란 두 가지 기본요소를 강조하는 개념이다. 이 개념은 인간적 친밀성, 감정적 깊이, 도덕적 헌신, 사회적 응집력, 연속성 등을 특징으로 한다. 퇴니에스(Ferdinand Tönnies)의 게마인샤프트(Gemeinschaft)는 이러한 의미의 커뮤니티 개념에 가깝다. 이런 의미의 커뮤니티는 지리적 지역사회 개념보다 오래된 것이며, 정착 농민은 물론 유목민 모두에게 적용될 수 있는 것이다. 오늘날에도 이런 개념은 고정된 장소를 갖지 않는 집시 사이에서 지속되고 있다.

지리적 커뮤니티와 게마인샤프트로서의 커뮤니티 개념 모두 연합과 유대의 성격이 무엇이든 간에 통일성과 동일성을 다루고 있다는 점은 분명하다(Bernard, 1973). 오늘날 두 가지 의미의 커뮤니티 개념은 모두 사용되고 있으며, 그 개념을 사용하고 있는 특정 맥락에 따라 의미가 달라지고 있다.

한국에서는 지리적 커뮤니티를 지역사회라고 번역하여 사용하는 경우가 많으며, 게마인샤프트의 의미가 담긴 커뮤니티는 흔히 공동체로 번역하여 사용하고 있다. 하지만 우리가 지역사회라는 용어를 사용할 경우, 지역사회는 지리적 장소 및 공간이라는 의미만을 갖는 것이 아니라 공통의 유대와 사회적 상호작용이라는 공동체적 요소도 포함하고 있다고 보아야 할 것이다.

2) 지역사회의 정의

지역사회에 대한 다양한 정의들 가운데 세 가지 특성, 즉 ① 지리적 공간, ② 공통의 유대, ③ 사회적 상호작용은 지역사회의 정의에 포함되는 최소한의 구성요소라는 점에 대해 학자들 사이에서 대체로 합의가 이루어지고 있다(Bernard, 1973).

첫째, 지역사회는 지리적 공간 단위이다. 지역사회는 특정한 지리적 테두리 안에 사람들이 모여 사는 장소이다. 지리적 공간은 고향산천이라는 말처럼 고향에 대한 향수와 추억을 더듬게 한다.

둘째, 지역사회구성원은 공통의 가치와 정서를 매개로 공통의 유대감을 발전시킨다. 다시 말해 지역사회는 성원들에게 정체성을 심어 준다.

셋째, 지역사회는 지역사회구성원들의 사회적 상호작용을 기반으로 한다. 사회적 상호작용은 성원들 간의 상호 의존성과 상호 기대를 통해 이루어진다. 상호 의존성은 지역사회구성원들이 자신의 욕구와 필요를 혼자만의 힘으로 충족할 수 없다는 사실에서 기인한다. 성원 각자는 좋든 싫든 다른 성원들과 거래를 하거나 교환 관계를 맺지 않으면 살아가기 어려울 수밖에 없다.

상호 기대는 지역사회구성원이 상대방의 행위를 예측하고 그것에 적절히 반응할 수 있도록 해 주는 요소이다. 이것은 지위, 역할, 가치, 규범에 바탕을 두고 이루어진다. 이와 같은 것들은 사람이 특정한 상황에서 어떠한 행동을 해야 할 것인가를 규정하는 기대 양식을 제공한다. 가령 젊은이들은 동네 어르신들을 만나게 될 때 어떻게 행동해야 하는지를 알고 있고, 상대방 또한 그것을 기대하고 있다. 상호 기대는 지역사회의 안정을 유지하는 필수 요소가 된다(김종일, 2004).

이러한 점들을 고려해 본다면, 지역사회는 일정한 지리적 공간에서 상호 의존 및 상호 기대의 기능 수행과 관련된 사회적 상호작용을 통하여 서로 간에 공통의 유대감을 발전시켜 나가는 정주 생활의 단위로 정의해 볼 수 있다(안계춘 외, 1990).

3) 지역사회의 유형

던햄(Arthur Dunham)은 ① 인구의 크기, ② 경제적 기반, ③ 행정구역, ④ 인구 구성의 사회적 특수성을 기준으로 지역사회 유형을 구분하고 있다(최일섭, 1993).

첫째, 인구의 크기에 따른 구분은 대도시, 중소도시, 읍지역, 작은 마을 등의 구분에서 볼 수 있는 지역사회의 형태이다.

둘째, 경제적 기반에 따른 지역사회 구분은 광산촌, 산촌, 어촌 등의 구분에서 볼 수 있다.

셋째, 행정구역에 따른 구분은 도, 시 · 군 · 구, 읍 · 면 · 동 등으로 지역사회를 구분하는 것으로서, 일반적으로 인구의 크기가 중요하기는 하지만, 반드시 인구의 크기에 따라 비율적으로 구분되지는 않는다.

넷째, 인구구성의 사회적 특수성을 기준으로 한 지역사회 구분은 저소득층 지역, 외국인촌 등과 같이 지역사회구성원 대다수의 경제적 · 인종적 특성을 중심으로 지역사회를 유형화하는 것이다.

지역사회의 복지를 위한 조직적 노력을 전개할 목적으로 가장 흔히 구분되는 지역사회의 유형으로는 농촌지역사회와 도시지역사회가 있다. 농촌지역사회와 도시지역사회는 대체로 ① 인구학적 차이, ② 생태학적 특성, ③ 사회문화적 특성의 차이에 따라 구분된다(안계춘 외, 1990).

첫째, 농촌과 도시를 구분하는 데 가장 흔하게 사용되는 인구학적 지표는 인구규모와 인구밀도이다. 인구규모의 차이로 지역사회의 유형을 구분하는 것은 많은 나라에서 인구규모에 관한 정확한 자료를 쉽게 이용할 수 있다는 이점이 있으며, 인구규모는 지역사회생활의 여러 측면에 깊은 영향을 미치는 중요한 요인으로 간주되기 때문이다. 대체로 농촌은 소규모의 인구를 특징으로 하는 데 비해 도시는 대규모 인구가 밀집해 있는 지역을 말하는 것으로 이해되고 있다. 그러나 인구규모의 차이만으로 지역사회를 농촌과 도시로 분류하는 데에는 농촌과 도시의 구분점이 되는 인구규모가 국가에 따라 자의적으로 규정된다는 점에서 어려움이 따른다. 이와 같은 문제로 인하여 토지에 대한 인구비율, 즉 인구밀도를 기준으로 도시와 농촌을 구분하기도 한다. 이는 워스(Wirth, 1938)가 주장하고 있는 바와 같이 인구밀도는 지역사회구조에 영향을 미침으로써 농촌과 도시 생활의 중요한 특성에 차이를 나타낼 수 있다고 보기 때문이다.

둘째, 농촌과 도시 간의 중요한 차이는 지역사회와 관련을 맺고 있는 배후지(hinterland)의 특성에서 찾아볼 수 있다. 배후지는 지역사회주민들의 생활과 긴밀하게 연관되는 지역사회 영역을 말한다. 통상 이러한 배후지의 특성은 일상생활의 교환관계 및 경제적 유대를 중심으로 측정되며, 그밖에 배후지 주민의 태도, 의견 및 가치관의 형성과 관련하여 지역사회의 영향력이 미치는 지역 범위를 중심으로 규정되기도 한다. 대체로 농촌지역사회는 규모가 작은 저개발상태의 배후지를 가지고 있는 데 비해 도시지역사회의 배후지는 규모가 크고, 잘 개발된 지역이라는 특성을 지닌다.

홀리(Hawley, 1950)는 지역사회의 배후지 특성을 파악하기 위한 수단으로 지역사회 영역을 1차적, 2차적, 3차적 지역사회 영역으로 구분하였다. 1차적 지역사회 영역은 지역 중심부를 둘러싸고 있는 소규모지역으로 주로 생필품의 구매 및 다른 욕구충족과 관련하여 일상생활이 이루어지는 비교적 소규모의 이동 반경으로 구성된다. 농촌의 1차적 지역사회 영역은 집들이 산재해 있고 빈약한 도로시설로 구성되어 있는 데 비해, 도시의 1차적 지역사회 영역은 집들이 밀집해 있으며 비교적 잘 포장된 도로시설로 구성되어 있다. 2차적 지역사회 영역은 일상생활에서 가끔 사용되는 내구재의 구매, 또는 의료, 법, 금융서비스 및 오락 등과 같은 여러 가지 특수한 활동과 가끔 필요로 하는 욕구충족과 관련된 활동이 이루어지는 곳이다. 대체로 농촌에서는 2차적 지역사회 영역이 거의 없는 편이나, 도시에서는 이러한 유형의 지역사회 영역이 많이 발견된다. 3차적 지역사회 영역은 대부분 대도시의 경우에만 찾아볼 수 있다. 대도시는 광대한 지역에서 필요로 하는 여러 가지 전문화된 서비스 기능을 수행한다. 이 경우, 대도시가 제공하는 전문적인 서비스의 영향권 안에 속하는 지역이 3차적 지역사회 영역이 된다. 따라서 3차적 지역사회 영역은 그 범위가 매우 넓으며, 경우에 따라서는 세계적인 규모까지 확대될 수 있다. 예컨대, 뉴욕과 런던을 세계 금융의 중심지라고 부를 경우, 금융기능과 관련해서 볼 때, 이 두 도시의 지역사회 영역은 전 세계적 규모로 확대될 수 있는 것이다.

지역사회 영역에 관한 홀리의 분류를 기준으로 본다면, 농촌과 도시를 분류하는 기준점은 지역사회의 중심부를 둘러싸고 있는 고도로 발전된 2차적 지역사회 영역의 존재 여부가 된다 하겠다. 즉, 어떤 지역사회가 소매, 금융, 도매, 의료, 법 등과 관련된 서비스 교환의 중심지가 된다면 인구규모나 인구밀도와 관계없이 그 지역사회는 도시로 간주될 수 있다는 것이다.

셋째, 농촌과 도시를 구분하는 데 사용되는 또 하나의 중요한 차원은 지역사회의 사회문화적 특성의 차이가 된다. 도시와 농촌 간의 사회문화적 차이는 대체로 워스(Wirth, 1938)의 도시성(urbanism)의 개념을 기초로 적절히 추론된다. 워스는 도시의 인구규모, 인구밀도, 인구의 이질성이 상호작용하는 과정에서 나타나는 인간 생활양식의 변화를 도시성으로 표현하고 있다. 워스는 도시성 또는 도시적 성격으로 50여 가지 특성을 열거하고 있지만, 많은 학자들은 이를 기초로 도시와 농촌 간에는 적어도 다음과 같은 다섯 가지 중요한 차이점이 있다는 데 합의하고 있다. ① 도시는 농촌에 비해 개 개인이 익명성을 누리는 정도가 높다. ② 농촌과 도시 간에는 직업구조에 큰 차이가 있다. 즉, 도시의 직업구조는 고도의 분업을 특성으로 하는 데 비하여 농촌의 직업구조는 비교적 미분화된 상태에 있다. ③ 직업구성뿐만 아니라 주민의 일반적인 관심사, 조직 등 여러 가지 면에서 도시는 농촌에 비해 훨씬 더 이질적인 경향을 나타낸다. ④ 인간관계 측면에서 볼 때, 대체로 도시 주민들 간의 인간관계는 비인격적이며, 공식적인 관계가 지배적이고, 인간관계의 분절화를 특성으로 한다. 그러나 농촌에서는 그와 같은 2차적인 관계보다는 친밀하고 인격적인 1차적 관계가 지배적 특성이 된다. ⑤ 대부분의 도시인들은 외부로 드러나는 지위의 상징을 바탕으로 서로를 평가하는 경향이 많다. 그러나 농촌 사람들은 서로 잘 알기 때문에 개인적인 특성을 근거로 서로서로 판단하고 지위를 평가한다. 이와 같은 차이를 고려할 때, 대체로 도시는 익명성, 고도의 분업, 이질성 및 인간관계의 비인격성 등의 특징을 가지고 있는 데 비하여, 농촌은 인구의 동질성, 1차적 관계 및 비공식적 사회통제 등이 지배적인 특성이 되는 지역사회라고 규정해 볼 수 있다.

4) 지역사회의 기능

길버트와 스펙트(Gilbert & Specht, 1974)는 지역사회생활을 통해 발전하는 다섯 가지 기능에 대해 설명하고 있다. 생산 · 분배 · 소비, 사회화, 사회통제, 사회통합, 상부상조의 기능이 그것이다.

(1) 생산 · 분배 · 소비의 기능

생산 · 분배 · 소비의 기능은 지역사회주민이 일상생활을 영위하는 데 필요로 하는 재화와 서비스를 생산하고 분배하며 소비하는 과정과 관련된 기능을 말한다. 현대사회에 있어서 재화와 서비스를 생산하고 분배하는 기능은 주로 기업을 통해서 이루어지고 있으나, 정부를 비롯한 각종 전문기관, 종교단체, 교육기관 등도 이러한 경제적 기능을 담당하고 있다.

생산 · 분배 · 소비의 기능과 관련한 경제제도는 개별적 사회구성원의 차원에서는 생산의 방법과 가족의 욕구충족 방법에 영향을 주며, 지역사회 전체의 차원에서는 사회구성원들이 어느 정도 자립할 수 있는가를 결정짓고, 또 생활을 영위하는 데 필요한 재화와 서비스를 어느 정도 제공받을 수 있느냐를 결정하게 된다.

(2) 사회화의 기능

사회화 기능은 사회가 향유하고 있는 일반적 지식, 사회적 가치, 그리고 행동양식을 그 사회구성원에게 전달시키는 과정을 말한다. 이러한 과정을 통하여 사회구성원들은 자신들이 살아가는 사회에서 오랜 기간 동안 전승 · 발전되어 온 생활양식을 터득하게 된다. 사회화의 과정은 개인의 어린 시절에 특히 중요하나 일생을 통해서 계속되는 것이 보통이다.

(3) 사회통제의 기능

사회통제의 기능은 지역사회가 그 성원들에게 사회의 규범에 순응하게 하는 것을 말한다. 모든 사회는 그 성원들이 지켜야 할 법, 도덕, 규칙 등의 규범을 갖게 되는데, 이러한 규범을 준수하도록 하는 강제력이 결여된 경우 사회질서가 파괴되어 범죄와 비행이 만연되는 사회해체현상을 경험하게 될 것이다.

사회통제를 담당하는 일차적인 기관은 정부로서, 정부는 경찰력과 사법권을 통해서 보편적으로 적용될 수 있는 법을 집행하는 강제력을 발휘한다. 그러나 가정, 학교, 교회와 같은 사회기관들도 이러한 기능을 부분적으로 수행하고 있다.

(4) 사회통합의 기능

사회통합의 기능은 사회체계를 구성하는 부분들 간의 관계와 관련된 기능이다. 사회체계의 성원들은 상호 간에 충성하여야 하며, 사회체계가 정상적인 기능을 하기 위해서 어느 정도의 결속력을 지녀야 한다. 사회화의 기능이 사람들에게 어떻게 행동해야 할 것인가를 가르쳐 주는 수단이고, 사회통제의 기능이 그러한 행동을 하도록 제재하는 수단이라고 한다면, 사회통합의 기능은 사람들 스스로 규범을 준수하여 바람직한 행동을 하도록 하는 것이라고 할 수 있다.

워렌(Roland Warren)은 사회통합이란 용어 대신 사회참여라는 용어를 사용하고 있는데, 이는 지역사회가 제공하는 제반 활동에 그 성원들이 자발적으로 참여하게 하는 것으로서, 이러한 기능을 수행하는 가장 대표적인 제도로 종교제도를 들고 있다. 그러나 다른 사회적 기능에서와 마찬가지로 사회통합에 필요한 사회적 가치와 규범을 만들어 내는 기관들로는 가정, 학교, 사회단체 등을 들 수 있다(최일섭, 1993).

(5) 상부상조의 기능

상부상조의 기능은 사회구성원들이 이상에서 살펴본 주요 사회제도에 의해서 자신들의 욕구를 충족할 수 없는 경우에 필요하게 되는 기능을 말한다. 개인과 가정은 누구나 질병, 사망, 실업, 사고 등의 개인적 이유에서, 또 경제제도의 부적절한 운영에 의해서 자립할 수 없는 경우에 놓이게 되며, 이러한 경우 외부의 도움이 필요하게 된다.

과거의 전통적인 사회에서 상부상조의 기능은 가족과 친족, 이웃, 자선단체와 같은 집단에 의해 수행되었으나, 현대 산업사회에서는 이러한 기능이 정부, 사회복지기관, 종교단체 등으로 옮겨지게 되었다.

5) 좋은 지역사회 만들기

(1) 좋은 지역사회의 조건

대표적인 지역사회학자인 워렌(Warren, 1983; 김종일, 2004 재인용)은 좋은 지역사회의 조건으로 다음의 다섯 가지를 제시하고 있다.

첫째, 성원 사이에 인격적 관계가 이루어질 수 있어야 한다.

둘째, 권력이 폭넓게 분산되어야 한다.

셋째, 다양한 소득, 인종, 종교, 이익집단이 포함되어야 한다.

넷째, 동네 주민들의 자율권이 충분히 보장되어야 한다.

다섯째, 정책형성과정에서 갈등을 최소화하면서 최대의 협력을 도출할 수 있어야 한다.

한편, 미시간대학의 사회복지학자인 펠린(Fellin, 2001; 김종일, 2004 재인용)은 바람직한 지역사회를 역량 있는 지역사회라는 개념으로 정리하고 있다. 그것의 내용은 다음과 같다.

첫째, 내부의 다양한 구성체들이 지역사회의 문제와 욕구를 밝혀내는 데 효과적으로 협력할 수 있어야 한다.

둘째, 목적과 우선순위에 대해 실제적 합의를 이룰 수 있어야 한다.

셋째, 합의된 목표를 달성하기 위한 방법과 수단에 대해 의견일치가 이루어져야 한다.

넷째, 목적을 이루기 위해 요구되는 실천과정에서 효과적 협력이 이루어져야 한다.

다음으로 조선 후기 실학자 이중환(2012)은 『택리지』에서 사람이 살만한 곳으로 이렇게 말하고 있다. 무릇 살 터를 잡는 데는 첫째, 지리(地理)가 좋아야 하고, 다음 생리(生利)가 좋아야 하며, 다음으로 인심(人心)이 좋아야 하고, 또 다음은 아름다운 산과 물이 있어야 한다. 이 네 가지에서 하나라도 모자라면 살기 좋은 땅이 아니다.[1)]

1) 지리는 땅, 산, 강, 바다 등에 대한 형이상학적 이치를 의미하고, 생리는 그 땅에서 생산되는 이익을 말한다(이중환,

그런데 지리는 비록 좋아도 생리가 모자라면 오래 살 수 없고, 생리는 좋더라도 지리가 나쁘면 이 또한 오래 살 곳이 못 된다. 지리와 생리가 함께 좋으나 인심이 나쁘면 반드시 후회할 일이 있게 되고, 가까운 곳에 소풍할 만한 산수(山水)가 없으면 정서를 화창하게 하지 못한다.

여기서 제시한 이중환의 견해를 보면, 아무리 지리적 조건과 경제적 상황이 좋더라도 사람들 사이의 인간관계를 의미하는 인심이 나쁘면 살 만한 곳이 못 된다는 것을 알 수 있다. 주민들 사이의 인격적 관계와 화합이 살기 좋은 지역사회의 조건이 됨을 시사해 주는 대목이다.

김경동(2012)은 좋은 사회, 바람직한 사회를 나타내는 용어로 성숙한 사회라는 개념을 사용하면서, 성숙한 사회는 인간이 인간다움을 갖추고 서로 배려하며 살아가는 사회를 의미하며, 성숙한 사회의 조직 원리로 유연성의 원리, 분권적 다원적 공동체주의적 집합주의, 자발적 복지사회를 제시하고 있다.

첫째, 유연성의 원리는 삶의 질적 향상을 위한 자원의 양적 증가와 질적 개선, 삶의 기회의 확충 및 공정한 배분의 보장을 위해서 생산성, 창의성, 자발성, 협동성 등의 요건을 갖추는 것이다. 이러한 유연성의 원리가 사회가 성숙해 가는 데 유리한 까닭은 다음과 같다.

① 삶의 질적 향상을 위해 필요한 자원을 양적으로 증대시키고 질적으로 개량하자면 자원 창출 활동에서 생산성을 높여야 하고 기술혁신을 비롯한 새로운 아이디어를 필요로 하기 때문에 무엇보다도 창의력이 중요하다. 창의성을 발휘하도록 하는 사회적 조건으로 조직원리와 구조적 틀은 경직해서는 곤란하고 유연함이 있어야 훨씬 유리하다. 유연한 사회에서는 개인과 집단의 적극성과 진취적 자세를 장려하기 때문에 조직과 사회 전체의 효율성을 높일 수 있다.

② 유연한 사회는 의사결정의 성격에서도 탁월하다. 의사결정과정에서 성원들의 자유로운 참여를 더욱 광범위하게 개방함으로써, 일부 성원에 대한 배제와 소외의 문제를 예방할 수 있으므로, 생산성과 효율성의 제고에 긍정적이다. 또한 쓸데없

2012).

이 소모적인 사회의 분쟁, 갈등, 폭력 등을 피하고 사회통합과 협동을 유도할 수 있다. 특히 삶의 기회 보장이라는 의미에서 자원 배분을 둘러싼 의사결정에 누구도 배제하지 않고 더 많은 사람들이 참여할 기회를 제공하게 함으로써 적극적 협조와 헌신 몰입의 유인이 커진다.

③ 유연한 사회는 목표하는 결과를 얻는 데 도움이 된다. 일단 결정한 사회적 목표는 수용하고 채택한 규칙은 서로 존중하려는 태도가 우세하게 되면 그만큼 일탈과 저항에 의한 낭비가 줄어들고 생산성이 높아지며 질서가 잡히고 사회통합을 이룩할 확률이 커진다. 더욱이 목표 달성에 협조하고 규칙에 따르려 할 때 수반할지도 모르는 개인적 희생을 감수하고 자발적으로 공공이익에 공헌하려는 성향을 북돋아 줄 개연성도 크다.

둘째, 분권적 다원적 공동체주의적 집합주의 원리는 사회 내부의 지역들과 부분들이 각기 상대적으로 자율적인 분권적 공동체 단위로 운영되고, 부분 조직단위들도 비교적 자율성이 큰 조직원리를 의미한다.

그런데 분권화하고 다원화하는 사회는 자칫 통합이 어려울 수 있고 지나친 자율은 개별 단위의 자기중심적 성향을 부추길 여지가 있으므로 사회해체의 위험이 따른다. 이를 극복하기 위해서는 공동체주의적 연대와 소속감, 일체감 및 공익 추구의 가치를 강조해야 한다. 따라서 이러한 분권적 · 자율적 사회에서는 지나치게 자기중심적 가치와 규범보다는 집합체 중심의 공동체적 가치와 규범을 중시하는 것도 필요하다.

셋째, 자발적 복지사회 원리란 공동체의 복리를 위한 집합적인 행위에 각자가 자발적으로 참여하고 공공복지의 목표에 자발적으로 봉사하는 원리이다. 어떤 이유나 명분으로든 개인과 집단의 행위를 강제하는 것은 발전의 가치 표준에 어긋나는 비인간적인 일이다. 자발성의 가치는 인간이 권력의 강압이나 금전적인 유인의 강제력에 따라 행동하는 일차원적인 존재임을 거부한다.

실질적으로, 분권적인 사회에서 삶의 질적 향상에 필요한 자원을 확충하고 자원의 공정한 배분을 기하고자 할 때도, 국가의 집권적인 힘만으로는 벅차기 때문에 오히려 시민사회의 자발적 부문이 가진 무한정의 가용자원을 활용하고 협조하는 것이 실질적이고 현명하다. 국가와 시민사회의 자발적 부문 간에 진정한 파트너십이 긴요하다.

이상으로 여러 학자들이 제시한 좋은 지역사회의 조건은 이상적인 지역사회를 전제로 한 것이고, 따라서 이들이 제시한 조건에 완벽하게 부합되는 지역사회는 현실에서 찾아보기가 어려울지도 모른다. 그러나 이들이 제시한 기준을 근거로 해서 현재의 지역사회가 당면한 문제점을 짚어 보고, 또한 이 기준을 목표로 삼아 지역사회의 발전 전략을 모색해 볼 수 있을 것이다.

(2) 행복한 지역사회를 만들어 가는 방법

심리학, 의학, 사회학 분야의 최근 조사를 통해 얻어진 새로운 행복학 이론이 효과가 있는지를 알아보기 위해 2005년 5월부터 영국의 도시 슬라우에서 3개월에 걸쳐 사회 실험이 이루어졌다. 이 실험 연구에서 각 분야에서 전문성을 인정받는 6명의 행복연구 전문가들은 우리가 매일하는 활동을 통해서 행복한 지역사회를 만들어 가는 방법을 제시하였다(Hoggard, 2006). 다음은 그 방법들을 나열한 것이다.

- 새로운 이웃이 이사를 오면 환영회를 열어 주라.
- 반상회에 나가라.
- 지방선거와 총선거의 투표에 참여하라.
- 아마추어 연극단체에 가입하라. 지역사회 모임을 가질 수 있는 이상적인 장소이다.
- 합창단에 들어가거나 연주 서클에 가입하라. 자신의 기술을 타인과 공유하면서 교류할 수 있는 놀라운 방법이 많다. 잘 몰라도 걱정하지 말라. 다양한 악기를 배울 수 있는 초보자용 강좌가 많다.
- 공구대여소를 만들라. 그래서 사다리, 드릴 같은 공구를 이웃들과 함께 사용하라.
- 지역환경단체에 가입하라. 지역사회의 환경에 관심을 갖는 것은 곧 자신의 삶을 윤택하게 만드는 일이다.

- 카풀제를 시작하거나 동참하라.
- 자신이 사는 지역의 역사적인 장소를 걸어서 둘러보는 투어를 계획하고 사람들을 초대하라.
- 자녀의 학교생활에 도움이 될 만한 일이 없는지 찾아보아라. 자원봉사로 급식을 돕거나 방과 후 활동을 지도하라.
- 지역 상점을 애용하라.
- 헌혈을 하라.
- 지역의 공원을 청소하는 모임을 만들거나 녹지를 가꾸는 일에 동참하라.
- 종교 모임에서도 지역 주민들을 초대하는 시간을 가져 보라.
- 아이들의 운동 경기, 연극이나 연주회를 참관하라. 담임선생님과 인사를 나누라.
- 학부모 모임에 참석하라.
- 이웃과 팀을 이루어 아이들을 함께 돌보고 공부를 도우라.
- 친구와 댄스 강습을 들으라.
- 지역의 우체국, 경찰서 또는 학교처럼 중요한 공공기관이 없어지거나 축소되지 않도록 하라.
- 이웃과 바비큐 파티를 하라.
- 이웃에게 도움을 청하라. 다음에 그들이 도움을 청하면 보답하라.
- 모르는 사람에게 인사를 하라.
- 사회복지사가 어떤 일을 하는지 더 많이 알아보라.
- 북클럽이나 지역사회의 쟁점을 토론하는 모임을 만들거나 가입하라.
- 동네 놀이터를 만들라.
- TV를 끄고 이웃, 친구 그리고 가족과 더 많은 대화를 나누라.

이상에서 제시된 방법은 영국 사회의 경험에서 나온 것들로 한국 상황에 맞지 않는 것들도 있을 것이고, 개인적 상황에 따라 적합한 것과 적합하지 않은 사항들이 있을 수도 있다. 그러나 지역 주민들과 상호작용하는 일상생활 과정 속에서 어떻게 하면

서로서로가 즐겁고 행복한 지역사회를 만들 수 있을 것인가를 모색하는 데 참조가 될 만한 방법들이라고 생각한다.

3. 조직과 지역사회와 사회복지실천

1) 조직과 사회복지실천

조직과 사회복지실천과의 관계를 살펴보면 다음과 같다.

첫째, 조직은 지역사회복지실천기술의 하나인 조직화 기술과 관련된다. 조직화 기술은 사회복지실천을 위해 사람들을 모으고, 조직을 만들며 성공적으로 운영해 가는 기술이다. 따라서 조직에 대한 지식을 충분히 알고 있어야 그 지식을 활용하여 조직화 기술을 터득할 수 있을 것이다(최옥채 외, 2007).

둘째, 사회복지실천에서 조직은 자원체계로 간주한다. 사회복지실천에서는 조직의 속성을 지니고 있는 외부의 기관이나 단체로부터 재정 및 인적 자원을 동원하거나 지원을 받아 클라이언트에게 서비스를 제공한다. 그러므로 사회복지사는 자원체계인 조직의 속성을 정확히 이해해야만 보다 효율적으로 자원을 동원할 수 있게 된다(권중돈 · 김동배, 2005).

셋째, 사회복지실천에서 제공되는 서비스는 여러 유형의 조직들 중에서도 특히 주 수혜자가 클라이언트인 봉사조직에 의해 제공된다. 봉사조직은 개인적인 속성을 규정하고 형성하며, 이의 변화를 꾀함으로써 각 개인의 복지를 보호 · 유지 또는 증진함을 주요 기능으로 한다. 봉사조직은 이들 조직이 발전시키고자 하는 어떠한 속성을 지닌 클라이언트와 직접 접촉을 하여 작업을 한다. 클라이언트는 어떤 의미에서 봉사조직의 원료가 되는 것이다. 또한 봉사조직은 서비스를 제공받는 클라이언트의 복지를 보호하고 증진하도록 사회로부터 위임을 받았고, 그래서 그들의 존재를 정당화한다(Hasenfeld, 1992).

봉사조직으로서의 사회복지조직은 클라이언트의 특성과 욕구, 문제에 맞춰 개별화된 서비스를 제공하는 것을 1차적 목적으로 삼고 있기 때문에 조직의 주된 활동이 일선 부서의 사회복지사와 클라이언트 사이에서 주로 이루어진다. 따라서 사회복지조직은 조직의 주도권이 일선 사무단위에 있는 일선조직(front line organization)의 형태를 취한다. 일선조직은 공식적인 위계구조가 존재하기는 하나 운영상의 통제가 조직 주변의 사무 단위에 귀속되고, 각 사무 단위는 상호 독립적으로 업무를 수행한다. 따라서 중앙의 관리자들에게 사무 단위의 활동을 직접 감독하기가 어려운 문제가 발생하며, 결과적으로 일선 사무 단위의 권한을 제한하기 위해 통제조치가 발전한다. 사회복지조직의 경우, 특히 두 가지의 중요한 통제수단이 있는데, 그것은 전문적 훈련과 의사소통이다(Smith, 1984).

사회복지조직에서 사회복지사와 클라이언트 관계의 성격과 질은 조직의 성패를 좌우하는 매우 긴요한 결정요인이기 때문에 일선 업무를 담당하는 사회복지사의 역할은 매우 중요하다. 일선 부서에서 클라이언트와 직접적 관계를 맺고 서비스를 제공하는 사회복지사가 지쳐 있거나, 조직과의 부적응을 경험할 경우 사회복지조직 자체의 목적 달성이 어려워질 뿐만 아니라 클라이언트의 삶의 질에 부정적 영향을 미칠 수 있다. 그러므로 사회복지조직에서는 조직이 어떻게 기능하는지를 정확히 평가하고, 사회복지사들이 조직의 일부분으로 조직과 조화를 이룰 수 있도록 조직관리 업무를 성공적으로 이행해 나가야 한다(권중돈 · 김동배, 2005).

2) 지역사회와 사회복지실천

지역사회는 ① 사회복지실천의 자원, ② 클라이언트, ③ 사회복지실천의 장으로서 의미를 지닌다(최옥채 외, 2007).

첫째, 지역사회는 사회복지실천의 중요한 자원이 된다. 사회복지실천에서 필요한 주요 자원은 인적 자원과 물적 자원으로 구성되는데, 이들 자원을 지역사회의 개인, 기관, 조직, 단체 등이 지니고 있기 때문에 지역사회는 사회복지실천의 자원으로 이해되어야 한다. 그러므로 사회복지사는 지역사회에 산재해 있는 주요 자원을 효율적으로 발굴 · 동원하기 위해서 지역사회를 중시해야 한다.

둘째, 지역사회는 욕구와 문제를 지니는 개인들과 마찬가지로 클라이언트이다. 지역사회는 한결 안정된 상태를 유지하기 위해서나 긍정적 변화를 꾀하기 위해 욕구를 지닌다. 이뿐만 아니라 제때에 해결하지 못한 지역사회의 욕구는 문제의 상황으로 번지게 된다. 이들 지역사회의 욕구나 문제는 사회복지실천의 전문지식과 기술 및 경험을 갖춘 사회복지사의 개입이 필요하다. 그러므로 사회복지사는 개인 클라이언트를 철저히 이해해야 하듯 지역사회에 관해서도 치밀하게 이해한 후 합당한 방법으로 지역사회의 변화를 위해 개입해야 한다.

셋째, 지역사회는 사회복지실천의 장으로서 중요한 의미를 지닌다. 사회복지실천은 클라이언트, 사회복지사, 자원봉사자, 후원자, 가족, 친구, 이웃, 그 외 관련인 등 여러 개인들과 기관, 단체, 시설들이 함께 어우러져 이루어진다. 이들 개인과 기관의 활동이 전적으로 지역사회 안에서 이루어진다는 점에서 사회복지실천에서 지역사회는 중요한 의미를 갖게 된다.

생각할 문제

1. 공식조직의 구성요소에 대해 논의하고, 공식조직에 포함될 수 있는 구체적 조직 유형들에 대해 토론하시오.
2. 조직의 기본 특징에 대해 설명하시오.
3. 사회복지조직이 갖는 일선조직의 특성에 대해 논의하시오.
4. 지역사회의 정의에 포함되는 세 가지 구성요소에 대해 논의하시오.
5. 좋은 지역사회의 조건에 대해 토론해 보시오.

Chapter

14

문화

1. 문화

1) 문화의 정의

문화에 대한 가장 유명한 정의는 1871년 타일러(E. B. Tylor)가 그의 저서 『원시문화(Primitive Culture)』에서 언급한 것이다. 그는 문화를 "지식, 신념, 예술, 도덕, 법률, 관습 그리고 사회구성원으로서의 인간에 의해 얻어진 다른 모든 능력이나 습관들을 포함하는 복합적인 총체"라고 정의하고 있다(Tylor, 1971).

타일러의 정의에서 문화란 매우 광범위한 개념이 된다. 왜냐하면 그것은 인간이 창조한 모든 종류의 지식, 예술, 음악, 기술 그리고 정치 조직, 가족 등을 모두 포함하기 때문이다. 또한 그것은 신념과 가치도 의미한다. 즉, 종교 의례, 행동의 규범, 도덕 그리고 법적인 개념 등을 포함한다. 초기의 사회학자나 인류학자들은 문화의 정의를 내림에 있어 동굴 벽화 또는 피라미드과 같은 물질적인 것들을 포함하였다. 그러나 오늘날의 사회학자들은 일반적으로 물질적 측면을 문화의 개념에서 제외하며, 비물질적 지식을 강조한다. 도구나 돈, 기계 그리고 여타의 사물들은 문화의 산물이지 문화가 아니며, 그러한 것들에 대한 지식이 문화인 것이다. 기본적으로 문화는 지식체계이다.

스펜서(Herbert Spencer)는 문화를 초유기체적 체계라고 불렀다. 그것은 인간 유기체로서의 생물적 본성과는 별개로 그 위에 존재하는 지식의 체계이다. 문화는 본능이나 생리적으로 유래하는 것이 아니다. 그것은 인간의 사회생활을 창조하는 지식으로부터 유래하며, 지식은 물질적인 것이 아니다. 따라서 문화는 인간이 창조하여 온 상징에 의해서 표현된다. 예를 들어, 글이건 말이건 언어는 상징의 가장 중요한 체계이다(Baldridge, 1997).

2) 문화의 내용

볼드릿지(Baldridge, 1997)는 문화의 내용을 다음과 같이 세 가지로 구분하고 있다. 첫째, 경험적 문화는 차를 어떻게 운전하고 우주선을 어떻게 만드는가 하는 것과 같은 지식과 기술, 그리고 무엇이 실체인가를 규정하는 상황정의를 포함한다. 둘째, 심미적 문화는 모든 사회의 미적 기준을 결정해 주는 가치와 이념으로 구성된다. 셋째, 규범적 문화는 사람들이 어떠한 행위를 해야 하고, 또 하지 말아야 되는지를 구체적으로 밝혀준다. 특정 사회에 있어서 무엇이 옳고 그른지를 설정해 준다.

(1) 경험적 문화

① 경험적 지식과 기술

환경을 취급하는 기술인 경험적 지식은 문화의 가장 중요한 측면 중의 하나다. 경험적 문화의 중요한 요소는 주택, 농업, 기계 그리고 산업 생산과 같은 물질적인 문제를 취급하는 지식체계로서의 기술이다. 물질적 세계를 취급하는 인간의 지식은 대대로 이어져 온 문화적 유산의 일부다. 예를 들면, 요리 기술은 그 사회의 중요한 지식의 하나다. 또한 건축법, 가축사육법, 연을 날리는 기술 등은 모두 우리 사회 내의 경험적 지식이 축적된 것이다.

그러나 문화는 경험적 지식을 전수하는 이상의 것이다. 그것은 새로운 지식을 발견하는 방법을 가르쳐 준다. 예전에는 종교와 철학, 마술과 점성술 등을 통해 새로운 지식을 발견했다. 그러나 오늘날 새로운 지식을 발견해 내는 주된 방법은 과학과 경험적 조사의 기술을 통해서이다.

② 상황정의

실제적인 존재 여부와는 관계없이 사람들은 그들이 존재한다고 믿는 것에 의해서 행동한다. 20세기 초의 사회학자인 토마스(Thomas, 1972)는 인간이 무엇을 할 것인가를 결정해 주는 상황정의에 대해 설명하였다. 만일 인간이 어떤 상황을 실체로서 정의한다면 그들은 과학적인 근거에 의해서는 실체가 아니라 할지라도 결과적으로 그것은 인간의 행위를 위해 실체적인 것이 된다. 그리고 문화는 우리가 살아가고 있는 현실 또는 실재에 대하여 우리 스스로 생각하고 판단하기 이전에 미리 상황을 적절하게 정의해 준다. 실재에 대한 사회적 정의는 학습된 것이며, 한 번 사람들이 특별한 방식으로 사회적 실재를 보게 되면 다시 그것을 다른 방법으로 보기는 어렵게 된다.

(2) 심미적 문화

심미적 문화는 미적인 것, 그리고 미의 정의에 관한 것들이다. 세상에는 많은 종류의 예술이 있다. 음악, 무용, 조각, 문학, 시, 그림 등은 거의 모든 사회에서 찾아볼 수 있다. 어떤 미적 대상들은 동시에 유용성을 갖는다. 예를 들어, 창은 그 자체로 유용한 물건이면서도 역시 정교하게 세공되고 채색되어 있다. 그러나 포우의 시, 미켈란젤로의 다윗 조각상, 그리고 베토벤의 음악 등은 직접적인 실용성을 갖고 있지는 않다. 인간은 그가 어디에 살고 있건 누구나 다 예술가다. 그러나 무엇이 아름다운가를 규정하는 것은 문화다.

미에 대한 정의는 절대적인 것이 아니며, 예술의 형태는 사회에 따라 변하고 또 다르다. 현대 예술은 분명히 선사시대의 동굴 벽화, 중세기의 정교한 바로크 예술과는 다르다. 현대 무용은 전통적인 발레와 다르며 아메리칸 인디언의 춤과도 다르다. 현대사회에서는 피카소의 유화나 바흐의 음악, 프로스트의 시를 예술로 규정하고 있다. 그러나 에스키모인은 상아에 그림을 그리고 아프리카 부시맨은 바위에 그림을 그린다. 문화가 다름에 따라 예술도 또한 큰 차이를 보이고 있지만 그들은 각기 자체의 문화에 적합한 것이며, 또 자체의 문화로 판단할 때에는 아름답다고 여겨지고 있다.

(3) 규범적 문화

규범적 문화는 선과 악에 대한 규정을 설정하는 것으로서 인간에게 기대되는 행위 유형을 일컫는다. 그리고 규범적 문화의 영향력은 특별히 일정한 지역 내에서 강력하게 작용하는 것이다. 규범적 문화는 가치와 규범의 두 요소가 중심을 이루고 있다.

① 가치

가치는 인간의 목표, 이념, 행동, 감정 혹은 사건을 평가하는 기준이다. 가치는 일반적이고 각 사회마다 상이하며, 사회 내의 집단마다 다양한 형태를 나타내는 경우도 있다. 가치는 개인이나 집단의 행위 방향을 설정해 주며 특정 행위를 조장하기도 억압하기도 하는 것이다. 예를 들어, 자유, 평등, 정의와 같은 가치는 오늘날 많은 사회에서 사람들의 행동에 영향을 미치는 중요한 가치로 받아들여지고 있다.

② 규범

문화는 규범이라 불리는 행위의 규칙을 규정하며 규범은 선과 악의 기준을 설정한다. 모든 사회는 규범을 갖는다. 그러나 그 규범은 사회마다 매우 다르다.

왜 사람들은 규범에 복종하는가? 첫째로 규범은 일정한 형태의 정당성에 의해 뒷받침되기 때문이다. 어떤 경우에는 그러한 정당성은 아주 명백한 것으로서 살인이나 강도, 물리적인 공격을 제재하는 규칙들의 정당함을 입증해야 할 필요가 거의 없다. 그러나 어떤 경우에는 그러한 규칙에 대한 합리적인 근거를 거의 찾아볼 수 없다. 간통은 왜 금지되어야 하며, 왜 신사는 악수를 하고, 왜 사람들은 마리화나를 피워서는 안 되는가 하는 것에 대한 객관적인 근거는 없다. 이러한 경우 정당성은 일반적으로 신의 계시(십계명은 간통을 악으로 금지하고 있다) 또는 전통(타인과 악수로 인사하는 것) 또는 사회적 선(만일 모든 사람들이 마리화나를 피운다면 누가 일할 것인가!)에 기반을 두고 있다. 흔히 그러한 정당성은 국외자에게는 아무런 의미도 갖지 못한다. 그러나 그 문화권 내의 사람들에게는 규범을 위한 훌륭한 근거가 되고 있다.

두 번째로 정당성과 더불어 규범은 상벌에 의해 유지된다. 즉, 벌이건 상이건 간에 그것은 사람들을 복종시키는 강제력을 갖는다. 어떤 규범들에서는 상벌은 대단치 않다. 즉, 스푼을 잘못 사용한다든지 공적인 장소에서 트림을 한다든지 하는 것은 기껏해야 얼굴을 찡그리는 정도의 반응을 받을 뿐이다. 그러나 중요한 규범에 대한 상벌은 매우 엄격하여 벌금이나 징역, 추방, 사형 등이 포함된다.

벌만이 규범에 복종하게 하는 것은 아니며 대부분의 경우에 사람들은 상 때문에 그 규범에 복종하게 된다. 대체로 회유하는 것이 위협하는 것보다는 효과적이다. 그들이 규범에 복종하면 상을 받으며 규범을 어길 때는 벌을 받는다. 상과 벌은 동전의 양면과 같다.

사람들이 규범에 복종하는 세 번째 이유는 그들이 그러한 규범에 따라 행동하는 것을 당연한 것으로 받아들이도록 그러한 문화적 규칙 속에서 계속해서 살아왔기 때문이다. 오랫동안 일정한 문화적 규칙에 접하게 됨으로써 사람들은 이를 받아들이게 되고 자신들의 일부가 되게 한다. 즉, 내면화하는 것이다. 대부분의 사람들은 좀처럼 그들의 행위에 대해서 상이나 벌을 받지 않는다. 그들은 사회적으로 깊이 세뇌되어 있기 때문에 거의 규범을 위반하고자 하는 생각을 갖지 못한다. 실제로 대부분의 경우에 있어서 사람들은 그러한 규범 위반이 가능하다는 것조차 인식하지 못한다.

③ 규범의 종류

일반적으로 규범은 강제력의 엄격성 정도에 따라 민습(folkways), 원규(mores), 법(laws)으로 구분하다. 섬너(Sumner, 1971)는 민습과 원규라는 개념을 사회학에 도입한 학자이다. 그에 의하면 민습은 사회생활을 지배하지만 변화하기 쉽고, 사람들이 의도적으로 수정할 수 있는 규범이다. 이에 비해 원규는 사회의 존속과 유지에 본질적이고 쉽게 변화하지 않는다. 민습은 원규가 될 수 있고, 민습과 원규는 모두 법의 형태로 제도화될 수 있다. 민습, 원규, 법의 특성에 대해 구체적으로 알아보면 다음과 같다(안계춘 외, 1990).

- 민습: 민습이란 사람들이 일상생활에 있어 거의 무의식적으로 따르는 습관이나 전통적 행위지침을 일컫는다. 민습의 예로는 식사 예절, 때와 장소에 따라 적절하게 옷 입는 법, 말씨, 사람들과 만나고 모임을 할 때의 예절 등을 들 수 있다. 이와 같은 습속은 한 사회에 있어서 오랜 세월을 거친 시행착오의 경험을 통하여 형성되고 만들어져서 그것이 여러 세대에 걸쳐 전승되면서 사회구성원들에게 인습적이고 습관적인 행위양식으로 정착된 것이다. 따라서 우리가 왜 포크 대신 젓가락을 사용하는 것이 바람직한 것인가 라는 질문을 받는다면 그것이 우리의 전통과 관습이라고밖에 말할 수 없다. 다시 말해, 민습의 정당성은 전통에 바탕을 둔다. 이와 같은 민습의 경우 그것을 따르지 않는 사람이 있을 경우라도 그에 대한 강력한 처벌이나 제재는 발생하지 않는다. 민습을 어긴 대가는 비교적 가벼운 사회적 비난이나 꾸지람, 얼굴 찌푸리기 정도로 끝난다. 다만, 이러한 민습으로 인하여 사회는 사람들 간에 무절제한 개인행동이 억제되고 서로 조화로운 상호작용이 가능하게 됨으로써 사회생활이 원활해지게 된다. 섬너에 의하면 민습은 한없이 반복되는 결과로서 강제적이 되고, 모든 사람이 동조하지 않을 수 없게 되며, 사회생활을 지배한다고 하였다.
- 원규: 원규는 사회의 안녕과 가치의 수호를 위해 가장 중요하다고 간주되는 규칙들이다. 원규의 예로는 일부일처제 및 배우자에 대한 정절, 어른에 대한 존경, 국가에 대한 애국심, 종교적 상징 및 의례에 대한 경외심, 근친상간 금기, 간통 금지 등을 들 수 있다.

  이와 같은 원규는 사회 질서에 직접적이고도 중요한 영향을 미치는 것으로 간주되기 때문에 이의 위반은 엄한 사회적 비난, 회피, 사회관계 단절, 육체적 공격 등 엄격한 제재가 따른다.

  원규의 정당성은 사회적 선이나 종교에 기반을 둔다. 즉, 원규의 정당성은 만일 원규가 위반되는 경우 사회가 혼란해질 것이라든가 신의 계시라고 믿는 데서 나오고 있다. 그러나 여기서 한 가지 유의해야 할 점은 그와 같은 정당화가 반드시 타당한 것만은 아니라는 사실이다. 예를 들어, 일부일처제를 위반하는 일은 현재의 가족구조에 부정적인 영향을 미치겠지만, 그렇다고 해서 사회 자체가 파괴되리라는 보장은 없다. 다만, 사람들이 그것을 확고히 믿고 있기 때문에 그러한 원규에 복종하는 것이다. 따라서 원규의 내용은 사회에 따라 달라질 수 있다는 사실을 알아 두어야 한다.

- 법: 대부분의 사회에서는 규범을 보다 공식화하여 법으로 제정한다. 법은 몇 가지 특별한 성격을 갖는 규범이다. 첫째, 법은 국가에 의하여 공식적으로 제정된다. 따라서 법의 정당성은 이러한 공식적인 제정에 기반을 두고 있다. 둘째, 법은 합리적인 이해가 가능하도록 성문화되며 엄격한 법률적 해석에 따르게 된다. 셋째, 법은 경찰, 검찰, 법원 등 사회통제기관에 의해 강제력을 갖고 집행된다. 넷째, 법은 분명하고 구체적인 형벌규정을 갖는다.

  법은 민습을 공식화하기도 하고 원규를 지지하기도 한다. 대체로 법과 원규는 일치한다. 예를 들어, 법과 원규 모두 살인과 노눅질 등을 규제한다. 그러나 원규가 뒷받침되지 않는 법도 있다. 예를 들면, 도박의 금지는 원규의 뒷받침이 없는 법이다. 따라서 이러한 법은 자주 위반된다. 한편, 법으로 제정되지 않는 원규도 있다. 원규에 의하면 결혼하지 않은 여자를 임신시킨 남자는 그녀와 결혼해야 한다. 그러나 법이 이를 강제하고 있지는 않다.

  일반적으로 법은 원규에 의해 뒷받침될 때 더욱 효과적이다. 그리고 원규는 법에 의해서 강조될 때 더욱 큰 힘을 갖는다.

3) 문화의 속성

문화는 사람들 시이에 공유되고 학습되는 것이며, 그 내용은 축적되고, 하나의 전체를 이루며, 항상 변화한다. 이러한 문화의 속성을 구체적으로 알아보면 다음과 같다(한상복 외, 1985).

(1) 문화는 공유된다

한 사회구성원들의 행동을 자세히 관찰하면 그 어느 사람도 똑같이 행동하지 않는다는 사실을 발견할 수 있다. 어떤 사람은 매운 음식을 좋아하고 어떤 사람은 싫어하며, 어떤 사람은 꽃가꾸기를 좋아하는가 하면 또 어떤 사람들은 그런 것에 아무런 관심을 보이지 않는다. 이와 같이 사회구성원 개개인은 나름대로의 독특한 취향 또는 버릇이 있을 수 있다.

그러나 다른 한편으로 구체적인 행위에 있어서의 이런 개인 차이에도 불구하고 우리는 한 사회구성원들의 행위에서 다른 집단의 것과 구별될 만한 어떤 공통적인 경향을 발견할 수 있다. 한 사회구성원들 개개인의 독특한 취향이나 버릇이 아닌, 이런 공통적인 경향을 우리는 문화라고 부르고 있다. 우리가 개성을 아무리 값진 것이라고 강조하더라도, 우리가 실제로 하는 행동의 대부분은 우리가 소속하고 있는 집단의 행동양식을 따르고 있다. 이런 의미에서 문화는 집단성원에 의해 공유되는 것이라고 말할 수 있다.

문화의 이런 속성은 집단성원에게 사회생활을 원활히 하기 위한 공동의 광장을 마련해 주고 있다. 우리는 사회의 다른 성원들과 함께 공유하고 있는 언어로 의사소통을 할 수 있고, 특정의 상황에서 상대방이 어떻게 행동할 것인지 그리고 그들이 우리로부터 무엇을 기대할 것인지를 어느 정도 예측할 수 있기에 사회생활이 가능하다.

한 사회구성원들에 의하여 공유되고 있는 것으로서의 문화에 유의한다면, 우리는 또한 그 사회의 단위에 따라서 여러 가지 상이한 차원의 문화를 이야기할 수 있다. 즉, 한국사람들이 공유하고 있는 행동양식 및 사고양식을 한국 문화라고 부를 수 있는 반면, 한국사회를 구성하고 있는 수많은 하위집단들에 특징적으로 나타나는 행동양식으로서의 하위문화(subculture)를 이야기할 수도 있다.

(2) 문화는 학습된다

우리는 우리 사회의 다른 성원과 많은 것을 공유하고 있다. 우리의 체질적 특성을 예로 들어 보면, 한국인은 몽고인종으로 분류된다. 우리의 머리카락은 백인들의 금발과도 흑인들의 곱슬머리와도 다르다. 그러나 우리는 그것을 우리의 문화라고 말하지는 않는다. 우리는 또한 매일 식사를 하고 잠을 잔다. 그러나 식사하고 잠자는 것 그 자체를 우리는 문화라고 말하지는 않는다. 우리의 머리카락은 생물학적인 특성의 하나이고, 식사하고 잠자는 것은 본능적인 행동의 일부이다. 즉, 공유된 것이 모두 문화가 아니라 어떤 것이 문화적인 것으로 간주되기 위해서는 학습된 것이어야 한다.

사람은 특정의 문화를 갖고 태어나는 것이 아니라, 단지 학습할 능력만을 갖고 태어난다. 그가 그런 능력으로 어떠한 문화를 학습할 것인지는 성장과정에서 그가 접한 문화적인 환경에 의하여 좌우된다. 우리가 사용하는 언어는 이의 좋은 예가 될 것이다. 한국 사람은 한국어를 가지고 태어나는 것이 아니라, 단지 후천적으로 한국어를 배워 익힌다.

우리가 문화는 학습된다는 점을 강조할 때 중요한 것은 그것이 비유전적인 수단에 의해서 습득된다는 사실이다. 즉, 행동양식으로서의 문화는 어떤 부모에게서 태어났는지 또는 부모로부터 어떤 유전자를 전해 받았는지와는 아무런 상관이 없다. 다른 동물들과 마찬가지로 인간은 음식물을 먹고 싶은 생물학적 욕구를 가지고 있고 또한 먹어야 살 수 있다. 그러나 다른 한편으로 이런 욕구를 충족시키는 방식, 즉 어떤 음식물을 어떻게 요리해서 언제 먹는지는 나라에 따라 많은 차이를 보이고 있다. 이런 방식들은 유전적으로 얻어진 것이 아니라, 어린 시절부터 사회화 과정을 거치면서 학습된 것이다.

(3) 문화는 축적적이다

인간행위의 대부분이 학습된 것이지만, 학습이 인간 고유의 것은 아니라는 점이 이제는 거의 부인할 수 없는 사실로 받아들여지고 있다. 비록 정도의 차이는 있지만 인간 이외의 다른 동물의 행위에서도 학습행위가 나타나고 있다. 특히, 우리 인류와 체질적으로 가장 가까운 관계에 있는 원숭이와 유인원들의 사회에서 이런 학습행위가 많이 나타나고 있음이 밝혀졌다.

1953년에 일본의 원숭이 집단을 연구하던 학자들이 관찰한 원숭이들의 학습행위는 이미 학계에 널리 알려져 있다. 그들은 원숭이들이 서식하고 있는 한 섬에서 연구를 계속하고 있었다. 연구자들은 이 원숭이에게 정기적으로 모래와 흙이 묻은 고구마를 먹이로 던져 주었다. 그때마다 원숭이들은 고구마를 움켜쥐고 털에 문질러 흙과 모래를 닦아 내고 나서 먹었다. 어느 날 그중의 한 마리가 던져 준 고구마를 움켜쥐고 달아나다가 해변가에서 바닷물에 떨어뜨렸는데, 흙과 모래는 깨끗이 씻겨지고 오히려 먹기 좋을 정도로 짭짤한 맛까지 추가된 고구마를 얻을 수 있었다. 이것은 우연하게 얻어진 하나의 경험적 지식이었다.

그 후 고구마를 바닷물에 씻어 먹는 관습은 한 마리 두 마리씩 다른 원숭이에게로 퍼져 나갔고, 수년 후에는 결국 그 원숭이 집단의 80~90%의 원숭이들이 먹이만 던져 주면 가능한 대로 많이 움켜쥐고 바닷가로 달려가 씻어 먹더라는 것이다. 이것은 한 마리의 원숭이에 의해 얻어진 경험적 지식이 그 집단의 다른 성원들에 의하여 학습되었음을 분명히 말해 주고 있다.

그렇다면 원숭이들도 학습된 행위로서의 문화를 가지고 있다고 말할 수 있을까? 학자에 따라서 이것을 문화적인 행위로 보고, 원숭이의 문화라고 부르기도 한다. 그러나 다른 한편, 이 원숭이들의 학습된 지식은 그것이 활용되는 구체적인 현장을 목격하지 않고는 결코 다른 원숭이들에게 전해지지 않는다는 점에서, 인간의 학습행위와는 근본적으로 차이가 있음을 알 수 있다. 원숭이의 경우에는 고구마를 씻어 먹는 현장을 목격하지 않은 새끼원숭이들이 그런 경험적 지식을 터득하려면 윗세대가 거친 시행착오의 과정을 다시 반복해야만 하지만, 인간의 경우는 윗세대의 경험적 지식은 언어를 통해서 다음 세대에 전해지고 축적된다.

이처럼 문화는 한 세대에 의해서만 학습되고 공유되는 것이 아니라, 그것이 한 세대에서 다음 세대로 전승되는 사회적 · 역사적 소산이다.

(4) 문화는 하나의 전체를 이룬다

한 사회의 문화는 타일러가 말하고 있는 바와 같이 지식, 신념, 예술, 도덕, 법, 관습 등 수많은 부분들로 구성되어 있다. 그러나 한 사회의 문화를 구성하는 이런 부분들은 각기 독립적으로 존재하는 것이 아니라 상호 긴밀한 관계를 유지하면서 하나의 전체(a whole) 또는 체계(system)를 이루고 있다. 한 사회의 문화를 구성하고 있는 부분들은 복잡하고도 놀란 만한 방식으로 상호 밀접한 관련을 맺고 있어서 한 부분에 이상이 생기거나 변동이 일어나면 연쇄적으로 다른 부분에 영향을 미치게 된다. 예를 들어, 현대 산업사회에서 과학 기술의 발달은 그 영역 자체에서 그치는 것이 아니라 산업화와 도시화, 전통적인 가족과 친족제도, 전통적인 신앙체계 등 사회의 여러 영역에 걸쳐 엄청난 변화를 가져왔다.

(5) 문화는 변화한다

시간적 차원에서 보면 문화는 결코 정체적인 것이 아니라, 항상 변화하고 있다. 우리가 아무리 문화의 축적적 성격과 연속적 성격을 강조한다고 하더라도, 현재 우리의 문화가 100년, 200년 또는 1000년 전의 문화와 같다고 말할 사람은 아마도 없을 것이다. 이처럼 시각을 넓혀서 장기간에 걸친 문화과정을 보면 문화는 점진적인 변화를 거듭하고 있음을 알 수 있다.

그러면 문화변동은 왜 일어나는가? 첫째는 사회 내의 혁신에 의해 문화변동이 일어난다. 사람들은 일상생활과정에서 그들이 직면하고 있는 문제들에 대해 항상 새로운 해결 방법을 시험한다. 어떤 사람에 의해 발견된 새로운 지식이 사회생활에 효과적으로 이용될 수 있다는 점이 밝혀지면, 이것은 사회의 다른 성원들에 의해서 학습되고 전체사회에 확산된다. 이런 식으로 혁신들은 그 사회의 문화의 한 부분으로 수용되고 굳어진다. 그뿐만 아니라 이런 혁신은 문화의 다른 부분과 상호작용하는 과정에서 연쇄적 변동을 유발하여 전체로서의 문화변동이 일어난다.

다음으로 문화변동은 외부적 요인에 의해 일어나기도 한다. 즉, 문화 간의 접촉으로 전파되어 들어온 문화요소가 기존의 문화요소들과 접촉하는 과정에서 추가적인 변동을 유발하기도 한다. 이와 같이 문화변동이 내부적인 요인에 의한 것이든, 외부적인 요인에 의한 것이든 간에 변동은 문화의 기본적 속성의 하나임에 틀림없다.

4) 민족 중심주의와 문화적 상대주의

민족 중심주의와 문화적 상대주의는 우리 자신의 문화와 우리와는 전혀 다른 다양한 문화를 접할 때 어떠한 관점과 태도를 가지고 볼 것인가 하는 문제와 관련된다. 한 문화의 성원들이 다른 문화의 성원들이나 가치관에 대해 느끼는 사회심리적 태도를 이해하는 것은 중요하다.

(1) 민족 중심주의

사람은 흔히 자기네들의 관습적 행동과 태도가 가장 옳은 것이라고 간주하는 경향이 있다. 따라서 자신의 문화적 가치와 규범은 당연하고 정당한 것으로 받아들이고 그와는 다른 집단들의 가치와 규범은 부도덕하고 열등하며, 비합리적이고 미신적이라고 생각한다. 이와 같이 한 집단이나 사회의 성원들이 자기네 문화가 옳은 것이며 가장 우수하다고 믿는 태도를 민족 중심주의(ethnocentrism)라고 말한다.

민족 중심주의는 다소간의 차이는 있다 하더라도 모든 사회의 사람들에게서 나타나고 있다. 고대 중국인은 서양인을 공자의 사상을 읽을 수 없고, 이해하지도 못하는 야만인들로 본 반면, 서양인은 동양의 저주받은 이교도에게 복음을 전파하기 위해 선교사를 파견하였다. 대학의 클럽은 각기 자기들 클럽이 더 좋다고 한다. 대학의 노래들도 자기들 것이 제일 좋다고 한다.

가벼운 정도의 민족 중심주의는 정상적이고 합리적인 것이다. 집단의 일체감과 자부심 같은 정상적인 의식은 민족 중심주의에 의해 강화된다. 유대인들의 강한 일체감은 민족 중심주의를 향상시켜 왔으며 그것은 혹독한 박해 아래서도 유대 민족의 응집력과 도덕성을 증대하는 데 기여하여 왔다. 이런 측면에서 민족 중심주의는 긍정적인 기능을 한다.

그러나 민족 중심주의가 극단적 현상으로 나타날 때 이는 사악하고 추악한 것이 될 수 있다. 민족 중심주의는 민족과 민족 간에 또는 한 사회를 내적으로도 분열시킨다. 왜냐하면 그것은 민족적 증오와 계급갈등의 뿌리가 되고 있기 때문이다. 극단적인 민족 중심주의는 다른 집단을 욕하기 위한 추한 별명을 만들어 낸다. 검둥이, 더러운 유대인 등이 그 예이다. 일반적으로 극단적 민족 중심주의는 다른 집단에 대한 편견과 차별 대우를 낳는다. 편견은 다른 집단에 대한 부정적 태도이고, 차별 대우는 부정적 행위이다(Baldridge, 1997).

(2) 문화적 상대주의

문화적 상대주의는 한 사회의 문화적 행위나 가치는 그 문화의 맥락에서 판단해야 한다는 신념을 말한다. 한 사회의 관습이나 가치는 그 자체만을 떼어서 옳고 그르다든가, 혹은 좋고 나쁘다고 말할 수 없는 것이다. 말하자면 인간이 어떻게 생각해야 하고 행동해야 하며 무엇을 믿어야 하는가에 대한 보편적이고 절대적인 진리는 거의 존재하지 않는다고 할 수 있다. 즉, 각자의 문화는 그 문화의 관점에서 파악되고 이해되어야 한다(안계춘 외, 1990).

문화의 상대성에 대한 이해를 돕기 위해 음식에 대한 금기현상을 예로 들어 본다. 한국과 중국, 유럽, 아메리카 등의 나라에서는 돼지고기를 즐겨 먹는다. 이에 반해 유대교와 이슬람교도들은 돼지고기 먹는 것을 금지하고 있다. 이러한 문화적 차이를 어떻게 설명할 수 있을까? 해리스(Harris, 1988)는 그의 저서에서 다음과 같이 설명하고 있다. 유대교와 이슬람교도들이 돼지고기 먹는 것을 금기하는 것은 돼지 사육이 중동지방의 문화와 생태계에 적합하지 않았기 때문이라는 것이다. 돼지는 중동의 여러 지방의 덥고 건조한 기후에서는 신체구조적으로 잘 견뎌 내지 못한다. 양이나 염소와 비교해 볼 때, 돼지는 체온 조절 능력이 약하고 고온과 직사광선하에서는 죽고 만다. 그리고 중동의 유대교와 이슬람교도들은 역사적으로 농업과 목축이 혼합된 유목민 생활을 해왔다. 유목민들에게 돼지는 재산의 가치보다는 오히려 삶에 해를 가져올 수 있는 위협적인 존재로 인식되었다. 유목민들에게 있어 돼지가 지닌 큰 약점은 유목 생활에 꼭 필요한 우유를 얻을 수 없고 먼 거리를 몰고 다니기가 무척 어렵다는 점이다. 그래서 유대교와 이슬람교도들 사이에서는 돼지를 사육하고 돼지고기를 먹고 싶어 하는 유혹을 물리치는 방법으로 돼지고기에 대한 종교적 금기의 형태가 나타났다는 것이다.

이처럼 한 사회에서 지켜지는 특정한 문화는 그럴 만한 이유가 있고, 그 사회의 문화는 그 사회구성원들에게는 가치가 있지만 다른 문화를 가진 사람에게는 기이한 것으로 보일지 모른다.

2. 문화와 사회복지실천

문화는 모든 인간의 생활세계를 규정해 준다. 문화는 상황을 정의하고, 태도 및 가치를 결정하며, 사람들에게 행동지침을 제공함으로써 인간행동을 규제하고 영향을 미치게 된다(안계춘 외, 1990). 문화에 대한 깊이 있는 이해는 사회복지사들이 자기 자신과 클라이언트의 생활세계와 행동양식을 파악하는 데 도움을 주며, 이는 결국 사회복지실천의 향상에 기여하게 된다.

먼저 사회복지사는 자신이 속한 집단의 문화를 잘 이해하고 있어야 한다. 자신이 성장해 온 집단과 현재 속해 있거나 일하고 있는 집단의 문화를 성찰해 보아야 한다. 그래야 자신의 사고, 태도, 가치, 행동양식을 스스로 알 수 있고, 자신과 다른 집단의 문화와는 어떠한 차이가 있는지를 인식할 수 있다. 이러한 자아성찰과 인식은 사회복지사들이 자신이 속한 집단의 문화에 대한 자긍심을 가지면서도 자신의 것을 남에게 강요하지 않고, 다른 집단의 문화를 인정하고 받아들이는 태도를 기르는 데 도움이 된다.

다음으로 사회복지사는 문화적 상대주의 관점에서 자신과는 다른 집단의 문화를 바라보아야 한다. 사회복지사는 사회복지실천 현장에서 자신과는 다른 가치, 규범, 지식, 미적 기준들을 가지고 있는 개인, 가족, 집단, 조직, 지역사회들과 접촉하게 된다. 자신과 다르다고 하여 열등하거나 비합리적이라거나 부도덕하다고 판단해서는 안 된다. 그리고 자신이 갖고 있는 가치와 사고, 행동양식을 클라이언트들에게 강요해서도 안 된다. 자신과는 다르더라도 각 집단의 문화는 나름대로의 그럴 만한 이유가 있고 그 문화가 처한 환경과 맥락 속에서 이해하도록 해야 한다.

생각할 문제

1. 문화의 정의에 대해 논의하시오.
2. 규범의 종류와 특성에 대해 논의하시오.
3. 사회복지사가 자신과 다른 집단의 문화에 속하는 클라이언트를 접촉할 때 가져야 할 태도에 대해 토론하시오.

참고문헌

강문희 · 신현옥 · 정옥환 · 정정옥(2006). 『아동발달』. 경기: 교문사.
곽형식 외(2002). 『인간행동과 사회환경』. 서울: 형설출판사.
권육상 외(2004). 『아동복지론』. 서울: 유풍출판사.
권중돈 · 김동배(2005). 『인간행동과 사회환경』. 서울: 학지사.
김경동(2012). 『자발적 복지사회: 미래지향적 자원봉사와 나눔의 사회학』. 서울: 아르케.
김동배 · 권중돈(1998). 『인간행동과 사회복지실천』. 서울: 학지사.
김문준(2007). Maslow의 인간주의심리학으로 본 율곡 성리학. 『율곡사상연구』, 15.
김미경 외(2005). 『현대사회의 이해』. 서울: 형설출판사.
김상윤(2010). 『아동발달』. 서울: 학지사.
김예식(1998). 인지치료에 기초한 기독교인의 우울증 치유. 장로회신학대학교 대학원 박사학위논문.
김일옥 · 이자형(2003). 학령 전 아동을 위한 영양교육 프로그램의 개발과 효과에 관한 연구. 『아동간호학회지』, 9(1), 46-56.
김일옥 · 최경순(2004). 『아동 건강과 영양』. 파주: 양서원.
김종일(2004). 『지역사회복지론』. 경기: 현학사.
김태련 · 장휘숙(1996). 『발달심리학』. 서울: 박영사.
김형태(2009). 『상담의 이론과 실제』. 서울: 동문사.
김호인(2010). 2세 영아의 사회정서발달 평정척도 개발. 덕성여자대학교 대학원 박사학위논문.
노안영(2003). 『성격심리학』. 서울: 학지사.
문은희(1994). 우리의 문화현상과 행동 특징. 『현상과 인식』, 18(2), 47-67.
박경애(1998). 『인지 · 정서 · 행동치료』. 서울: 학지사.
박경애(1999). 『인지행동치료의 실제』. 서울: 학지사.
박대근(2005). 유아기 대 · 소근육 운동 발달의 과정적 특성. 중앙대학교 대학원 박사학위논문.
박성연 · 도현심(2006). 『아동발달』. 서울: 동문사.
박성희(2001). 『상담과 상담학』. 서울: 학지사.
박아청(1992). 『성격심리학』. 서울: 교육과학사.
박화윤 · 안라리(2005). 유아의 형제관계의 질과 또래유능성 및 정서능력 간의 관계. 『유아교육연구』, 25(1), 92-108.
서영숙 · 서혜전 · 정영희 · 양영아 · 안소영 · 이종현 · 남미선(2007). 『보육과정』. 경기: 공동체.
송명자(1996). 『발달심리학』. 서울: 학지사.
송명자(2008). 『아동발달』. 서울: 학지사.
안계춘 외(1990). 『현대사회학의 이해』. 서울: 법문사.
어주경 · 정문자(1999). 저소득층 가족의 경제적 어려움이 아동의 자존감에 미치는 영향. 『아동학회지』,

20(2), 21-40.
엄신자(2007). 『인간행동과 사회환경』. 서울: 인간과 복지.
여성한국사회연구회 편(1995). 『가족과 한국사회』. 서울: 경문사.
오신택(2015). 칼 로저스의 인간중심 상담에서 키에르케고어 철학의 수용. 『해석학연구』, 36.
유안진 · 김혜선(1996). 『인간발달』. 서울: 한국방송대학교 출판부.
유홍준(1994). 『조직사회학』. 서울: 경문사.
윤호균(1983). 『삶, 상담, 상담자』. 서울: 문지사.
이광자 · 엄신자 · 손승영 · 전신현(2000). 『21세기의 사회학』. 서울: 학지사.
이근홍(2007). 『인간행동과 사회환경』. 경기: 공동체.
이무석(2006). 『정신분석에로의 초대』. 서울: 이유.
이봉주 · 김선숙 · 김낭희(2010). 한국 아동 발달에 대한 탐색적 연구—가구의 사회경제적 특성과 사회자본의 영향을 중심으로—. 『한국아동복지학』, 31, 108-141.
이소희 외(2005). 『인간행동과 사회환경』. 경기: 학현사.
이영희(1994). 칼 로저스의 인간 중심 상담이론의 철학적 함의. 『한국심리학회지: 상담과 심리치료』, 6(1), 1-20.
이옥형(2002). 『아동 · 청소년발달』. 서울: 집문당.
이인정 · 최해경(2001). 『인간행동과 사회환경』. 경기: 나남출판.
이장호 · 정남운 · 조성호(2005). 『상담심리학의 기초』. 서울: 학지사.
이재연 · 이옥(1995). 『아동문제』. 서울: 교육과학사.
이정덕(1995). 『아동발달학』. 서울: 수학사.
이정미(2005). 인지상담을 기초로 한 열등감 극복에 대한 연구. 한일장신대학교 한일신학대학원 석사학위논문.
이종복 · 전남련(2005). 『인간행동과 사회환경』. 서울: 형설출판사.
이준우 · 이화옥 · 임원선(2005). 『사회복지실천론』. 서울: 인간과복지.
이중환(2012). 『택리지』. 서울: 을류문화사.
이형득(1993). 본성실현상담의 이론적 배경. 『발달상담연구』, 창간호, 27-60.
이형득(1994). 『상담이론』. 서울: 교육과학사.
이효재 편(1988). 『가족 연구의 관점과 쟁점』. 서울: 까치.
전병재(1997). 『인간과 사회』. 서울: 경문사.
정옥분(2000). 『성인발달의 이해—성인 · 노인심리학』. 서울: 학지사.
정옥분(2007). 『아동발달의 이해』. 서울: 학지사.
정재식(1985). 한국종교전통에 나타난 긍정의 논리. 『동방학지』, 제46 · 47 · 48합집, 683-720.
조대경 외(1999). 『정신위생』. 서울: 중앙적성출판사.
조흥식 외(2006). 『가족복지학』. 서울: 학지사.
천성문 외(2009). 『상담심리학의 이론과 실제』. 서울: 학지사.
최순남(2002). 『인간행동과 사회환경』. 서울: 법문사.

최옥채 · 박미은 · 서미경 · 전석균(2007). 『인간행동과 사회환경(제3판)』. 경기: 양서원.

최일섭(1993). 『지역사회복지론』. 서울: 서울대학교 출판부.

표갑수(2000). 『아동청소년복지론』. 경기: 나남출판.

한상복 · 이문웅 · 김광억(1985). 『문화인류학개론』. 서울: 서울대학교 출판부.

한승호 · 한성열(1998). 『칼 로저스의 카운슬링의 이론과 실제』. 서울: 학지사.

한완상 · 한균자(2000). 『인간과 사회』. 서울: 한국방송통신대학교 출판부.

허혜경 · 김혜수(2002). 『청년발달심리학』. 서울: 학지사.

황미나 · 황정혜 · 김지은(2010). 저출산 극복을 위한 불임부부 지원사업 현황과 정책방향. 한국보건사회연구원 연구보고서.

현외성 외(2001). 『노인케어론』. 경기: 양서원.

Ahadi, S. A. & Rothbart, M. K.(1994). Temperament, development, and the big five. In C. F. Halverson, Jr., G. A. Kohnstamm, & R. P. Martin(Eds.), *The developing structure of temperament and peraonality from infancy to adulthood*. Hillsdale, NJ: Erlbaum. pp.189-207.

Allen, K. E. & Marotz, L. R.(1999). *Developmental profiles: pre-birth through eight(3rd ed.)*. Albany, NY: Delmar Publishers.

Anglin, J. M.(1993). Vocabulary Development: A morphological analysis. *Monographs of the Society for Research in Child Development*, 58(10, Serial No. 238).

Ashford, J. B., Lecroy, C. W., & Lortie, K. L.(2001). *Human Behavior in the Social Environment (2th ed.)*. CA: Wadsworth/Thomson Learning. Belmont.

Baker, P. L.(1999). *The social work dictionary(4th ed.)*. Washington, DC: NASW Press.

Baldridge(1997). 『사회학』. 이효재 · 장하진 공역. 서울: 경문사.

Bandura, A. & Walters, R. H.(1963). *Social learning and personality development*. New York: Holt, Rinehart and Winston, Inc.

Bandura, A., Ross D., & Ross, S. A.(1961). Transmission of aggression through imitation of aggressive models. *Journal of Abnomal and Social Psychology*, 63, 575-582.

Barrett, D. E. & Frank, D. A.(1987). *The effects of undernutrition on children's behavior*. New York: Gordon & Breach.

Beck, A.(1979). *Cognitive therapy of depression*. New York: The Guilford Press.

Berk, L. E.(2000). *Child development(5th ed.)*. Boston: Allyn & Bacon.

Bernard, J.(1973). *The sociology of community*. Illinois: Scott, Foresman and Company.

Berry, R.(2003). 『30분에 읽는 프로이트』. 이근영 역. 서울: 중앙 M & B.

Blau, P. M. & Scott, W. R.(1962). *Formal organizations: a comparative approach*. California: Chandler Publishing Company.

Bordin, E. S.(1979). The generalizability of the psychoanalytic concept of the working alliance. *Psychotherapy: theory, research, and practice*, 16, 252-260.

Bowlby, J.(1973). Affectional Bonds: Their Nature and Origin. In R. S. Weiss(Ed.), *Loneliness: The Experience of Emotional and Social Isolation*. MA: MLT.

Breuer, J. & Freud, S.(1893~1895). Studies on Hysteria. S. E. 2 Fraulein Anna O. In Studies on Hysteria. S. E. 2, 21-47.

Brody, G. H. & Shaffer, D. R.(1982). Contributions of parents and peers to children's moral socialization. *Decelopmental Review*, 2, 31-75.

Bronfenbrenner, U.(1992). 『인간발달생태학』, 이영 역. 서울: 교육과학사.

Canda, E. R. & Furman, L. D. 2005. 『종교사회복지실천론』. 박승희 · 이혁구 외 역. 서울: 성균관대학교 출판부.

Caspi, A. & Silva, P. A.(1995). Temperamental qualities at age three predict personality tratis in young adulthood: Longitudinal evidence from a birth cohort. *Child Development*, 66, 486-498.

Clark, M. S., Powell, M. C., Ovelletle, R., & Milberg, S.(1987). Recipient's mood, relationship type, and helping. *Journal of Personality and Social Psychology, 43,* 94-103.

Clarke, A. M. & Clarke, A. D.(1989). The later cognitive effectss of early intervention. *Intelligence*, 13, 289-297.

Cole & A. L. Cole(1985). Husband and Wives Should Have an Equal share in Making the Marriage Work. In H. Feldman & M. Feldman(Eds.), *Current controversies in marriage and family*. California: Sage.

Cole, P. M., Martin, S. E., & Dennis, T. A.(2004). Emotion regulation as a scientific construct: Methodological challenges and directions for child development research. *Child Development*, 75(2), 317-333.

Conger, R. D., Ge, X., Elder, G. H. Jr., Lorenz, F. O., & Simons, R. L.(1994). Econoimuc stress, coercive family process, and developmental problems of adolescents. *Child Develpopment*, 65, 292-295.

Cooley, C. H.(1971). On Primary Groups. In Marcello Truzi(Ed.), *Sociology: the classic statements*. New York: Random House.

Corey, G.(1996). 『심리상담과 치료의 이론과 실제』. 조현춘 · 조현재 역. 서울: 시그마프레스.

Coser, L. A.(1980). 『사회사상사』. 신용하 · 박명규 역. 서울: 일지사.

Coulson, M. A. & Riddell, C.(1980). *Approaching sociology*. London: Routledge & Kegan Paul Ltd.

Crain, W.(1994). 『발달의 이론』. 서봉연 역. 서울: 중앙적성출판사.

Cratty, B. J.(1986). *Perceptual and motor development in infants and children(3rd ed.)*. Englewood Cliffs, NJ: prentice-Hall.

Danishm, S. J., Petipas, A. J., & Hale, B. D.(1993). Life Development Intervention for Athletes: Life Skills rough Sports. *The Sport Psychologist*, 21(3), 352-385.

Davis, D.(2004). *Child development(2nd ed.)*. NY: The Guilford Press.

Denham, S. A.(2006). Social-Emotional Competence as Support for School Readiness: What is it and

How do we assess it? *Early Education and Development*, 17(1), 57-89.

Duvall, E. M.(1977). *Marriage & Development.* New York: J. B. Lippincott co.

Fellin, Phillip(2001), *The Community and the Social Worker(3rd ed.).* Itasca, IL: F.E. Peacock Publishers, Inc.

Ellis, A.(1989). *Rational emotive therapy.* IL: F. E. Peacock.

Forsyth, D. R.(2009). 『집단역학(제4판)』. 남기덕 외 역. 서울: 시그마프레스.

Freud, S.(1926). Inhibitions, symptoms, and anxiety. *Standard edition*, 20, 1959.

Friedman, M.(1986). Carl Rosers and Martin Buber: Self-Actualization and Dialogue. *Person-Centered Review*, 1(4), 409-435.

Garbarino, J.(1982). *Children and families in the social environment.* NY: Aldine Publishing Company.

Gardner, H.(1983). *Frames of mind: the theory of multiple intelligences*. New York: Basic Books.

Gelso, C. J. & Fretz, B. R.(1992). *Counseling psychology*. Fort Worth, TX: Harcourt Brace Jovanovich.

Germain, C. & Gitterman, A.(1995). Ecological perspective. In Edwards, R. L.(Ed.), *Encyclopedia of Social Work.* Silver Spring, MD: National Association of Social Workers.

Giddens, A.(1999). 『현대사회학』. 김미숙 외 역. 서울: 을유문화사.

Gilbert, N. & Specht, H.(1974). *Dimensions of social welfare policy*. Englewood Cliffs, New Jersey: Prentice-Hall, Inc.

Goldberg, A. D.(1991). Counseling the high school student-athlete. *The school counselor*, 38, 332-340.

Goldfield, B. & Snow, C. E.(1984). *Reading books with children: the mechanics of parental influence on children's reading achievement, Promoting reading comprehension*. NY, DE: International Reading Association.

Gould, S. J.(1978). *Transformation, growth and change in adult in life.* New York: Simon and Schuster.

Greenberger, D. & Padesky, C. A.(1995). 『기분 다스리기』. 권정혜 역. 서울: 학지사.

Greene, R. R.(1991). General systems theory. In Greene, R. R. & Ephross, P. H., *Human behavior theory and social work practice*. Hawthorne, New York: Aldine De Gruyter.

Harris, M.(1988). 『문화의 수수께끼』. 박종열 역. 경기: 한길사.

Hasenfeld, Y.(1992). 『사회복지행정조직론』. 성규탁 역. 서울: 박영사.

Hawley, A. H.(1950). *Human ecology: a theory of community structure*. New York: The Ronald Press Company.

Hjelle, L. A. & Ziegler, D. J.(2003). 『성격심리학』. 이훈구 역. 서울: 법문사.

Hoffman, M. L.(1984). Parent discipline, moral internalization, and development of posocial motivation. In E. Staub, D. Bar-Tal, J. Karylowski., & J. Reykowski(Eds.), *Development and maintenance of prosocial behavior*. NY: Plenum.

Hoggard, L.(2006). 『영국 BBC 다큐멘터리 행복』. 이경아 역. 서울: 예담.

Hyde, J. S. & DeLamater, J. D.(1997). *Understanding human sexuality(6th ed.)*. New York: McGraw Hill.

Kastenbaum, R.(1985). Dying and Daeth: A Life-Span Approach. *Handbook of the psychology of aging*. New York: Van Nostrand Reinhold Company.

Kazdin, A.(1994). Interventions for aggressive and antisocial children. In Eron, L. D., Gentry, J. H., and Schlegel, P.(Eds.), *Reason to hope: A psychosocial perspective on violence and youth*. Washington, DC: American Psychological Association.

Kohlberg, L. A.(1976). Moral stages and moralization: The cognitive development approach. In T. Likona(Ed.), *Moral development and behavior: Thery, resarch, and social issues*. New York: Holt, Rinehart & Winston.

Kübler-Ross, E.(1969). *Death: the final stage of growth*. Englewood Cliffs, NJ: Prentice-Hall.

Lefrancois, G. R.(1996). *The Life-span(5th ed.)*. Belmont, CA: Wadsworth.

Levinson, D. J. et al.(1974). The Psychological Development of Man in Early Adulthood and the Mid-life Transition. D. F. Ricks, A. Thomas, M. Roff(Eds.), *Life history research in psychopathology*. Minneapolis: University of Minnesota Press.

Maddi, S. R.(1980). *Personality theories: a comparative analysis*. ILL: The Dorsey Press.

Marcia, J.(1980). Identity in adolescence. In J. Adelson(Ed.), *Handbook of adolescent psychology*. NY: John Wiley.

Maslow, A. H.(1970). *Motivation and Personality*. New York, Harper & Row.

Maslow, A. H.(1970). *Religions, values, and peak experience*. Penguin Books Ltd.

Maslow, A. H.(1999). *Toward a psychlogy of being*. John Wiley & Sons, Inc.

Maslow, A. H.(2005). 『존재의 심리학』. 정태연 · 노현정 역. 서울: 문예출판사.

Mckay, M.(1998). 『나를 사랑하기』. 홍경자 · 유정수 역. 서울: 교육과학사.

Michael, E. D.(1990). Physical development and fitness. In R. M. Thomas(Ed.), *The encyclopedia of human development and education: Theory, research and studies*. Oxford: Pergamon. pp. 223-225.

Montemayor, R., & Eisen, M.(1977). The development of self-concepions from childhood to adolescence. *Developmental psychology*, 13, 314-319.

Mussen, P. H., Conger, J. J., Kagan, J., Geiwitz, J.(1979). *Psychological development: a life-span approach*. Harper & Row, Publishers.

Newman, B. M., & Newman, P. R.(1975). *Development through life*. Homewood, IL: Dorsey Press.

Papalia, D. E., Olds, S. W., & Feldman, R. D.(1998). *Human development(7th, ed.)*. New York: McGraw-Hill Co., Inc.

Paus, T., Zijdenbos, A., Worsley, K., Collins, D. L., Blumenthal, J. M., Giedd, J. N., Rappoport, J. L., & Evans, A. C.(1999). Structural Maturation of neural pathways in children and adolescents: In vivo study. *Science*, 283, 1908-1911.

Pecora, P. J. et al.(1992). *The child welfare challenge: polocy, practice, and research.* NY: Aldine de Gruyter.

Phillipsen, L. C.(1999). Perceptions of social behavior and peer acceptance in Kindergarten. *Journal of Research in Childhood Edcuation*, 14(1), 67-77.

Piaget, J.(1965). *The moral judgement of the child.* NY: Free Press.

Proctor, E. K., Davis, L. E., & Voler, N. R.(1995). Families: direct practice. In Richard L. Edwards(eds.), *Encyclopedia of social work*(19th Edition). Washington, DC: NASW Press.

Raymond J. C. Ed.(1994). *Encyclopedia of psychology*, 1, 2, 3(2th ed.).

Rogers, C. R.(1957). The necessary and sufficient conditions of therapeutic personality change. *Journal of Consulting Psychology,* 21, 95-103.

Rogers, C. R.(1961). *On becoming a person*. Boston: Houghton Mifflin Press.

Rogers, C. R.(1977). *Carl rosers on personal power*. New York: DellPublishing Co.

Rogers, C. R.(1980). *A way of being*. Boston: Houghton Mifflin.

Rogers, C. R.(1983). *Freedom to learn for the 80's*. Columbus: Merrill Publishing Co.

Rothbart, M. K., & Bates, J. E.(1998). Temperament. In N. AEisenberg(Ed.), *Handbook of child psycbology: Vol. 3. Social, emotional, and personality development(5th ed.)*. New York: Wiley. pp.105-176.

Saarni, C., Mumme, D. L., & Campos, J. J.(1998). Emotional development: Action, communication, and understanding. In W. Damon., R. M. Lerner., K. Deanna., R. S. Siegler., N. Eisenberg., I. E. Sigel., & A. K. Renninger(5th Eds.), *Handbook of Child Psychology*, 3, 237-309. NY: John Wiley & Sons, Inc.

Sandler, J. D. C., & Holer, A.(1972). Frame of reference in psychoanalytic psychology 2, The historical context and phases in the development of psychoanalysis. Br. J. med. *Psychol,* 45, 133-142.

Santrock, J. W.(1997). *Life-span development(6th ed.)*. Madison, WI: Brown & Benchmark Publishers.

Sarason, B. R., & Gregory, R. P.(1998). Source book of social support and personality. *Contemporary Psychology*, 43(8), 551-557.

Schultz, D. P.(1977). *Growth psychology: models of the healthy personality.* New York: D. Van Nostrand Co.

Shachter, S.(1959). *The psychology of affiliation*. Stanford, California: Stanford University Press.

Skidmore, R. A., Thackeray, M. G., & Farley, O. W.(1991). *Introduction to social work.* Englewood Cliffs, New Jersey: Prentice Hall, Inc.

Smith, G.(1984). 『사회복지조직론』. 장인협 역. 서울: 집문당.

Specht, R. & Craig, G. T.(1982). *Human development.* Englewood Cliffs, NJ: Prentice-Hall.

Sternberg, R. J.(1986). A triangular theory of love. *Psychological Review*, 93, 119-135.

Stipek, D. J., & Maclver, D.(1989). Developmental change in children's assessment of intellectual competence. *Child Development*, 60, 531-539.

Sudsawad, P., Trombly, C. A., & Herderson, A.(2002). Testing the effect of kinesthetic training on handwriting performance in First-Grade students. *American Journal of Occupational Therapy*, 56(1), 26-33.

Sumner, W. G.(1971). On Folkways and Mores. In Marcello Truzzi(Ed.), *Sociology: The classic statements*. New York: Random House, Inc.

Thomas, A., & Chess, S.(1986). The New York Longitudinal Study: From infancy to early adult life. In Plomin, R. & Dunn, J.(Eds.), *The study of temperament: changes, continuities, and challenges*. Hillsdale, NJ: Erlbaum.

Thomas, W. I.(1972). The Definition of the Situation. In Manis, J. G. & Bernard N. Meltzer (Eds.), *Symbolic interaction: a reader in social psychology*. Boston: Allyn and Bacon, Inc.

Thompson & Rudolph(1995). 『아동을 위한 상담이론과 방법』. 김영숙 · 이재연 역. 서울: 교육과학사.

Tylor, E. B.(1971). On the Science of Culture. In Marcello Truzzi(Ed.), *Sociology: the classic statements*. New York: Random House, Inc.

Walker, L. J.(1980). Cognitive and perspective taking prerequisities of moral development. *Child Development*, 51, 131-139.

Warren, R. L.(1978). *The community in America*. Rand Mcnally.

Warren, Roland(1983). The Good Community: What Would It Be?. In R. Warren and L. Lyon(Eds.), *New Perspective on the American Community*. Homewood: Dorsey Press.

Wirth, L.(1938). Urbanism as a Way of Life. *American Journal of Sociology*, 44, 1-25.

Zastrow, C. H., & Kirst-Ashman, K. K.(2001). *Understanding human behavior and the social environment*. Belmont: Wadsworth/Thomson Learning.

Zastrow, C. H., & Kirst-Ashman, K. K.(2002). 『인간행동과 사회환경』. 김규수 외 역. 서울: 나눔의 집.

Zastrow, C. H., & Kirst-Ashman, K. K.(2004). *Understanding Human Behavior and the Social Environment(3rd ed.)*. USA: Brooks/Cole-Thomson Learning.

http://www.schuelers.com/ChaosPsyche/table_of_contents.htm

http://www.mw.go.kr

https://100.daum.net/encyclopedia/view/b23p0739b

https://100.daum.net/encyclopedia/view/b17a0461a

https://100.daum.net/encyclopedia/view/b12s2634a

찾아보기

인 명

내 용

저/자/소/개

강 세 현 제주한라대학교 사회복지과 교수
mgkang61@hanmail.net

서 혜 전 대구한의대학교 아동복지학과 교수
child@dhu.ac.kr

오 정 영 가톨릭상지대학교 사회복지과 교수
yesway@naver.com

임 원 선 신한대학교 사회복지학과 교수
lws0120@hanmail.net

전 영 록 제주관광대학교 사회복지과 교수
jyr6240@hanmail.net

인간행동과 사회환경(제3판)

2판 1쇄 발행 — 2016년 1월 30일
3판 1쇄 발행 — 2020년 2월 20일
3판 2쇄 발행 — 2021년 3월 20일

저 자 – 강세현 서혜전 오정영 임원선 전영록
발 행 인 – 강철원
발 행 처 – 양성원
주 소 – 경기도 파주시 검산로 173번길 29-20
전 화 – 031-946-3861(代)
팩 스 – 031-946-3864
이 메 일 – tnwpub@naver.com
홈페이지 – tnwpub.co.kr
출판등록 – 2015년 8월 31일 제2015-000211호

ISBN 979-11-6126-239-0

정가 19,000원